江南水乡文化概论

顾金孚 编著

浙江工商大学出版社
ZHEJIANG GONGSHANG UNIVERSITY PRESS

图书在版编目(CIP)数据

江南水乡文化概论 / 顾金孚编著. — 杭州：浙江工商大学出版社，2012.8(2022.1 重印)

ISBN 978-7-81140-541-5

Ⅰ．①江… Ⅱ．①顾… Ⅲ．①文化史－华东地区 Ⅳ．①K295

中国版本图书馆 CIP 数据核字(2012)第 139529 号

江南水乡文化概论

顾金孚 编著

责任编辑	任晓燕
封面设计	王妤驰
责任印制	包建辉
出版发行	浙江工商大学出版社
	(杭州市教工路 198 号　邮政编码 310012)
	(E-mail：zjgsupress@163.com)
	(网址：http://www.zjgsupress.com)
	电话：0571－88904980,88831806(传真)
排　　版	杭州朝曦图文设计有限公司
印　　刷	广东虎彩云印刷有限公司绍兴分公司
开　　本	787mm×1092mm　1/16
印　　张	11.5
字　　数	252 千
版 印 次	2012 年 8 月第 1 版　2022 年 1 月第 5 次印刷
书　　号	ISBN 978-7-81140-541-5
定　　价	26.00 元

目　　录

前　　言

江南地区自古就以经济与文教的发达著称于世,创造了高度发达的城市文明与独具个性的区域文化传统。

一、江南文化资源的构成与内涵

从"成熟形态"的语境出发,我们以李伯重的"八府一州"说(指明清时期的苏州、松江、常州、镇江、应天、杭州、嘉兴、湖州八府及从苏州府辖区划出来的太仓州)作为江南地区的地理界定。在秦汉时期,太湖流域还是中原人士眼中的蛮荒之地,司马迁《史记·货殖列传》这样记载,"江南卑湿,丈夫早夭。……楚越之地,地广人稀,饭稻羹鱼,或火耕而水耨",经历了"永嘉之乱""安史之乱"和"靖康之难"三次波澜,江南地区后来居上,在宋代以后逐渐发展成为全国的文化中心。江南大地以其物质文化资源的繁荣、社会文化资源的茂郁、审美文化资源的氤氲,在中国文化地图上创造了一片具有永恒魅力的文化景观。

(一)物质文化资源的繁荣

一个地区的物质文化集中体现了该地区人民在生产与生活方式上的巨大创造和智慧,江南地区物质文化的繁荣与江南地区在物质生产和生活方式上的富足与精致密切相关。江南的富足无需多言,"苏湖熟,天下足""衣被天下"等民谚妇孺皆知。丰厚的物质基础促进了物质文化的极大繁荣,以饮食为例,江南人在日常生活中创造了精致细腻的饮食文化。同时,一个地区物质文化的繁荣,也总是深深植根于得天独厚的自然环境之中。江南特有的水乡景观、耕织传统和蚕桑习俗,实际上离不开环太湖周边特殊的自然地理环境。江南人与江南环境的相互斗争与相互适应,是造成该地区物质文化繁荣发达的主要原因。

(二)社会文化资源的茂郁

社会文化是江南社会发展过程中积淀下来的重要文化资源,主要包括运河文化资源、都市文化资源、工业文化资源等。自唐宋以降,江南渐成为全国的经济文化中心,经济的繁荣、社会的稳定、城市的发展、人文的醇厚,使江南地区形成了特有的"尚文"传统。

(三)审美文化资源的氤氲

江南文化的精髓在于其超于儒家实用理性之上的诗性文化气质与自由审美精神,审美文化的氤氲淘洗了江南社会的奢华与节俭,达到了"清水出芙蓉,天然去雕饰"的最高境界。江南园林是江南审美精神的最高体现。童寯《江南园林志·序》指出："吾国凡有富宦大贾文人之地，殆皆私家园林之所荟萃，而其多半精华，实聚于江南一隅。"此外，戏曲文化也是江南地区重要的审美文化资源。

二、江南文化资源的类型与阐释

（一）江南古镇文化资源

对江南古镇人们并不陌生，鲁迅笔下的乌篷船、社戏、江南雪，朱自清的桨声灯影、梅雨绿潭，郁达夫的钓台春昼、秋山桂花，以及戴望舒的"丁香一样结着愁怨的姑娘"，这些文学大家以精致、忧伤的"江南叙事"笔触将江南古镇独有的文化景观表现得淋漓尽致。烟柳画桥、杏花春雨、寻常巷陌，成为中国人的集体江南记忆，江南古镇也成为承载这些记忆的梦里水乡。小桥流水人家是江南古镇最典型的物质文化景观，水网密布、舟楫往来、粉墙黛瓦，早已成为江南古镇特有的象征符号。

除了物质景观，水乡古镇还有许多其他方面的文化资源值得关注。江南古镇文风鼎盛，甲于天下，以至于有"书声与机杼声往往夜分相续"之说。据统计，宋元明清期间，乌镇出过近 200 位举人和进士，同里有近 140 位举人和进士，南浔有进士 42 位，周庄有进士和举人 20 多位，甪直有进士近 50 位，而西塘在明清两朝出了 19 位进士、31 位举人。古镇文脉之盛，令人叹为观止。

（二）江南园林文化资源

江南地区的园林发端于魏晋，兴于宋，元代和明朝初年受到政治礼法的束缚，一度衰落，明末清初又蔚为大观。童寯《江南园林志》记载："南宋以来，园林之胜，首推四州，即湖、杭、苏、扬。""风流总被雨打风吹去"，经过几百年的风风雨雨，江南地区的园林大多湮没不可考，幸存下来的主要是扬州园林、苏州园林。苏州园林是江南园林的代表，其小中见大、咫尺重深的风格和芥子纳须弥的壶中天地的意境，被视为不同于北方皇家园林的江南园林的典范。

（三）私家藏书文化资源

江南私家藏书事业不仅表现为藏书家人数空前增多，藏书中心地域色彩愈显突出，更有以下两个特征引人注目。

一是藏书楼规模普遍扩大，藏书大户群雄并起。明代的范氏天一阁、祁氏澹生堂、毛氏汲古阁，清代的钱氏绛云楼、朱氏曝书亭等均称盛一时。清代中晚期，更分别有四大藏书楼鹤立鸡群（分别是扬州小玲珑山馆、温州玉海楼、宁波天一阁、湖州嘉业堂），晚清四大家有聊城杨绍和与海源阁、常熟瞿绍基与铁琴铜剑楼、吴兴陆心源与皕宋楼、杭州丁丙与八千卷楼，这些藏书巨擘均以藏书量多（10 多万册，20 余万卷）、藏书质量高（宋元珍本数以百计）而著称。

二是藏书学术的总结与研究逐渐活跃，学术大家辈出，学术成果斐然。乾隆树起了私家藏书楼的一杆钦定旗帜——宁波天一阁。乾隆钦定样板，并且亲自下旨四库七阁无一例外都要仿造天一阁。乾隆建江南三阁颁藏《四库全书》，这是其鼓励、支持江南地区私家藏书的切实而极有效的举措。江南三阁的建立与开放不仅为江南地区私家藏书的发展提供了卓有成效的支持,也对私家藏书楼的开放产生较为积极的影响。

（四）非物质文化遗产资源

如果说,鱼米之乡的江南物产之丰富让人驻足的话,那么,巧夺天工的江南工艺之精美更是让人感叹。自古江南出才子和佳人,能工巧匠也层出不穷,出自他们之手的一件件精雕细琢、瑰丽多彩的手工艺精品让人赞不绝口。

与江南园林同为世界遗产的昆曲被誉为百戏之祖,是江南戏曲的代表。明朝嘉靖年间,杰出的戏曲音乐家魏良辅对昆山腔的声律和唱法进行了改革创新,造就了细腻优雅、集南北曲优点于一体的"水磨调",通称昆曲。昆曲雅俗共赏,不仅登上文人雅士的大堂,也频频出没于寻常巷陌。除了昆曲,越剧、竹枝词、吴歌等,也都是江南地区珍贵的口头文学资源。

（五）名人文化资源

崇文重教的社会风气,是江南文化名人辈出的社会原因。明清以科举取士,读书人一旦登第,便升以高官厚禄,诱使无数的人入其彀中。江南人读书喜文,有着悠久的传统和良好的习惯。

无论是攻读应举、创立学派、著书立说、吟赋填词,赴社应会,还是搜罗古籍彝器、校刻群籍、考证名物,都需要强大的财力作后盾。顾炎武能手不释卷,遍读群籍,著述宏富;归有光、王世贞能成为一代大家;钱谦益能领袖诗坛;毛晋父子能筑汲古阁和黄丕烈建士礼居,蓄书数万册,无不与其家境富饶有关。而他们的富,也无不沾了江南这块宝地的光。明人高启赞江南:"财赋甲南州,词华并两京",道出了经济对文化的重要影响。

（六）江南运河文化资源

京杭大运河汩汩流淌在江南大地上,流过江南的城市和乡村,使得江南在社会结构、生活习俗、道德信仰以及人的气质和性格上都被打上了深深的"运河"烙印。运河景观、运河风俗,是运河馈赠给江南大地的礼物。大运河上最常见的莫过于南来北往的过客,他们的羁旅愁思往往会激发蓬勃的诗情,使运河景观随之名扬天下、留名青史。枫桥、寒山寺成为大运河上最具诗意的所在。同样是苏州,山塘街也与运河有着不可分割的联系。杭州作为大运河的终点、南宋的都城,在很多方面都彰显着"运河之都"的风采。

顾金孚

2012 年 4 月

模块一

江南水乡文化概述

学习目标

1. 掌握江南水乡文化的历史发展脉络和主要特征；

2. 了解课程学习的主要内容与纲要；

3. 了解课程学习特点；

4. 明确几种学习方法。

第一单元　模块任务导入

一、作业背景

"江南好，风景旧曾谙。日出江花红胜火，春来江水绿如蓝。能不忆江南？"来自北京某公司的 30 位游客被描写江南的美丽诗句所吸引，决定在春暖花开的三月到江南做一次文化体验之旅。他们前来旅行社咨询，请旅行社为他们提供几个江南城市，供他们在安排行程时做参考。

二、工作任务与要求

1. 从网上收集关于江南地理位置的研究资料，并结合自己的体会，做一篇"江南在哪里"的汇报稿；

2. 结合汇报稿，对游客前去旅游的城市做初步的筛选和建议。

三、教学方式与步骤

1. 学生分组收集资料，完成汇报稿；

2. 学生分组汇报自己的研究成果；

3. 教师讲解点评并讲解本模块的内容；

4. 总结并对游客的咨询内容提出建议。

第二单元　背景知识

【学习情景 1】　　　　江南在哪里

一、太湖流域"八府一州"为江南核心区

研究江南文化,首先要明确的是江南的地理范围,但这是一个很难解决的问题。由于历史上不同的行政区划,致使江南在地理范围上屡有变化,并在学术研究方面形成了一些不尽相同的观点。大体上看,古代的江南往北可涵盖皖南、淮南的缘江部分,往南则可以到达今天的福建一带,往西则沿着长江以南一直延伸到四川盆地边沿。如何解决这个难题,我们应从江南地区真正走向成熟形态的时代开始。尽管魏晋以后,由于北方与中原的人口、文化等社会资源大量南移,使江南地区在经济和文化方面后来居上,但真正具有成熟形态的江南,是在明清两代。

据此,关于江南地区的界定,以李伯重的"八府一州"说最为可靠。所谓"八府一州"是指明清时期的苏州、松江、常州、镇江、应天(江宁)、杭州、嘉兴、湖州八府及从苏州府辖区划出来的太仓州。在历史上,尽管由于行政区划的变化,江南地区在地理版图上时有变化,但以"八府一州"为中心的太湖流域作为江南核心区却始终如一。当然,"八府一州"说也不是没有问题,由于过于偏重古代的太湖流域经济区,这一界定有时也会显得机械、不够灵活,特别是忽略了与其在商贸和文化上联系密切的周边城市,如"江南十府说"中提到的宁波和绍兴,还有尽管不直接属于太湖经济区,但在自然环境、生产方式、生活方式、城市文化上联系十分密切的扬州和徽州,以及由于大运河和扬子江共同编织的更大水网而后来被纳入长三角城市群的南通等。

如何解决这个矛盾,我们不妨借鉴区域经济学的"核心区"概念,将"八府一州"看做江南区域的核心区,而其他同样有浓郁江南特色的城市则可视为其"外延"部分或"漂移"现象。作为江南区域在历史上自然演化与长期竞争的结果,"八府一州"不仅圈定了江南地区的核心空间与主要范围,其在江南经济社会与文化上的主体地位,也是很难被其他相关的地理单元"喧宾夺主"的,这是我们选择明清太湖流域"八府一州"作为江南区域界定的主要原因。

二、江南文化,以诗性文化为本体

在关于江南文化的认识上,学界常见的是"一分为三",即"吴文化""越文化"和"海派文化"。这一划分尽管便于应用和描述,但由系统论"整体大于部分之和"这一基本原理可知,作为有机整体的江南文化必然大于"吴文化""越文化"和"海派文化",因而对三者的单体或共性研究绝不等同于江南文化研究。但以"吴文化""越文化"和"海派文化"的研究取代江南文化研究,又恰恰是相关研究中最普遍的现象与事实。要想在深层结构上解决界定江南文化的困难,首先需要建立一个合法性的解释框架,具体到江南文化语境,可从原始发生与精神实质两方面进行探讨。

从原始发生的角度看,在江南文化起源的研究中,长期以来占据统治地位的是"黄河文化语境"。由此导致的一个直接后果是,对包括江南在内的中国相关区域文化的认识与判断,均以作为黄河文明核心的齐鲁文化理论谱系为基本语境。但实际上,正如李学勤指出,一元论最根本的问题是"忽视了中国最大的河流——长江"。而当代考古学的大量新发现,"使新石器时代的长江文化第一次以全新的面貌出现在世人面前,对传统的中国文化以黄河文化为单一中心的论点提出了强有力的挑战"。因而,只有以上古时代自成一体的长江文明为背景,才能找到江南文化发生的真实摇篮。

在精神本质的层面上,是要弄清楚江南文化最独特的创造与深层结构。如果说,本质是一个对象所独有的东西,那么关于江南文化的本质,就可以通过与其他区域文化的比较来寻找。"东南财赋地,江左文人薮",这是康熙写给江南大小官吏的一句诗。这句诗很值得玩味,一方面,它表明政治家的眼光很准,与其他区域相比,江南最显著的特点是物产丰富与人文发达。但另一方面,政治家也有很大的局限,他只能看到对政治统治有用的物质财富和人力资源。而在一般中国人的心目中,江南却更多地是一个诗与艺术的对象,是"三生花草梦苏州"的精神寄托,也是"人生只合扬州死"的人生归宿。它可能很大,如白居易诗中的杭州;也可能很小,如李流芳画里的横塘。如果说,在江南文化中同样有伦理的、实用的内容,与北方文化圈一脉相承,那么也不妨说,正是在审美自由精神这一点上,才真正体现出古代江南民族对中国文化最独特的创造。一言以蔽之,江南诗性文化是中国人文精神的最高代表。由此可知,江南文化本质上是一种以"审美—艺术"为精神本质的诗性文化形态。

此外,由于江南文化的特殊魅力,从古代开始,"江南"就开始了"文化漂流",如我们熟知的"塞北江南""邹鲁小江南"等。但无论在哪里出现了"江南文化"现象,除了物产丰富和较高质量的物质生活,美丽的自然景观和较高层次的审美文化享受也一定是不可或缺的内容。这也反过来证明,江南诗性文化是江南文化的核心内涵和最高本质。

"江南"是中国历史文化及现实生活中一个重要的区域概念,它不仅是一个地理概念,还是一个历史概念,同时还是一个具有极其丰富内涵的文化概念。我们知道,文化区是有着相似或相同文化特质的地理区域,又称文化地理区。在同一文化区中,居民的语言、宗教信仰、生活习性、审美观念、心理特征等都具有一致性,形成一种区别于其他文化区的区域文化特质。当然,在社会不断发展的过程中,区域文化总是会不断接受其他区域文化因素的影响,在内外文化因子的取舍、交融中,推动自身文化的发展。但其传统的最有代表性的文化特性总会在该地区文化群体中得以保留并有较稳定的性状。文化区与行政区往往不一致,文化区不是人为的,而是在长期的社会发展中,主要由于地理环境的差异而自然形成的。江南文化的区域范围相当于今天的苏南、浙江,它是春秋吴越国的核心地区,是文化意义上典型的南方。

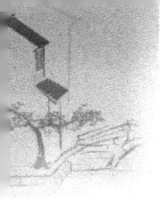

【学习情景 2】 江南文化传统的历史发展

江南文化传统的形成经历了几个阶段,商周以前是江南文化的发轫期,春秋战国是成型期,秦汉是发展过渡期,魏晋南朝隋唐是转型期,宋元明清是成熟期。在漫长的历史发展中,江南文化特征经历了由尚武向崇文的转变,文化地位也经历了由偏远到中心的转变。

一、商周以前——江南文化的发轫期

江南的远古文明源远流长,与黄河流域的文化一样古老灿烂,是中国古代文明的主要发源地之一。到新石器时期,这里就有了极其灿烂的文化。最具有代表性的是宁绍地区的河姆渡文化、杭州湾以北及太湖周围的马家浜文化、南京北阴阳营文化和良渚文化等。

河姆渡文化距今大约 7000 年,总体水平可以和北方的仰韶文化相当,但其文化面貌和仰韶文化完全不同。它拥有丰富的原始艺术,如陶、骨、木、象牙、玉石等艺术品,艺术风格总体上写实而朴素。河姆渡文化证明了中国古代文化的多源性,也证实了长江下游是我国早期文化的另一个中心。良渚文化产生于新石器晚期,距今大约 5000 年。良渚文化已经发展到较高的水平,它是吴越文化进入了文明时代的标志。其玉器种类数量繁多,堪称璀璨夺目,而琮、钺、璧等大型玉礼器最为珍贵。良渚玉器造型上具有人工化、图案化、装饰化的倾向,线纹雕刻精细无比,图案带有较强的天、地、人相沟通的深刻寓意。纤巧、和美、柔润而优雅,与同时期北方的红山文化的玉器所表现出的粗犷、质朴、豪放明显不同。

新石器时代吴越居民在水稻种植,陶器、玉器的生产及渔猎等方面取得了辉煌成就,形成了极具特色的原始文化,尤其是玉器最能体现江南先民的艺术想象力,并为后世文学艺术的发展提供了肥沃的土壤。而玉所体现的和美、柔润的精神理念对后来江南文化特征产生了极其深远的影响。

二、春秋战国——江南文化的成型期

春秋战国时期,吴、越两国逐渐强大,江南文化崛起。吴国在和西邻楚国的争战中不断发展壮大,鲁定公四年(前 506)吴王阖闾在伍员、孙武的辅佐下大败楚国,国力以及在诸侯间的威望达到顶峰。同时,越王允常、勾践在楚人文种、范蠡的辅佐下,与吴王阖闾、夫差连年交战。阖闾攻越,战败负伤而亡,夫差即位励精图治,大败勾践,报了父仇。而勾践则自甘为奴,臣服于吴,获得重新崛起之机会,卧薪尝胆,富国强兵,终于在公元前 473 年,一举灭吴成就霸业。

吴越争霸是春秋后期历史上最动人的一幕,其间出现的历史人物如吴王僚、阖闾、夫差,越王勾践及伍员、专诸、孙武、范蠡、西施,等等,还有他们的经历以及关于他们的传说故事,在后来的历史发展中一直具有强大的感染力。这些人物身上体现的精神,也

成为江南文化精神的内在特质,持续影响着后人。透过吴越相争的表象,我们可以看到吴、越文化在冲突中进一步融合的史实。

三、秦汉——江南文化的过渡期

越灭吴后不久,国力开始下降,到无疆为王时再次沦为楚之属国,最后为秦所灭。秦设会稽郡统领江南吴越故地。统一中央王朝的出现,加上吴越土著和北方人民互相迁移,使江南文化的性质开始发生改变,逐渐由尚武崇霸向尚礼崇文转变。

汉武帝元狩四年(前119)曾将中原大量百姓迁居会稽郡,移民使得江南生产力得到一定的提高。不过这时江南文化特征的转变还只是一个开端,江南仍然保留了许多特有的生活方式,民风也与中原有较大差别。农业生产上主要是水稻种植业和渔业。但此时江南文化的发展还是有成就的,如西汉著名的陆贾、严助、朱买臣都是江南士人。到东汉时江南人物就开始成批涌现,较突出的有余姚人严光,上虞人王充、戴就,毗陵人彭修,山阴人谢夷吾、赵晔等。王充在《论衡·恢国篇》中指出江南自远古以来的巨大变化:"夏禹俫入吴国,太伯采药,断发文身。唐虞国界,吴为荒服,越在九夷,躝衣关头,今皆夏服、褒衣、履舄。"也就是吴越地区服饰上已经和中原没有什么区别了。

秦汉时期,相对于经济文化发达的中原,江南总体上还是比较落后的。虽然有了初步的开发,但却被中央朝廷所忽视,认为是"取之不足以更费",亦即开发得不偿失,人们在心理上还是把江南看做偏远蛮荒之地。

四、魏晋南朝隋唐——江南文化的转型期

晋唐时期是江南文化大发展和重要的转型期。江南相对于战乱不断的北方而言社会较为安定,再加上东晋、南朝政权建立在江南,所以江南经济文化都有了很大的进步。华夏文化在江南得到了巨大的发展,文学、艺术、史学等都出现了新气象。这一时期是江南文化的嬗变转型阶段,江南文化由尚武向崇文的转变非常明显,其影响后代的新特质大多形成于这一阶段。

东晋以后江南已经得到了较好的开发,经济开始崛起。建康是经济政治中心,同时也是文化中心。到隋时大运河的开凿把江南水系与中原水系紧紧联系在一起,南北交通与运输从此畅通无阻,极大地促进了江南经济的发展。当然,大运河也沟通了南北文化的交流,江南在全国的地位更加突出了。东晋至南朝汉族政权南迁,中原大量贵族士人亦随之移民江南,不仅促进了江南文化与中原文化的交融,还从根本上提升了江南文化水平。东晋以来江南经济崛起后,人才辈出,文化学术得到很大发展。南朝虽然军事上较北方弱小,处于劣势,但是文化上,南方则占据主导地位。

隋朝建立后,文帝统治的核心是西魏—北周时期形成的关陇集团,对江南文化采取了压制鄙视的态度,不过隋炀帝登基以后重新依靠江南士族,江南文化再次崛起。炀帝曾任扬州总管,认为江南"衣冠人物,千载一时。及永嘉之末,革夏衣缨,尽过江表。此乃天下之名郡。自平陈之后,硕学通儒,文人才子,莫非彼至"。他不仅爱好倡导江南文化,还亲自实践,《资治通鉴》云其"好为吴语",并效仿南朝诸帝致力于文学创作,其诗歌

无论内容还是风格都与南朝文学一脉相承。

中原文化和江南文化的碰撞、整合、交融,也促成了江南文化的转型。中原士族南下以后出于政治需要,必须笼络、联合江南士族;而江南士族也要靠南来的北方士族保护巩固其地位,这就使得吴越世家大族的地位得以提高。北方士人将北方之哲学、士风带到江南,给江南文化充实了新的内容。

东晋南朝时期,江南成为文学中心。"永明体"开创了诗歌声律化的新时代,在诗歌的格律声韵、对仗排偶以及遣词造句、意境创造等方面,都比古体诗更为工巧华美、严整精练。不仅为当时的文坛注入了新的气息,树立了新的美学风范,更为唐诗的辉煌奠定了基础,开创了中国诗歌史的新时代。这一时期江南杰出文人众多,如西晋陆机、陆云、张翰,东晋葛洪,梁代沈约、吴均、丘迟、陶弘景等。圆润自然、清新活泼的江南民歌,是江南特有的自然与社会环境的产物,其情感、审美风格与北方的文学大异其趣。江南民歌以情歌为主,较少受儒家传统理论的约束,感情大胆强烈而执著,又不乏纯真朴素,且具有动人的情致、天然明朗的韵味。后代无数的文人为之心醉神迷,并充分汲取其营养,李白、杜甫、白居易、刘禹锡、李贺等都直接间接地学习其精神。

东晋南朝的书法、绘画、雕刻等艺术也取得杰出成就,出现了数位影响深远的艺术家。晋陵顾恺之,倡导"以形写神",其人物画出类拔萃,艺术手法出神入化;苏州陆探微的人物画造型"秀骨清像";吴郡张僧繇以佛寺壁画和人物写生画著称;宗炳、王微的山水画论奠定了中国绘画的理论基础。六朝的陵墓石刻、佛寺石刻也展示了此时雕塑艺术的非凡成就。最典型的是金陵的"石辟邪",它造型奇异,体形巨大,昂首阔步,神勇超迈,集天地间各种巨猛禽兽之大成。体现了雕塑家超凡杰出的想象力和中国艺术得"意"忘"形"的最高境界。

正是在这样的背景下,江南社会风气发生很大变化,唐初魏徵《隋书·地理志》载丹阳、宣城、毗陵、吴郡、会稽、余杭、东阳等地"川泽沃衍,有海陆之饶,珍异所聚,故商贾并凑。其人君子尚礼,庸庶敦庞,风俗澄清,道化隆洽"。隋唐之际江南社会风俗已经基本完成了由尚武到崇文的转变。

唐朝建立以后,江南经济步入了新的快速发展时期,经济地位不断上升,江南在唐代整体上是安定的,社会的安定和平为经济发展提供了良好的条件。唐初江南地区的人口比隋大业年间有了显著的增加,到天宝年间,江南人口密集程度仅次于河北、河南,位居全国第三位。唐代诗人笔下的江南无不是粮田千顷、稻花飘香的景象,如苏州殷尧藩《喜雨》诗:"千里稻花应秀色,酒樽风月醉亭台。"润州、常州、宣州、越州、苏州、杭州、金陵等都是当时重要的中心城市。

安史之乱的爆发深刻地推动着中国经济文化重心南移的进程。中唐以后唐财政收入便仰仗江南,所谓"军国费用,取资江淮""江东诸州,赋出所资,漕挽所出,军国大计,仰于江淮"。同时大量北方士人避乱江南,李白《为宋中丞请都金陵表》:"天下衣冠士庶,避地东吴,永嘉南迁,未盛于此。"江南在战乱中大量接受北方移民,保存了中原地区的文化精英,移民又对江南地区的社会风尚的雅化起到直接影响,因而对江南文化的发展起到了良好的促进作用,江南文化的转型进一步深入。

江南诗人在唐代诗歌的创作上占据着重要地位。据统计,整个唐代有诗作存世的江南诗人 357 位,占唐代诗人总数的 18.5%,而江南诗人存诗数量达 11346 首,占了现存唐诗总数 55000 首的 20.6%,超过了 1/5。唐江南籍众多诗人中,如虞世南、骆宾王、贺知章、包融、张旭、储光羲、戴叔伦、刘长卿、权德舆、顾况、皎然、张籍、李绅、孟郊、陆龟蒙、罗隐、贯休等,都是唐诗史上的重要作家。在此基础上,江南自然"成为一个与京城并立的文化中心"。

五、宋元明清——江南文化的成熟时期

北宋末年,金人南侵,江南偏安一隅,北方人士又一次大量南渡。宋高宗赵构建立南宋,定都临安,北方移民"辐辏骈集,数倍土著、今之富商大贾,往往而是"。吴越成为南宋统治的心脏,而江南也真正成为全国政治、经济、文化的重心。

宋代江南经济之发达,使我国原有经济布局得到彻底的改观。蒙元时期,北方受战争破坏较重,江南经济相对得到进一步发展。至明清时期,"南盛北衰"的局面持续发展,江南农业生产继续保持较高水平。仅以苏州府为例,洪武二十六年(1393)秋,国家所征数即为 274 7990 石,占全国实征数字的 11%,比四川、云南、广东、广西四省所征总和还多。江南不仅农业发达,工商业更为繁荣。自明代以来,江南水乡一带纺织、冶铁、造纸、印刷、造船、陶瓷等蓬勃发展,极大地促进了商业和城市的繁荣。如杭州、南京、苏州,分别是宋、明、清时期江南的几大经济中心,城市、商业极为发达。苏州,史称"东南一大都会",被誉为天下第二大城市、商品大码头和"天下四聚"(指京城、汉口、苏州、佛山)之一。这里商贾云集辐辏,五方百货充盈,络绎不绝。乾隆时苏州城郭户口不下百万,百姓多执业工商,形成各类市场。如城东百姓"皆习织业",丝织业尤为发达;而城西商业繁华更甚城东。其他如杭州、松江、常州、无锡、镇江等,也都为全国商业和手工业的著名城市,而上海更成为全国著名的外贸港市。

江南繁荣的经济,为江南水乡社会的发展,提供了雄厚的物质基础,也为江南水乡文化的昌盛,提供了必要条件。当时,江南水乡人多好文,才子佳人、名贤雅士辈出,读书求士、刻书藏书、著书立说盛行,文以致仕、仕而促经、富而思文等,好学尚文之风蔚然。这一时期,吴越文化区攀升为全国政治、经济、文化的中心地区,随之而来的是江南水乡文化教育极大发展,民风根本转变,促成文化水准不断攀升。

北宋时期,"兴文教,抑武事"作为国策,在一定程度上刺激了文化的兴盛。因之,社会上普遍形成了崇文观念。宋仁宗时,范仲淹守苏,"二年,奏请立学。得南园之巽隅,以定其址"。此后相尚者日多,风行吴越。南宋偏安江南,江南文风更盛。"中兴以来,应举之士,倍承平时"。此时书院建筑遍布各地,皇家、私家园林中亦多有之。而到了明代,据记载,全国共有进士 25262 人,仅江南的吴地,就有 2714 人,占 10% 以上。据《皇明通纪》统计,明洪武四年(1371)至万历四十四年(1616)的 246 年间,每科的状元、榜眼、探花及会元共 244 人,南方籍的有 215 人,占总数的 88%。明中叶,江南成为东林党人的活动中心,明末则是复社活动的中心。他们倡导政治开明,反对专制,注重经世致用,使江南成为我国实学思潮的发祥地,其中包含的民主启蒙思想对全国影响很大。

清朝共有进士科状元 114 名,如加上博学宏词、经济特科状元 4 人,共 118 名状元。仅江苏就有 51 名,苏南占 46 名。而苏州的状元,竟然占全国状元总数的 25%,其中兄弟登甲、父子状元、叔侄状元、祖孙状元者,累世不穷,这对形成江南水乡崇文重道的风尚,起了巨大的促进作用。

明清两代,江南水乡所任郡县官吏,颇多名士,为政重教劝学,于是文风日盛。如宣德、正统间,况钟任苏州知府,"重学校,礼文儒"。康熙时,汤斌为江苏巡抚,以"化民成俗,莫先于兴学育材"为旨,兴教办学。因此,江南水乡各类学校不断增加,尚文敦礼之风日浓。《姑苏县志》载,仅洪武八年(1375),本府所立社学就有 730 多所。可见其教育规模之大,受教育者之众。江南书院遍布城乡,杭州有万松、龟山、西湖、黄冈、敷文、崇文、天真、虎林等书院。市镇上也办起书院,培养了大量人才。如湖州东林山书院,百余年间科举及第者 44 人。双林镇中进士者 46 人、举人 184 人。范锴《浔溪纪事诗》曰南浔镇有"九里三阁老,十里两尚书"之谚。

江南水乡文化昌明,藏书楼、藏书家众多。孙庆增《藏书纪要》云:"大抵收藏书籍之家,惟吴中苏郡虞山、昆山,浙中嘉湖杭宁绍最多。"毛晋的汲古阁"实为海内藏书第一家",藏书多达 84000 余册。胡应麟广搜书籍,一生"于他无所嗜,所嗜独书,饥以当食、渴以当饮",自建藏书楼二酉山房,收藏达 42000 卷。藏书楼著名者,如常熟的铁琴铜剑楼、宁波的天一阁、南浔的嘉业堂等。私人宅园中,也往往多有藏书之楼。明代全国有四大书市,江南占三处。并且,江南的许多藏书家和藏书楼都精于校雠,娴于刻书,明代全国有三大刻印中心,江南又居其二。

可见,宋元明清以来,江南水乡文化在全国各区域文化中逐步占先,并居主导地位。

从以上简要勾勒可以看出,江南文化有着悠久的历史,在远古时期就创造了灿烂的文明,春秋战国时期江南文化开始崛起,成为当时重要的区域文化。秦汉时期,江南文化在与中原文化日渐融合的基础上有了新发展。东晋以后到隋唐江南文化开始转型,进入快速发展的新时期,在文学艺术方面取得了极其突出的成就。当然,我们也要看到,魏晋时期江南因为成为政治中心,带动了其文化中心地位的形成,反映了古代社会早期阶段政治与文化中心合一的状况。但是随着中国古代社会政治、经济的新发展,政治中心与文化中心逐渐开始分离,唐尤其是中唐以后,在北方长安、洛阳的政治中心之外,出现了江南文化中心。到宋以后直至近代,江南文化完全成熟稳定,并进入高峰期。

【学习情景 3】　　　　　江南文化传统的主要特征

江南文化经历了长期的发展与变化转型,在不断的整合与重构中形成了一个具有丰富内涵的文化体系,到隋唐之际其主要内涵已经比较稳定。

一、清俊秀逸

江南山川秀美、气候温暖、水域众多,人性普遍较灵秀颖慧,利于艺术。这种特征在远古时期即已开始展现,随着历史的推移,江南经济文化地位不断上升,表现得越来越突出。人们普遍认为这与江南的"水"性特征相关,水性在中国传统思维中是与"柔""灵动"联系在一起的。生活于江南清丽自然环境中的人性情多柔和,情感细腻而思维活跃。青山秀水、茂林修竹,不仅使人们热爱自然,也使人们感觉敏锐,不仅启迪遐思,更可以滋润灵性。故而江南在经济发展以后,文学艺术快速发展。魏晋以后,江南诗人、书法家、画家的大量涌现充分说明这一事实。江南玉文化发达,玉温润、柔和、纤巧,吴越先民好玉的审美追求,很能反映他们的品性。这种审美追求应该是形成江南文化特质的一个基本因子,吴越语言的温柔细腻、吴声歌曲的清新婉丽,也与此特性有关。江南士人性情多清俊秀逸,与山东士人的儒雅、敦厚,关陇、燕赵士人的刚直、豪爽构成鲜明的对比。江南文学作品也相应崇尚清秀俊逸与自然婉丽的风格,这些都反映了江南文化的柔性特点。

二、品性刚毅

江南文化特征还有刚性的一面。在长期的征服江河海洋的过程中,江南居民又养成刚毅的品性,形成心胸旷达、豪迈勇武的气质。吴越青铜宝剑锋利无比又精美非凡,将实用的刚强和艺术的秀丽巧妙结合,充分体现了柔中寓刚的特点。勾践含垢忍辱卧薪尝胆,隐忍坚强蓄势待发,支撑他的是坚忍不拔的意志与顽强不屈的精神。这种刚性特征,经过东晋以后的发展逐渐弱化,但没有消失。魏晋南朝时期,江南上层社会已经普遍崇尚文教,但下层民风还是勇悍刚强的。在南朝、唐五代甚至宋时仍然如此。中唐时,李绅过吴门,江南给他的印象是"旧风犹越鼓,余俗尚吴钩",可见此时江南民间勇武犹存。

江南文化这种刚性特征更多的是以另外一种转化变异的方式表现出来,许多江南文士性情上都有清狂豪迈、奔放洒脱之风。晋唐间江南文士在魏晋玄学、名士风流以及佛道思想的影响下,狂逸、放旷的人生态度非常突出。比如,晋之王羲之,初唐之骆宾王,盛唐之贺知章、张旭,中唐之顾况、张志和,晚唐之贯休等,或多或少或明或暗地体现了这种文化特征。

三、崇尚文教

江南文化具有突出的崇文特征,社会普遍崇尚文教,重视文化教育。东晋以后江南士族多以文才相尚,刘知几云:"自晋咸、洛不守,龟鼎南迁,江左为礼乐之乡,金陵实图书之府。"东晋南朝统治者对文教的提倡也是形成崇文状况的重要因素。梁武帝萧衍、昭明太子萧统、简文帝萧纲、梁元帝萧绎都才华横溢,能诗能文,他们广泛接纳文士,频繁进行文学活动。梁朝君臣对待文学的态度确实对社会风气的转变有着巨大的作用,东晋南朝时期,江南公学、家学发达,世家大族藏书、读书风气盛行。学校的建立加速了文化的传播,也促进了民风的转变。经唐至宋以后崇尚文教一直是江南文化最鲜明的特征。

四、开放包容

江南文化具有开放性与包容性的特点。江南文化自远古以来就不断地吸收、融合

其他区域文化。先秦时期江南文化和楚文化及中原文化曾有过长期的交融,中原文化始终影响着其后来的发展。吴立国之初中原文化即开始融入吴越当地文化,春秋之后,吴越与北方及楚国更有着密切的交流,吴越在和楚相互征战兼并的同时,楚文化与江南文化交融。阖闾重用楚国的伍子胥、齐国的孙武,越王勾践重用楚国的范蠡、文种,都是在这一文化交融的大背景之下发生的。显然,江南文化是在与楚文化、中原文化的交融中得到发展的。佛教在江南的传播也可以说明这一点,东晋南朝,随着政治中心的南移,佛教在江南流播甚广。上层社会与民间普遍流行这种新的文化,名刹众多,信佛者日众。至唐代更是禅僧云集,禅宗在此迅速流播。另外,江南士人乐意与外来之文士交往相处并向他们学习。江南地处沿海,广泛的对外交流也使人视野开阔并接受异域文化。

五、敬事鬼神

江南文化具有较为浓厚的宗教性内涵。从汉至唐代,江南因地理的相对偏远,受儒家影响要比中原晚而轻一些,在文化个性上也就比中原更自由、活跃,佛教、道教在此的流播非常迅速,进而与古老的好神巫的传统结合,产生了鲜明的宗教特质。吴越先民自古就是"信巫鬼,重淫祀"。江南水网密布,人们以舟船为生,为适应水上作业的要求和威慑水中鬼怪的心理愿望,吴越先民在与水患作斗争的过程中逐渐形成敬事鬼神的信仰传统。吴越民间信仰体系极其庞杂,有众多的地方性神祇崇拜。这些神祇涉及吴越居民生活的各个方面,可以说五花八门,如神话人物神、自然崇拜神、历史人物神等。隋唐时期这种"信巫鬼,好淫祀"之状况仍然十分普遍,《隋书·地理志》载:"其俗信鬼神,好淫祀。"

【学习情景 4】 以长三角城市群为载体的当代江南

作为传统农业大国的一个重要部分,江南在现代化进程中的巨变是不言而喻的。现代化进程的程序与技术手段固然繁多,但城市化无疑是最核心与最重要的机制。与古代社会相比,当今世界主要是一个城市的时代。与现代世界相比,城市群已成为当代城市发展的大趋势与人类文化最重要的空间载体。在江南文化的现代转换与当代形态建构的意义上,人们熟知的长三角城市群已成为传统江南文化的主要载体与最新形态。

传统江南地区在当代之所以备受关注,与长三角城市群的形成与发展密切相关。提出城市群理论的是法国地理学家戈特曼,城市群作为一个规模空前、内在联系紧密的城市共同体,既是城市化进程发展到更高阶段的产物,也把城市的形态与本质提到更高的历史水平上。最值得关注的是,戈特曼 1976 年在《城市和区域规划学》杂志发表《全球大都市带体系》时,把以上海为中心的城市密集区称为世界第六大城市群。此后,以长三角经济区、长三角都市经济圈的规划与建设为核心,关于长三角城市群的经济社会与文化研究层出不穷。尽管城市群是一个西方概念,长三角城市群是一个当代概念,但在实际上,长三角城市群并不是无本之木。如 20 世纪 80 年代的长三角经济区概念,其雏形可追溯到明清时期太湖流域经济区。而 90 年代以后的长三角城市群,其胚胎或基因实际上早在古代江南城市发展中就已开始培育。古代江南地区高度发达的经济与文化,是中国现代化与城市化进程在江南地区最早开始并一直遥遥领先于中国其他城市或地区的根源。

与地理学上的长江三角洲不同,当代语境中的长三角是改革开放以来的新概念。1982年,我国提出"以上海为中心建立长三角经济圈",当时主要包括上海、南京、宁波、苏州、杭州。1992年召开了长江三角洲及长江沿江地区经济规划座谈会,新长三角经济区范围被明确为上海、杭州、宁波、湖州、嘉兴、绍兴、舟山、南京、镇江、扬州、泰州、常州、无锡、苏州、南通。2003年8月台州市加入,发展到16个,以16个城市为主体的长三角框架一直保持稳定并受到普遍的认可,但它的核心仍是明清时代的太湖流域经济区。2008年9月16日,国务院发布《关于进一步推进长江三角洲地区改革开放与经济社会发展的指导意见》(以下简称《指导意见》),首次在国家战略层面上将长三角区域范围界定为苏浙沪全境内的26市。对此可从两方面理解,首先,《指导意见》主要是出于行政管理方面的考虑。如同古代江南可以"溢出""外延"到江西、安徽、福建等地一样,对苏北5市与浙西南4市也可作类似的理解。其次,无论是经济上还是文化上,新加入的城市主要是一种附属角色,而不可能影响16个城市在长三角城市群中的主体地位。由此可知,以中国历史上"八府一州"为核心区的江南,正是在当代长三角城市群的框架下获得了新的生命形态。

尽管当今长三角与往昔江南相比已有不小的变化。但由于两个基本面:地理上的长江中下游平原及包括古代吴越文化和现代海派文化在内的江南诗性文化,仍是长三角城市群的核心地理空间和主要文化资源,所以完全可以把长三角城市群看做古代江南的当代形态。今天的长江三角洲已成为一个比以往任何时代联系更加密切的经济共同体,承担着建成"具有较强国际竞争力的世界级城市群"的光荣使命,而江南地区特有的人文地理、社会结构和文化传统,不仅在历史上直接铸造了古代江南地区的繁荣和辉煌,还将在更深的层次上影响着长三角城市群的可持续发展。

第三单元　相关链接

【学习情景】

释　江　南

周振鹤

京口瓜洲一水间,钟山只隔数重山。
春风又绿江南岸,明月何时照我还。

——王安石《泊船瓜洲》

　　江南是中国一个极为特殊的地区,中外许多学者都把这一地区的经济文化与社会发展当做研究对象。但是,对于"江南"一语所指称的地域范围的变化,就不见得每个人都很清楚。近代以来,江南指的是镇江以东的江苏南部及浙江北部地区,更加狭义的范围,则仅指太湖流域。但在古代,江南一词的涵盖面却辽阔得多,而且经过曲折起伏的变化,探讨这一变化过程是饶有兴味的。

　　在秦汉时期,江南主要指的是今长江中游以南的地区,即今湖北南部和湖南全部。所以《史记·秦本纪》说:"秦昭襄王三十年,蜀守若伐楚,取巫郡,及江南为黔中郡。"黔中郡在今湖南西部,是当时楚国的江南地。其时江南的范围很大,南界直到南岭一线,这从《史记》的另一条记载可以得到证明。《五帝本纪》载舜"南巡狩,崩于苍梧之野,葬于江南九疑,是为零陵"。九疑山属南岭山脉,在湖南南部。又秦亡之后,楚将项羽将楚义帝迁到郴,《秦楚之际月表》载此事作"徙都江南郴"。郴即今湖南南部的郴州市,已近南岭山脉。如果今天说该市属于江南地区,怕是谁也不会相信的吧。正因为江南主要指湖南北之地,所以王莽时改夷道县(今湖北宜都县)为江南县。

　　先秦及秦汉时期,江南地区气候湿热异常,生产方式原始,经济相对落后,人民仅得温饱。《汉书·地理志》曰:"江南地广,或火耕水耨,民食鱼稻,以渔猎山伐为业……不忧冻馁,亦无千金之家。"尤其是气候的湿热难当,更使中原人民望而生畏。早在春秋中期,郑国战败于楚,郑襄公就恳求楚庄王说,只要留他一条性命,宁愿迁往江南地区。可见其时北方人把江南视为畏途。

　　相对于湖南北而言,今皖南、苏南一带在秦汉时期以江东著称。西楚霸王项羽兵败垓下以后,不愿东渡乌江,以图再举,原因就是无面目见江东父老。之所以称作江东,是因为长江在今芜湖至南京间作西南南——东北北走向,这段河道在秦汉三国时期是长江两岸来往的重要通道,因而从中原地区来的人视渡江为往东,而不是向南,视此段长江两岸为东西岸,而不是南北岸。推而广之,自然以芜湖南京一线以东为江东地区。相对而言,此线以西即为江西地区。所以陈胜起义于大泽乡(今安徽宿县东南),史称"江西皆反"。又《三国志·吴主传》曰:"(建安)十八年正月,曹公攻濡须,民转相惊,自卢江、九江、蕲春、广陵户十余万皆东渡江,江西遂虚,合肥以南唯有皖城。"这两处的江西指的是今安徽江北之地,与今天江西的含义完全不同。

　　今天的苏州自先秦以后即称吴,明清时期是江南地区的中心。而《史记·货殖列传》却说:"夫吴自阖闾、春申、王濞三人招致天下之喜游子弟,东有海盐之饶,章山之铜,三江五湖之利,亦江东一都会也。"东汉末年,孙策割据江东建立吴国,因此江东又常用以指吴国。同时,按古来的习惯,面对江源,又可称江两岸为左右岸,因此江东在魏晋以后又习称江左。东晋南朝以今南京为都,统辖江淮以南半壁江山,时人称之为"偏安江左"。魏晋以后,与江南、江左并行的还有江表一词,意为长江以外地区,这显然是从北方人的角度来称呼的。于是典籍有《江表传》,庾信《哀江南赋》有"五十年中,江表无事"之说。

　　汉代人视江南已比先秦及秦人为宽泛,包括豫章郡、丹阳郡,甚至会稽郡北部,亦即今天江西及安徽、江苏南部。故《史记·货殖列传》云:"衡山、九江、江南豫章、长沙,是南楚也。"《周勃世家》又说吴楚七国之乱失败以后,吴王濞败走,"保于江南丹徒江苏镇江市东"。东汉名将马援之子马防因犯法徙封丹阳,"后以江南下湿,上书乞归本郡"。不过,称丹阳、会稽为江南之例少见,绝大多数情况下还是称作江东。会稽被称作江南与汉代形势有关。汉初,刘邦封侄濞为吴王,兼有江北之东阳(后改广陵)、江南之会稽(又称吴郡)及郭郡(后改丹阳)三郡之地。建都于广陵(今江苏扬州),于是从广陵到丹徒之间的南北交通也成为渡江要道,以会稽郡北部为江南的概念也就油然而生了。

江南的概念大于江东,说江南可以概江东。故《会稽典录》(《吴志·妃嫔传》裴注引)载,苏策夫人对策曰:"汝新造江南……"又崔鸿《前赵录》(《太平御览》卷六四六引)曰:"卜栩隐于龙门山,尝与郭璞论易。栩曰,吾大厄在四十一,亦未见子之令终。璞曰,吾祸在江南,不在此也。"到了南北朝隋代,江南一词已多用来代替江东与江左。颜之推在《家训》中多处以江南和江北对举,比较南北风俗的差异。又如《隋书·贺若弼传》说:"高祖受禅,阴有并江南之意。"《韩擒虎传》有言:"汝闻江南陈国天子乎?"当然江左及江东二词并未完全消失。同书《酷吏传》有云:"高祖膺期,平一江左。"《郑译传》则有"若定江东……"云云。

由于两汉之时,江南主要指洞庭湖南北地区,而这一地区又属荆州的范围,所以东汉人又含糊地以江南指荆州的大部分地区,甚至包括北距长江很远的襄阳。《后汉书·刘表传》载:"时江南宗贼大盛……唯江夏贼张庄、陈坐拥兵据襄阳城,表使越与庞季往譬之,乃降。江南悉平。"到了隋代,江南也被用来作为《禹贡》扬州的同义词。例如在《隋书·地理志》中,火耕水耨,食鱼与稻被含糊地当成淮河以南的扬州地区的风俗。所以江南其实还有江汉以南、江淮以南的含义。不但如此,就是江左也有这样的含义。如《南齐书·州郡志》就说:"江左大镇,莫过荆扬。"直至唐初,地跨长江南北的荆州以及位于江北岸的江陵仍被看做江南。《资治通鉴·唐纪》载高祖武德四年"(李)孝恭勒兵困江陵。……孝恭入据其城,诸将欲大惊。岑文本说孝恭曰:江南之民,自隋末以来,困于虐政……是以萧氏君臣,江陵父老,决计归命。……"说明在习惯上江南的北界并不以长江为限。

较确切的江南概念到唐代才最终形成。唐太宗贞观元年(627)分天下为十道时,江南道的范围完全处于长江以南,自湖南西部迤东直至海滨,这是秦汉以来最名副其实的江南地区。因为十道是以山川形变原则来规定的地理区划,所以概念清晰无误。由于江南道地域过于广袤,在唐玄宗开元二十一年(733)时,又把它分成江南东道,江南西道和黔中道三部分。唐后期,江南西道又一分为二,西部置为湖南道,东部仍称江南西道,简称江西道,这就是今天湖南、江西两省省名的起源。但是,即使在唐代,江南一语的用法,也常常超出长江以南的范围。故韩愈所说"赋出天下,而江南居十之八九"的江南,指的其实是江淮以南,南岭以北的整个东南地区。今天意义上的江南,在唐时仍经常用江东来表示。如白居易《偶吟》诗云:"犹有鲈鱼莼菜兴,来春或拟往江东。"

当然,江南最准确的含义还是专指长江以南地区。马令《南唐书·嗣主书》(卷四)载,保大十五年"夏四月乙巳,天子班师,乱兵焚扬州,民皆徙江南"。陆游《南唐书·元宗纪》曰,保大十五年十二月,"帝知东都必不守,遣使焚其官私庐舍,徙其民于江南"。

宋代以后，江左一词已不用，悉已江南为称。元王恽《玉堂嘉话》说："宋未下时，江南流言：'江南若破，百雁来过'，当时莫知其意，及宋亡，盖知指丞相伯颜也。"

江南地区的繁盛富庶在唐代就已出现。所以唐人描绘宁夏平原的风光时，早已用上"塞北江南"一词。韦蟾《送卢潘尚书之灵武》诗云："贺兰山下果园成，塞北江南旧有名。水木万家朱户暗，弓刀千队铁衣鸣。"塞北江南也用来表示文化的发达，如《太平寰宇记》灵州风俗条曰："本杂羌戎之俗，后周宣政二年(579)破陈将吴明彻，迁其人于灵州。其江左之人，尚礼好学，习俗相化，因谓之塞北江南。"可见江南一语在唐代已脍炙人口，因而许多诗词以之为题，歌之咏之，"望江南""忆江南""江南好"等语甚至成为词牌的名称。故白居易有《忆江南》词云："江南忆，最忆是杭州。山寺月中寻桂子，郡亭枕上看潮头，何日更重游？"

两宋时期，镇江以东的江苏南部及浙江全境被划为两浙路，这是江南地区的核心，也是狭义的江南地区的范围。南宋时，两浙路秋税高达一百五十万斛以上，其中大半出自苏湖常秀四州，故时人有"苏湖熟，天下足"的口号。明代以后，两浙地区的经济发展已走在全国的前列，所以明代大学士丘浚接着上引韩愈的话说："以今观之，浙东西又居江南之十九。"两浙地区中又以浙西北部最为富庶，故丘浚进一步说："苏、松、常、嘉、湖五郡又居两浙十九也。"这五郡(郡是雅称，实际上应称府)相当于今江苏之常州市、苏州市，浙江之嘉兴市、湖州市以及上海市，亦即相当于整个太湖流域，也就是最狭义的江南地区的范围。

明代苏、松、常、嘉、湖五府农业生产的高度发展，从其所交纳的税粮数额便可见一斑：苏州府二百五十万二千九百石，松江府九十五万九千石，常州府七十六万四千石，嘉兴府六十一万八千石，湖州府四十七万石。五府总计五百三十一万三千九百石，而其时全国税粮总额才不过二千六百五十六万零二百二十石。换句话说，五府之和占去全国总额的五分之一，而苏州一府竟占了将近十分之一。就劳动生产率而言，这一地区更是高得惊人，苏州一带，每亩产米三石，而北方旱地产粮每亩仅数斗。因此，江南的含义已经不只是地理区域，更是经济区域的概念了。

当然，在浙东西地区和苏松常嘉湖五府之间还有一片居中的，也可称作江南的地域范围，这就是上述五府再加上镇江府和杭州府。明代另一位大学士顾鼎臣就说过："苏松常镇杭嘉湖七府，供输甲天下"，乃"东南财赋重地"，把七府当成一个整体。但镇江、杭州两府税粮远逊于其他五府，且杭州在太湖流域之外，镇江则近代以来因文化心理因素的缘故，被排除在江南以外，所以清代晚期以后，七府并提的情况就少见了。

江南一词的涵义虽然有所转移，但不管怎样变化，照理总应指长江以南地区，可事实上并不尽然。上文已提到从东汉到唐代，江南也可用来泛指江淮以南和江汉以南地区。不但如此，自唐代以来，位于江北的扬州始终被当成江南来看待。试看唐代诗人王建的《江南三台》："扬州池边小妇，长干市里商人。三年不得消息，各自拜鬼求神。"更加令人神往的是杜牧《寄扬州韩绰判官》："青山隐隐水迢迢，秋尽江南草木凋。二十四桥明月夜，玉人何处教吹箫。"何等景色，何等诗意！

直到清代初年，扬州还是属于江南的范畴。清人费轩曾作《寄江南》词一百二十首，皆言扬州事。其中一首云："扬州好，年少记春游，醉客幽居名者者，误人小巷名兜兜，曾是十年留。"造成这种现象有其深刻的原因。扬州之名首见于《禹贡》"淮海唯扬州"，大致指的是淮水以南，东面临海的地域。汉代以后采用扬州作为监察区和行政区的名称，所指则是长江下游及淮水中游以南地区。东晋南北朝以后，扬州范围逐渐缩小，最后只局限于长江以南的今苏南、浙西之地。而扬州的治所自三国东吴以后，一直位于今南京市（东吴名建业，东晋南北朝改建康）不变。由于长期以来扬州地区主体在江南，而其治所又是江南最大的城市，所以江南扬州的概念根深蒂固。

隋文帝平陈统一中国以后，将六朝古都建康夷为平地。开皇六年，又将扬州迁往江北，并以江都（今扬州）为治所。这时的扬州虽在江北，代表的却仍是江南文化。唐朝以后，扬州经济十分繁荣，与成都并肩在全国处于遥遥领先的地位，时人因而有"扬一益二"之称。也因此，唐代大部分歌咏江南的诗词竟都是描写扬州的繁华景象。

明清时期，以苏州为中心的名副其实的江南地区，无论在农业生产或是手工业、商业方面都已超过扬州。但直到清代前期，扬州因为控扼运河的重要地位和盐业的兴盛，经济优势并未尽失，在文化心理方面依然维持江南的地位。清代后期，尤其近代以来，扬州地位一落千丈，无复昔日荣华，于是便不被当成江南看待了。不但扬州不被当成江南，甚至连累江南的镇江也被看成江北了。因为镇江与扬州同操江淮官话，而镇江以东的苏南与浙江都使用吴语。在文化心理方面，吴语区和江南地区变成具有同等意义的概念。江南经济的繁荣，使吴语地位上升，而江淮官话受到歧视。所以，受心理因素影响，镇江也就被当成江北来看待了。

从江南一语含义的变化，我们可以看到，江南不但是一个地域概念——这一概念随着人们地理知识的扩大而交易，而且还具有经济涵义——代表一个先进的经济区，同时又是一个文化概念——透视出一个文化发达的范围。时至今日，江南地区仍然是全国工农业生产最发达和文化高度发展的地区。在可预见的将来，这一情势将不会有大的改变，江南一语也将始终具有经济文化方面的丰富内涵。

学生讲坛

1. 你认为江南在哪里，为什么？
2. 谈谈学习本文前后，你心中的江南形象有什么变化。

模块二

江南水乡古镇

学习目标

1. 掌握江南水乡古镇分布的基本情况；
2. 理解江南水乡古镇的文化特征；
3. 熟悉主要古镇的重要景点；
4. 能熟练完成江南水乡古镇的导游工作。

第一单元　模块任务导入

一、作业背景

嘉兴某旅行社接待了一批来自山东的游客，共35人，全部来自山东某公司，他们刚刚参观完上海世博会后来乌镇游玩。假设旅行社将这次导游任务交给了你。你该如何完成这次任务呢？

二、工作任务与要求

1. 掌握水乡古镇的一些基本知识；
2. 掌握导游业务、程序与规范的基本知识。

三、教学方式与步骤

1. 教师讲解基本知识；
2. 观看介绍乌镇的视频；
3. 分组查找资料、安排导游线路、准备导游词；
4. 模拟演练；
5. 教师点评。

第二单元　背景知识

【学习情景1】　　　　　　　　　　江南水乡古镇概述

一、江南水乡古镇的范围

　　江南水乡古镇是中国江南水乡风貌中最具代表性的,是我国地域文化中极具完整性、区域性、多样性的典型传统城镇类型,其以深邃的历史文化底蕴、清丽婉约的水乡古镇风貌、古朴的吴侬软语民俗风情,在世界上独树一帜,驰名中外。江南水乡古镇主要分布在浙江北部和江苏南部,习惯上将周庄、同里、甪直(三镇同在苏州)、乌镇(浙江嘉兴)、西塘(浙江嘉兴)和南浔(浙江湖州)称为江南六大古镇。除了这六大古镇外,木渎(苏州)、朱家角(上海)、光福(苏州)、安昌(绍兴)等也是江南古镇的典型代表。

二、江南水乡古镇的特点

(一)美丽的自然景观

　　江南水乡地处长江三角洲太湖流域的湖积平原,其中有许多零星的湖泊沼泽。水网化的形成,促进了农业、交通和贸易的发展,江南成为农业的高产地区和经济中心。

　　江南水乡地区具有得天独厚的自然条件。早在7000多年前,这一地区就有人类居住繁衍,创造了马家浜文化和良渚文化。到11世纪,这里成为中国最富庶的地区之一。当时有"苏湖熟,天下足"之谚。宋王朝的南迁(1127),使江南成为全国的中心,而江南水乡古镇凭借其发达的水网体系所带来的交通优势成为该地区经济与文化的活跃点。

　　水是江南水乡环境的母体,江南水乡因水而生,因水而兴。昆山的周庄镇为泽国,四面环水,"咫尺往来,皆须舟楫"(《贞丰拟乘》)。周庄镇区位于湖泊的中心地带,而镇北的白蚬湖又是联系苏、浙、皖、沪三省一市的枢纽,是来往船只避风和补充给养的良港。同里镇区可谓"诸湖怀抱于外,一镇包涵其中"(《同里志》)。甪直、南浔、西塘、朱家角等古镇通过贯穿镇区的上字形、十字形或星形等的市河,沟通太湖、运河、长江甚至大海。因此,在以舟楫为重要交通工具的时代里,商业便随着交通的方便得到发展。四乡的物资到这些地方集散,使得这里人丁兴旺、商贾四集,形成了繁荣的街市。古镇区被众多的河道分割,由几十座风格各异的石桥连为一体,镇区内传统建筑鳞次栉比、街巷逶迤、家家临水、户户通舟,形成江南水乡古镇独特的小桥、流水人家的自然景观和生活特征。

(二)丰富的地方文化

　　公元前11世纪,吴国建立,其疆域范围覆盖江南水乡大部分地区。随着吴国的建立,中原文化传播和渗透到江南地区,与当地文化交流、融合,加速了长江下游地区早期文化的发展,逐步形成了在中国文化史上具有重要地位的吴文化。江南水乡地区位于吴文化的中心,吴文化体系中具有突出特点的发达的稻作文化、科技文化、手工艺文化、园林文化成为江南水乡地区文化的基础。

宋王朝的南迁(1127),带动了江南地区经济社会和文化的成熟,江南水乡城镇在这个时期快速发展。

发达的经济支撑起兴盛的文化,江南地区一直崇文重教、稻米莲歌、耕桑读书、科名相继、吟咏成风,私人藏书兴盛。历代江南地区鸿儒巨子层出不穷,尤以明清(14世纪至20世纪初)为最。如同里古镇诞生了中国古典园林设计理论专著《园冶》的作者造园家计成,乌镇则是中国著名文学家茅盾的故里。

另外,江南水乡城镇良好的文化氛围、富裕安定的生活环境、旖旎的水乡风光,历来就吸引着文人墨客前来寓居、游访甚至授业。吟诵江南水乡风光的名篇佳作构成了中国文学的重要部分。

江南特殊的地理环境、经济因素和人文因素形成了独具一格的水乡生活文化,人们的衣、食、住、行具有浓郁的水乡特色。水乡妇女"包头巾、束腰兜、绣花鞋"。年终岁末有"摇灯船、烧田蚕、鱼戏"等民俗活动;春节吃年糕、元宵吃汤团、清明吃青团、端午吃粽子、中秋吃月饼以及日常以水产、蔬菜为主的饮食特色;家家临水、户户通舟的生活和交通方式等水乡独特的风情。

（三）发达的经济和社会形态

江南水乡湖泊纵横,为农桑渔牧创造了良好的自然条件,因而在隋唐(6世纪至10世纪)乃至更早便成为当时的主要农业生产区域。农家在耕种的同时还兼养蚕和纺织,由于蚕桑和棉作的经营比稻作经营收益多,因此进入15世纪以后,江南地区的棉作经济、蚕桑经济和与之配套的家庭手工业,以及其他经济作物栽培与加工的商品化经营,日益压倒了传统的耕作经济,使江南水乡涌现了大量的市镇。同时,由于江南地区水网密布、交通便利,大量中小城镇由密如蛛网的河流水道相互贯通,形成平均距离约为1公里左右的水乡经济市场网络体系。这些市镇各有分工、互通有无,从而改变了传统的零散分布的市场格局,如周庄、同里和角直以大米和粮油为主,朱家角以棉布和大米为主,而南浔、乌镇等是以蚕丝为主的经济结构。在古镇内,出现了由小商品生产者转化为资本家和雇佣劳动者的现象。

由于经济作用的突出,江南水乡城镇的社会形态特征明显,江南水乡城镇以消费性为其主要特征,古镇内有地主官僚、商人、士大夫、平民(小手工业主、手工艺人)和农民。水乡居民崇尚自然,与世无争,过着一种安逸、舒适、精致的生活氛围。同时,重商思想的兴起,使江南地区亦农亦贾,改变了中国封建社会里长期工商皆末的思想意识。商人在城镇中的地位举足轻重,出现了以商养文、以商助教的状况。

（四）人与自然的和谐共处

江南水乡古镇因水成街、因水成市、因水成镇,经济的因素使江南水乡古镇的平面布局与其主要流通渠道——河道有着十分密切的关系。也因为河道形态的不同而呈现出不同的形态特征:单道河流形成带形城镇;由"十"字形、"上"字形河流形成星形城镇,如南浔镇、角直镇、乌镇、朱家角镇;由"井"字形河流形成方形城镇,如周庄;由网状或枝状河流形成团形城镇,如同里镇、西塘镇。

江南水乡古镇内,水街相依,水巷和街巷是江南水乡城镇整个空间系统的骨架,是人们生活、交通的主要脉络。水巷既是作为水上交通的要道,是城镇与农村、城市联系的纽带,是货物运输的主要通道,也是人们日常生活中洗衣、洗菜、洗物,聚集、交流的主要场所。街市则是江南水乡富庶和繁盛的表现,在主要街市两侧,商店毗邻,货物满目,人流来往,很是繁华。水路与陆路决定了舟行与步行两种方式互不干扰,而这两种交通方式的交汇点便是桥梁与河埠以及因之而产生的桥头广场与河埠广场,这些节点往往因地处水陆交叉处,是货物集散交易的地方,也是人们活动密度最高的地方,因而成为水乡城镇中最为活跃的场所。

江南水乡古镇建筑布局和风格则是中国传统的天人合一的思想和经济作用的完美结合:布局随意精练、造型轻巧简洁、色彩淡雅宜人、轮廓柔和优美,在经济因素作用下,建筑尽量占据沿河沿街面,并形成了"下店上宅""前店后宅""前店后坊"的集商业、居住、生产为一体的建筑形式。建筑尺度一般不高,天井、长窗使室内室外空间相通,建筑刻意亲水,前街后河、临水构屋。有水墙门、水桥头、水廊棚、水阁、水榭楼台,甚至水巷穿宅而过,形成了人与自然和谐相处的居住环境。

【学习情景 2】　　　　江南水乡古镇文化风尚

一、人文蔚起,科第兴旺

由于市镇交通方便、经济繁荣、信息灵通,吸引着邻近地区的士大夫知识阶层向它聚集。这样,市镇就具备了知识相对密集,文化凝聚力强的特殊优势,所谓人杰地灵、人才辈出。

濒临太湖、运河穿流而过的南浔镇,以经营湖丝贸易而兴起,"数百年来,人文蔚起"。明代嘉靖、万历年间这个镇出了 7 名进士。清人范颖通《研北居琐录》说:"前明中叶,科第极盛,有九里三阁老,十里两尚书之谚。"所谓三阁老,即南浔镇压东栅马家港之朱国祯、镇西南十一里马腰村之沈潅、镇西七里辑里村之温体仁。朱国祯,万历十七年(1589)进士,天启初拜礼部尚书,兼文渊阁大学士;沈潅,万历二十年(1592)进士,光宗立,召为礼部尚书,兼东阁大学士。温体仁,万历二十六年(1598)进士,崇祯初累官至礼部尚书,兼东阁大学士。所谓两尚书,即董份、沈演。董份,嘉靖二十年(1541)进士,官至礼部尚书;沈演,万历二十年(1592)进士,官至南京刑部尚书。

入清以后,南浔镇的科第仍相当可观,进士及第者 16 人,乡试中举 50 人。虽然显达大官没有明代多,但仍保持了"书声与机杼声往往夜分相续"的传统,为清末民初涌现一大批头面人物奠定了基础。

角直(亦称甫里)镇,经济稍逊一筹,文化却颇为昌明,"诵诗读书者正复不少,比岁科名相继,吟咏成风,胜于他镇"。《吴郡甫里志》的这一说法,并非自夸。角直镇科名词赋确实相望于明清两代。明代有进士高庸、沈钟等24人,举人59人,清代(乾隆以前)有进士蒋德峻等6人,举人24人。无怪乎当地人要说:"甫里之著声吴下者,亦以人物重也。"

二、鼎盛时代的民俗风情

民俗风情是社会生活最生动的写照,在一定程度上反映了各地区经济水平、文化素质、社会心理。明清两代江南市镇的民俗风情光怪陆离、色彩斑斓。历史迅即而逝,然而作为鼎盛时代投影的民俗风情在文献中遗留下来,使人们依稀可睹昔日之风采。

位于杭嘉水陆交通要道的塘栖镇,明代嘉靖年间已呈现一派繁荣景象,"市区氓橡鳞次栉比""出贩者晨驰夕骛,肩摩迹累",至明末,"财货聚集,微杭大贾视为利之渊薮"。万历至乾隆间,塘栖镇每逢年节,景况热闹非凡。有诗曰:"兹今元宵夕,群游不夜天。画灯娇步影,春烛灿流烟。竹马更新立,星桥忆旧年。太平终日望,惭愧鼓钟前。"清明节的龙舟竞渡是仅次于元宵灯会的盛举。钱塘人张仲甫《唐栖观水嬉曲》记龙舟竞渡五彩缤纷的场面:"画船彩帜风中扬,两两相继成巨舰。百室庄严贯月槎,万花绚烂移春槛。一时箫鼓闹如雷,齐向长桥河边来。后舞前歌花世界,东船西舫蜃楼台。"

市镇民俗风情另一值得注意之处在于,它与市镇及其四乡的经济运行、生产活动休戚相关,带有浓厚的市井气息与商品化色彩。

著名的濮绸产地濮院镇,号称"日出万绸",镇民及四乡农家多以养蚕织绸为生,因而风俗与蚕桑密切相关。正月间,里巷醵资举办"田柴之会",祭祀田祖及蚕花诸神。巫者唱神歌侑神,入夜燃放爆竹、花筒,夜阑送神,焚烧田柴,谓之照田蚕。照田蚕亦称烧田蚕,"盖祈年也"。三月初三日,清主蚕熟,育蚕家贴门神,闭门不炊,亲戚朋友不相往来,揉草头和粉,作青白色茧圆,以祀蚕花诸神。这一天镇上有迎神赛会庆典,李日华《味水轩日记》记万历三十八年(1610)三月初三日濮院镇神会,有如下描写:"结缀罗绮,攒簇珠翠,为抬阁数十座,阁上率用民间娟秀幼稚装扮故事人物,备极巧丽,迎于市中。远近士女走集,一国若狂。"谢天瑞《鹤林玉露》记康熙十七、十八年(1678、1679)佑圣会之盛,简直使人目不暇接:"碎翦锦绮,饰以金玉,穷极人同之巧,糜费各数千金,舳舟万计,男女咸集,费且无算。"这一天,乡人每圩各装一船为划船会,用松毛作棚,船中鸣锣鼓一人,椎髻簪花,作蚕妇状,先翻叶仙(桑叶之神)诗,卜桑叶价之高低,次为把蚕称茧缫丝之事,以卜蚕丝丰歉;又一人作田夫装,以卜田岁丰歉。划船数千艘,往来如织,士女棹舟,往观者甚众,谓之闹清明。

其后的习俗也莫不与蚕桑有关。小满时,乡间"动三车":丝车、油车、水车。意味着农忙季节已经来临。从这一天开始,家家闭户,谓之"关蚕门"。五月端午,"新麦新丝同出场,做丝做麦一齐忙"。镇上店肆开揭账单,赴乡收账,谓之"蚕罢账"。七月十五中元节,有盂兰会、水陆道场、翻经会,乡人以为此类活动"利于蚕花"。十二月十二日为蚕生日,养蚕家腌蚕种,屑秫为茧圆(状如茧子的汤圆),以祀社神,祈求来年蚕桑兴旺。

各市镇普遍都有与商事、农事相关的年中习俗,充分显示了江南市镇民俗风情的特殊地方色彩。

三、茶馆文化及其他

在市镇的运行中,茶馆尤其值得注意,它不仅是一个饮茶聊天的处所,而且还是市镇社会的一个缩影,兼具信息、娱乐、赌博的多种功能,成为市镇不可或缺的一个环节。因为这个缘故,市镇上茶馆之多是其他行业无法望其项背的。

茶馆是一个信息中心,也是一个交易场所。刘大均《吴兴农村经济》说:"各大市镇如南浔、旧馆、织里、菱湖、袁家汇、双林、乌镇,各有定班航船,直通附近各村。……大约每晨由各乡村开船来镇,新米上市时,乡人即以此地为探听市价之所,因而经营茧丝米及其他产品之掮客,亦往往出没于其间,从事撮合,赚取佣金。"市镇上生意兴隆,也有种种陋规,其中之一就是商品生产者不能与客商直接成交,必须通过牙行居间介绍。而镇上牙行林立,市价高低不一,生产者为卖得较好价钱,就到茶馆探听市价,与牙行掮客达成交易。此外,茶馆还具有娱乐功能,是市镇的主要娱乐场所。

四、园林与人文景观

定居于市镇的官僚乡绅、富商大贾,无不构筑小巧玲珑的园林别墅。随着岁月的流逝,著名园林大多颓废湮没,无从寻觅,硕果仅存者亦寥寥可数,成为江南市镇引人入胜的人文景观。

南浔镇富商刘镛建于光绪年间的小莲庄,是一座保存较完好的晚清园林,有占地10亩的池塘,边上还有名闻江南的嘉业堂藏书楼。同时代的张氏适园(光绪年间张钧衡所筑)、庞氏宜园(光绪年间庞元济所筑)、梅氏述园(光绪年间朱瑞莹所筑,后归梅氏)等,早已无影无踪。

吴江同里镇的退思园,是另一座保存得较完好的晚清园林。退思园布局紧凑自然,假山、亭台、曲廊、轩榭皆面水、贴水,如浮水上。"坐春望月楼""菰雨生凉""桂花厅""岁寒居",分别点出园中四季景色。退思草堂是园中主要厅堂。同里镇还有"环翠山庄",系同治年间画家严友兰所建。而"耕乐堂"则为明代处士朱祥所建。

江南市镇地处水网地带,河多、桥多,成为一大景观特色。

同里镇,因水成街,因水成市,15条大小河流把全镇分割为一块块水中绿洲,30座古桥把绿洲串为一个整体。全镇四周环水,东临同里湖,南滨叶泽湖,西接庞山湖,北枕九里湖,西北襟带吴淞江,东北连通澄湖。构成与外界隔绝的小天地,不易受战乱影响。故宋元以来,以迄明清,成为官僚乡绅聚集之地,"园池亭榭、声伎歌舞冠绝一时"。镇上名门望族多,深宅大院多,园林碑刻多。元代倪云林、顾可英,明代董其昌、唐寅,清代陈祖范、沈德潜,近代柳亚子等,都留下了赞美同里镇的诗句。

【学习情景 3】 江南六大水乡古镇

一、江苏昆山周庄古镇

说到周庄就不能不说桥。周庄的桥，古意朴拙、形态各异、耐人寻味。贞丰桥畔诗韵悦耳、富安桥桥楼台壁，而最知名的无疑就是双桥。双桥地处周庄中心地段，位于交叉的河道上，呈直角状排列，当地人称"钥匙桥"。当年著名油画家陈逸飞画了此桥，画作曾经被美国石油大王哈默收藏，后来哈默访华时又将这幅画转送给邓小平，从此周庄随着双桥一起在世界上声名鹊起。

周庄呈"井"字形的河道，构成了水乡神韵，条条水巷游人如织，条条河道轻舟荡漾。周庄人家因水而筑，粉墙黛瓦的深宅大院、雕梁画栋的临水小阁，比比皆是，尤以沈厅、张厅气势非凡，历经百年，风姿依旧。元末明初，家住周庄的江南首富沈万三曾经资助明皇朝修建南京 1/3 的城墙，但最后仍然得罪了皇帝朱元璋，被流放云南，客死他乡。如今沈厅仍在，这个颇有分量的古民居主人公的悲剧故事让人浮想联翩，为周庄的流水小桥增添一分沉重的气氛。张厅位于北市街双桥之南，原名怡顺堂，相传为明代中山王徐达之弟徐逵后裔于明正统年间所建，清初转让给张姓人家，改为玉燕堂，俗称张厅。张厅是周庄镇仅存的少量明代建筑之一。张厅前后七进，房屋 70 余间，占地 1800 多平方米，雕梁画栋，金碧辉煌。厅旁箸泾河穿屋而过，正所谓"桥自前门进，船从家中过"。作为殷富人家的宅第，张厅历经 500 多年沧桑，但气派依旧。

二、江苏吴江同里古镇

同里古镇的民居不少，虽不像周庄全部沿河而建，却给人空间感，这里的河道更为开阔，是用青石板铺成的。

在同里最为出名的是"一园、两堂、三桥"，都是古色古香的造型。一园是江南名园退思园，此园在不大的面积里精巧安排，使得小小的园林给人一种移步换景、千变万化的感觉。两堂指的是崇本堂、嘉荫堂，三桥指的是太平桥、吉利桥和长庆桥。

同里处于五湖环抱之中，镇内街巷逶迤、河道纵横，因而留下了众多建于各个年代的古桥。在古镇，最古老的桥是思本桥。它建于南宋，距今已有 700 多年，虽经风雨侵袭，至今仍岿然不动，跨越在川清水秀的河港上。桥名"思本"，乃取"国以民为本，民以食为天"之意。

在同里，最小的桥是坐落在环翠山庄荷花池上的独步桥，此桥桥面总长不满 5 尺，宽不过 3 尺，两人相遇须侧身而过，单孔拱形，小巧玲珑，堪称一绝。而最能反映同里人勤奋好学的桥，则莫过于普安桥，又称小东溪桥。初建于明正德元年（1506），在其西侧石壁上，刻着一副十分引人注目的对联，上联是"一泓月色含规影"，下联为"两岸书声接榜歌"。最富有神话色彩的古桥是富观桥，在此桥的龙门石上，有一座惟妙惟肖的"桃花浪里鱼化龙"的石雕。

乌金桥坐落在镇西北郊,是当年苏州到同里的必经之路,也是古镇的重要入口。那一年古镇百姓为迎接太平军,一夜之间修建了此桥。桥面中心方石上特意刻了一幅《马上报喜图》,以预祝太平军旗开得胜,马到成功。

古镇最有名的当然是前面提到的"三桥",三桥位于镇中心,呈三足鼎立的姿态伫立在三条小河的交汇处,碧水映古桥,绿树藏娇影,很是一片迷人的景色,"走三桥"则是同里古老的民间风俗。

同里除了造型不同的各种古桥吸引着游人,还有各式各样的河桥让前来古镇的人大开眼界。所谓河桥,北方人称之为水码头,南方人叫它河埠头、河桥头。

三、江苏吴江甪直古镇

甪直镇位于苏州城东 25 公里,有 2000 多年历史,古称甫里,唐代以后,因河道形状像"甪"字,改现名。

甪直镇是一座以罗汉塑像和商业古街为主的江南水乡,镇内河道纵横,素有"五湖之厅"(澄湖、万千湖、金鸡湖、独墅湖、阳澄湖)和"六泽之冲"(吴淞江、清水江、南塘江、界浦江、东塘江、大直江)之称。镇里有一条 2000 多米的古街和近 2000 米的水乡驳岸,沿岸还有不少雕刻着精美图案的栓缆桩。

甪直的古桥之多,有"三步两桥"之称,1 平方公里的古镇区原有宋元明清各色石桥 72 座半,现存 41 座。其中最古老的桥——和丰桥建于宋代,工艺精细,至今完好。

镇上有许多遗迹和古迹,如白莲花寺、孙妃墓、吴王宫、保圣寺等。其中建于 503 年的保圣寺现存九尊唐塑罗汉,传为唐朝塑圣杨惠之所作。塑像神态逼真、表现细腻,是古代雕塑的传世名作。

文学家叶圣陶先生曾在镇上的中学执教,据说他的许多名作就诞生在这里,而现在的叶圣陶纪念馆、叶圣陶墓则为古镇增添了浓郁的文化色彩。

四、浙江湖州南浔古镇

南浔古镇位于浙江和江苏的交界处,是江南地区知名度极高的古镇。镇上名园古迹甚多,历史上最盛时期有大小园林 20 余座,现存有小莲庄、颖园和嘉业堂藏书楼等,明代百间楼风貌奇特,清代张石铭和张静江故居别有情致。江南水乡的南浔不单外美,而且内秀,富有浓郁的文化气息。

南浔虽也是浙江的古镇,但与其他古镇有所不同,这里少有老屋长廊、石桥深巷。南浔的卖点在于有众多的江南名园,而且这些园子多有中西合璧的风格,其中最著名的是江南名园小莲庄和嘉业堂藏书楼。

嘉业堂藏书楼其实是一处江南小型园林,园子里莲池、假山、凉亭处处流露出江南园林的小巧与别致。其主体建筑是一座西式回廊式的藏书楼。这座藏书楼乃江南四大藏书楼之一,是清代的秀才刘承干在 1920—1924 年修建的。其藏书最多时曾达到 60 万卷,现在这里是浙江省图书馆古籍书库。

毗邻嘉业堂藏书楼的是小莲庄。小莲庄与藏书楼是同年(1924)落成的,主人仰慕赵孟頫的莲花庄因而名之为"小莲庄"。园子的外园有 10 亩荷花池,池边有逶迤的中式长廊和尖顶的西式小姐绣楼。中西建筑在这里得到了完美的结合。小莲庄景致与其他的江南园林相仿,有扇亭、石牌坊、假山、竹林,比较有特色的是园子西边由数十棵古香樟树组成的古树长廊。

五、浙江嘉善西塘古镇

西塘,古称胥塘、斜塘,又名平川,有着丰富的历史文化积淀。春秋战国时代,西塘就是吴越两国相争的交界地,故有吴根越角之称。西塘地势平坦,河流纵横,自然环境十分幽静,一拱如月的石桥,桨声四起的流水,青瓦灰墙的人家,处处绿波荡漾,家家临水映人。小镇上保存着完好的明清建筑群落,廊棚和古弄堪称"双绝",具有别样的风韵。只是别忘了,在一处又一处诱人的景色中,西塘那些寻常的巷陌、寻常的人家,才是最为迷人的景色。西塘宛若一支幽幽的洞箫:深沉、幽雅,意境绵长悠远。

西塘古镇中最著名的风景线是一道 1000 多米、造型古朴的廊棚,一色的墨瓦盖顶,沿河而建,连为一体,绵延不断,催人发思古之幽情。古河道旁边还有不少古色古香的古民居,廊棚长长,古建筑重重叠叠,小船儿悠悠,俨然是一派古风犹存的情调。此外,西塘的石皮弄具有长长的巷道,过街的窗户是造型细致、雕刻讲究的木结构,漫步其中,一种思古之情油然而生。

六、浙江桐乡乌镇

乌镇不大,却是水陆交通要地。古镇内河道如织、石桥纵横、高墙深巷、水阁飞檐,到处呈现典型的水乡景致。在乌镇游览,眼里满是水的影子。踏着百年前的石板路,人和周围的一切都好像在水雾织成的梦里。乌镇是一个颇具历史的古镇,1896 年,中国现代文学史上著名文学家茅盾诞生在此,其故居是一幢很有特色的古民居。这个故居有 600 平方米,日式建筑,据说是先生用《子夜》的稿酬建造的。历史上这个小镇曾出过64 名进士、161 名举人,茅盾、沈泽民、严独鹤等名人,更是为小镇增添了几分显赫。

乌镇依河道而建的廊棚极富水乡韵味,是古镇上典型的建筑。廊棚既可以为路人遮风避雨,又是小镇居民休闲聊天的交际场所。

乌镇街道上清代的民居建筑保存完好,梁、柱、门、窗上的木雕和石雕工艺精湛。当地的居民至今仍住在这些老房子里。走在河边,可以看见居民们在这些老屋里吃饭、打麻将,水乡的风情和民情还在沿河的老屋里继续,构成了一幅幅独特的江南风景画。

乌镇民居的特别之处是在墙上常常涂有类似于黑色的油漆。据说这种涂料涂了以后可以起到保护墙面的作用,而黑色在江南桐乡一带被称为"乌","乌镇"之名由此而来。这里附近农村以种植水稻和养蚕为主业,基本上还保持着一些江南农村的风情和建筑格局,那些店面和房屋的样式还有一种"老通宝"时期的遗韵,如诗如画。

　　　　　　　江南水乡古镇的价值与保护

一、江南水乡古镇的价值

（一）历史文化价值

首先,江南水乡古镇具有很高的历史价值,这是毋庸置疑的。江南水乡从唐宋以来无论在经济还是文化上都处于全国的前列。江南水乡民居以及其聚落形态——城镇便最直接地反映出这一地区各个历史时期人类的衣、食、住、行等生活状况、经济体制、生产力和生产关系等社会状况。从历史学的意义以及对研究中国经济发展的意义来说,江南水乡城镇无疑是社会历史的活化石。

其次,江南水乡城镇的文化价值也是不言而喻的。江南水乡城镇的形成与发展及其衰落与一定的社会背景、经济因素有关。但是中国文化的深层次内容如道德伦理观念、宗族血缘关系、风水学说等都深深地影响着每一个传统城镇的营建和发展,因而它是民族文化与地域文化的典型体现。

历史证明,人类文化遗产的内涵是丰富的,每一代人由于其知识、能力的局限,不可能全面认清历史遗产的全部内容。尊重历史,在历史的基础上寻找发展是人类进化的重要方面。因此,为了历史的研究,为了现实的生活,也为了未来的选择,我们有责任、有义务对江南水乡城镇多层次的历史和文化内涵加以研究和保护。

（二）旅游价值

后工业时代的到来,使人们对生活有了新的认识,旅游成为人们生活中不可缺少的内容。尤其在 20 世纪 80 年代以后,世界旅游有了很大的发展和进步,旅游的内容也从以自然风光旅游为主发展到与风俗风情旅游并重,走进生活、回归家园成为当今世界旅游的热点。江南水乡城镇那种小桥、流水、人家的独特风情以及从中透出的浓浓的文化底蕴和温情的人性关怀,深深吸引了国内外大批游客。斑驳的石墙和苍老的石桥已不再为她们的陈旧而感到羞涩,而是勇敢地撩开面纱,向世人展示那千百年来的历史风韵。

旅游业的发展带来水乡城镇手工业旅游产品的再次勃发。地方风味小吃、手工编织工艺品的旺盛经营,为经济的加速发展提供动力。江南水乡城镇作为展示中国文化的又一典型实例而在世界上越来越受到世人的瞩目。

（三）生活价值

江南水乡古镇所处的太湖地区,气候温和,季节分明,雨量充沛,居民的生产生活依赖着水这种自然资源,同时,由水构成的自然环境又塑造了富于江南韵味的水乡建筑的风貌和特色。传统居住模式将为我们的规划、创作、设计、建筑提供美感的源泉。而就传统住区的本身加以改造和更新创作,又能使传统城镇在新时期重新焕发出活力。因此,江南水乡城镇的居民生活空间形态对中国、对世界人居环境的研究来说都有着永恒

的价值。

二、江南水乡古镇的保护

近年来,随着中国经济的发展,旅游业的兴起,江南水乡古镇逐渐成为旅游胜地。同时,其他地区的历史古镇也纷纷提出保护和发展旅游的要求,在新的形势下,不能停留在原来的做法上,要有新的要求和内容,这样才能使历史城镇得到永续的发展。

水乡古镇的保存与发展,必须建立在处理好以下两方面关系的基础上:一是保存与更新的关系,即对有价值的东西进行保存,而对于一些落后而不健全的东西,则要坚决更新,如引入现代的市政设施等,只有这样才能使古镇保持其健康的生命;二是旅游与生活的关系,江南水乡古镇已成为世界瞩目的旅游热点,但是旅游和居民生活需要不同的空间与设施,两者甚至产生冲突,实践告诉我们,两者必须兼顾才能相互促进,才能永续发展。具体来说,可以分为以下四个方面。

第一,明确水乡古镇的保存内容。水乡古镇的保存应包括各种文物的保存、古镇空间格局的保存、古镇天际轮廓线的保存、古镇传统文化的继承和传统经济的发展。

保存规划强调,古镇要维持居民的居住,并要让居民生活得更好,从而真正使古镇成为一个生活的场所,是一个具有永恒生命力的有机体。因此,透过对古镇内各种要素以及要素之间的分析,确定保存框架的主题——着重体现水乡古镇的特色。

第二,理清历史脉络,重现传统氛围。即用整治的观点看问题,所谓整治,就是对一个具体的更新对象,对其某些有传统价值的成分予以保存,对其他部分进行改造。对于周庄古镇而言,运用整治手段的目的,在于最大限度地保存历史的遗迹,同时仔细地修复已经被破坏的部分,或者艺术地处理难以恢复的部分,使得古镇的整个传统氛围能够协调统一。

第三,挖掘文化内涵,提高旅游品质。水乡古镇10多年来的保存与发展,开辟了一个很大的旅游市场,同时尝到了由旅游带来的有目共睹的好处,但是不可避免地面临着另外一种破坏,那就是旅游设施的充斥、无特色旅游商品的泛滥、高峰期的人满为患、游线安排的走马观花以及"人人皆商"的浓郁商业气息,凡此种种都在不知不觉中侵蚀着古镇的原真性。因此,重新挖掘古镇的文化内涵,以文化为本,还归古镇的本色是提高旅游品质的唯一办法。

第四,改善居民生活,完善配套设施。古镇是一个生活的镇,而古镇的生活环境却已令人担忧。其实,保存与更新并不是对立的,在保存古镇的诗情画意的同时,对于居民房屋结构的加固,对于基础设施的完善,尤其是对于污水的妥善处理,都是应该且必需的,这有助于古镇形成更协调、更卫生、更美的环境,使古镇更加充满活力。

第三单元　相关链接

　　　　　　　　　　　江 南 小 镇

余秋雨

一

　　我一直想写写"江南小镇"这个题目,但又难于下笔。江南小镇太多了,真正值得写的是哪几个呢?——拆散了看,哪一个都构不成一种独立的历史名胜,能说的话并不太多;然而如果把它们全都躲开了,那就是躲开了一种再亲昵不过的人文文化,躲开了一种把自然与人情搭建得无比巧妙的生态环境,躲开了无数中国文人心底的思念与企盼,躲开了人生苦旅的起点和终点,实在是不应该的。

　　我到过的江南小镇很多,闭眼就能想见,穿镇而过的狭窄河道,一座座雕刻精致的石桥,傍河而筑的民居,居民楼板底下就是水,石阶的埠头从楼板下一级级伸出来,女人正在埠头上浣洗,而离她们只有几尺远的乌篷船上正升起一缕白白的炊烟,炊烟穿过桥洞飘到对岸,对岸河边有又低又宽的石栏,可坐可躺,几位老人满脸宁静地坐在那里看着过往船只。比之于沈从文笔下的湘西河边由吊脚楼组成的小镇,江南小镇少了那种浑朴奇险,多了一点畅达平稳。它们的前边没有险滩,后边没有荒漠,因此虽然幽僻却谈不上什么气势;它们大多很有一些年代了,但始终比较滋润的生活方式并没有让它们留下多少废墟和遗迹,因此也听不出多少历史的浩叹;它们当然有过升沉荣辱,但实在也未曾摆出过太堂皇的场面,因此也不容易产生类似于朱雀桥、乌衣巷的沧桑之慨。总之,它们的历史路程和现实风貌都显得平实而耐久,狭窄而悠长,就像经纬着它们的条条石板街道。

　　堂皇转眼凋零,喧腾是短命的别名。想来想去,没有比江南小镇更足以成为一种淡泊而安定的生活表征的了。中国文人中很有一批人在入世受挫之后逃于佛、道,但真正投身寺庙道观的并不太多,而结庐荒山、独钓寒江毕竟会带来基本生活上的一系列麻烦。"大隐隐于市",最佳的隐潜方式莫过于躲在江南小镇之中了。与显赫对峙的是常态,与官场对峙的是平民,比山林间的蒹葭茂树更有隐蔽力的是消失在某个小镇的平民百姓的常态生活中。山林间的隐蔽还保留和标榜着一种孤傲,而孤傲的隐蔽终究是不诚恳的;小镇街市间的隐蔽不仅不必故意地折磨和摧残生命,反而可以把日子过得十分舒适,让生命熨贴在既清静又方便的角落,几乎能够把自身由外到里溶化掉,因此也就成了隐蔽的最高形态。说隐蔽也许过于狭隘了,反正在我心目中,小桥流水人家、莼鲈之思,都是一种宗教性的人生哲学的生态意象。

　　在庸常的忙碌中很容易把这种人生哲学淡忘，但在某种特殊情况下，它就会产生一种莫名的诱惑而让人渴念。记得在"文化大革命"的高潮期，我父亲被无由关押，尚未结婚的叔叔在安徽含冤自尽，我作为长子，20来岁，如何撑持这个八口之家呢？我所在的大学也是日夜风起云涌，既不得安生又逃避不开，只得让刚刚初中毕业的大弟弟出海捕鱼，贴补家用。大弟弟每隔多少天后上岸总是先与我联系，怯生生地询问家里情况有无继续恶化，然后才回家。家，家人还在，家的四壁还在，但在那年月好像是完全暴露在露天中，时时准备遭受风雨的袭击和路人的轰逐。在这种情况下，我们这些大学毕业生又接到指令必须到军垦农场继续改造，去时先在吴江县松陵镇整训一段时间。那些天，天天排队出操点名，接受长篇训话，一律睡地铺而伙食又极其恶劣，大家内心都明白，整训完以后就会立即把我们抛向一个污泥、沼泽和汗臭相拌和的天地，而且绝无回归的时日。我们的地铺打在一个废弃的仓库里，从西边墙板的夹缝中偷眼望去，那里有一个安静的院落，小小一间屋子面对着河流，屋里进出的显然是一对新婚夫妻，与我们差不多年龄。他们是这个镇上最普通的居民，大概是哪家小店的营业员或会计吧，清闲得很，只要你望过去，他们总在，不紧不慢地做着一天生活所必需、却又纯然属于自己的事情，时不时有几句不冷不热的对话，莞尔一笑。夫妻俩都头面干净，意态安详。当时，我和我的同伴实在被这种最正常的小镇生活震动了。这里当然也碰到了"文化大革命"，但毕竟是小镇，又兼民风柔婉，闹不出多大的事，折腾了一两下也就烟消云散，恢复成寻常生态。也许这个小镇里也有个把"李国香"之类，反正这对新婚夫妻不是，也不是受李国香们注意的人物。唉，这样活着真好！这批筋疲力尽又不知前途的大学毕业生们向壁缝投之以最殷切的艳羡。我当时曾警觉，自己的壮志和锐气都到哪儿去了，何以20来岁便产生如此暮气的归隐之想？是的，那年在恶风狂浪中偷看一眼江南小镇的生活，我在人生憬悟上一步走向了成年。

　　我躺在垫着稻草的地铺上，默想着100多年前英国学者托马斯·德·昆西（T. De Quincey）写的一篇著名论文：《论〈麦克白〉中的敲门声》。昆西说，在莎士比亚笔下，麦克白及其夫人借助于黑夜在城堡中杀人篡权，突然，城堡中响起了敲门声。这敲门声使麦克百夫妇惊恐万状，也历来使所有的观众感到惊心动魄。原因何在？昆西思考了很多年，结论是：清晨敲门，是正常生活的象征，它足以反衬出黑夜中魔性和兽性的可怖，它又宣告着一种合乎人性的日常生活正有待于重建，而正是这种反差让人由衷震撼。在那些黑夜里，我躺在地铺上，听到了江南小镇的敲门声，笃笃笃，轻轻的，隐隐的，却声声入耳，灌注全身。

　　好多年过去了，生活应该说已经发生了很大的变化，但这种敲门声还时不时地响起于心扉间。为此我常常喜欢找个江南小镇走走，但一走，这种敲门声就响得更加清晰而催人了。

　　当代大都市的忙人们在假日或某个其他机会偶尔来到江南小镇，会使平日的行政烦嚣、人事喧嚷、滔滔名利、尔虞我诈立时净化，在自己的鞋踏在街石上的清空声音中听到自己的心跳，不久，就会走进一种清空的启悟之中，流连忘返，可惜终究要返回，返回那种烦嚣和喧嚷。

如眼前一亮，我猛然看到了著名旅美画家陈逸飞先生所画的那幅名扬海外的《故乡的回忆》。斑剥的青灰色像清晨的残梦，交错的双桥坚致而又苍老，没有比这个图像更能概括江南小镇的了，而又没有比这样的江南小镇更能象征故乡的了。我打听到，陈逸飞取像的原型是江苏昆山的周庄。陈逸飞与我同龄而不同籍，但与我同籍的台湾作家三毛到周庄后据说也热泪滚滚，说小时候到过很多这样的地方。看来，我也必须去一下这个地方。

二

像多数江南小镇一样，周庄得坐船去才有味道。我约了两个朋友从青浦淀山湖的东南岸雇船出发，向西横插过去，走完了湖，就进入纵横交错的河网地区。在别的地方，河流虽然也可以成为运输的通道，但对普通老百姓的日常行旅来说大多是障碍，在这里则完全不同，河流成了人们随脚徜徉的大街小巷。一条船一家人家，悠悠走着，不紧不慢，丈夫在摇船，妻子在做饭，女儿在看书，大家对周围的一切都熟悉，已不愿东张西望，只听任清亮亮的河水把他们浮载到要去的地方。我们身边擦过一条船，船头坐了两位服饰齐整的老太，看来是走亲戚去的，我们的船驶得太快，把水沫溅到老太的新衣服上了，老太撩了撩衣服下摆，嗔色地指了指我们，我们连忙拱手道歉，老太立即和善地笑了。这情景就像街市间不小心碰到了别人随口说声"对不起"那样自然。

两岸的屋舍越来越密，河道越来越窄，从头顶掠过去的桥越来越短，这意味着一座小镇的来临。中国很多地方都长久地时行这样一首儿歌："摇摇摇，摇到外婆桥"，不知多少人是在这首儿歌中摇摇摆摆走进世界的。人生的开始总是在摇篮中，摇篮就是一条船，它的首次航行目标必定是那座神秘的桥，慈祥的外婆就住在桥边。早在躺在摇篮里的年月，我们构想中的这座桥好像也是在一个小镇里。因此，不管你现在多大，每次坐船进入江南小镇的时候，心头总会渗透出几缕奇异的记忆，陌生的观望中潜伏着某种熟识的意绪。周庄到了，谁也没有告诉我们，但我们知道。这里街市很安静，而河道却很热闹，很多很多的船来往交错，也有不少船舶在岸边装卸货物，更有一些人从这条船跳到那条船，连跳几条到一个地方去，就像市井间借别人家的过道穿行。我们的船挤入这种热闹中，舒舒缓缓地往前走。与城市里让人沮丧的"塞车"完全不同，在河道上发觉前面停着的一条船阻碍了我们，只须在靠近时伸出手来，把那条船的船帮撑持一下，这条船就会荡开去一点，好让我们走路。那条船很可能在装货，别的船来来往往你撑一下我推一把，使它的船身不停地晃晃悠悠，但船头系结在岸桩上，不会产生任何麻烦，装货的船工一径乐呵呵地忙碌着，什么也不理会。

小镇上已有不少像我们一样的旅游者，他们大多是走陆路来的，一进镇就立即领悟了水的魅力，都想站在某条船上拍张照，他们蹲在河岸上恳求船民，没想到这里的船民爽快极了，想坐坐船还不容易？不仅拍了照，还让坐着行驶一阵，分文不取。他们靠水吃饭，比较有钱，经济实力远超这些旅游者。近几年，电影厂常来小镇拍一些历史题材的片子，小镇古色古香，后来干脆避开一切现代建筑方式，很使电影导演们称心，但哪来那么多群众角色呢？小镇的居民和船民非常帮衬，一人拿了套戏装往身上一披，照样干活,你们拍去吧。我去那天,不知哪家电影厂正在桥头拍一部清朝末年的电影,桥边的镇民、桥下的船民很多都穿上了清朝农民的服装在干自己的事,没有任何不自然的感觉,倒是我们这条船靠近前去,成了擅闯大清村邑的番邦夷人。

从船上向河岸一溜看去,好像凡是比较像样的居舍门口都有自用码头。这是不奇怪的,河道就是通衢,码头便是大门,一个大户人家哪有借别人的门户迎来送往的道理?遥想当年,一家人家有事,最明显的标志是他家码头口停满了大大小小的船只,主人便站在码头上频频迎接。我们的船在一个不小的私家码头停下了,这个码头属于一所挺有名的宅第,现在叫做"沈厅",原是明代初年江南首富沈万三的居所。

江南小镇历来有藏龙卧虎的本事,你看就这么些小河小桥竟安顿过一个富可敌国的财神!沈万三的致富门径是值得经济史家们再仔细研究一阵的,不管怎么说,他算得上那个时代既精于田产管理,又善于开发商业资本的经贸实践家。有人说他主要得力于贸易,包括与海外的贸易,虽还没有极为充分的材料佐证,我却是比较相信的。周庄虽小,却是贴近运河、长江和黄浦江,从这里出发的船只可以毫无阻碍地借运河而通南北,借长江而通东西,就近又可席卷富庶的杭嘉湖地区和苏锡一带,然后从长江口或杭州湾直通东南亚或更远的地方,后来郑和下西洋的出发地浏河口就与它十分靠近。处在这样一个优越的地理位置,出现个把沈万三是合乎情理的。这大体也就是江南小镇的秉性所在了,它的厉害不在于它的排场,而在于充分利用它的便利而悄然自重,自重了还不露声色,使得我们今天还闹不清沈万三的底细。

系好船缆,拾级上岸,才抬头,却已进了沈厅大门。一层层走去,600多年前居家礼仪如在目前。这儿是门厅,这儿是宾客随从人员伫留地,这儿是会客厅,这儿是内宅,这儿是私家膳室……全部建筑呈纵深型推进状,结果,一个相当狭小的市井门洞竟衍伸出长长一串景深,既显现出江南商人藏愚守拙般的谨慎,又铺张了家庭礼仪的空间规程。但是,就整体宅院论,还是算敛缩俭朴的,我想一个资产只及沈万三一个零头的朝廷退职官员的宅第也许会比它神气一些。商人的盘算和官僚的想法判然有别,尤其是在封建官僚机器的缝隙中求发展的元明之际的商人更是如此,躲在江南小镇的一个小门庭里做着纵横四海的大生意,正是他们的"大门槛"。可以想见,当年沈宅门前大小船只的往来是极其频繁的,各种信息、报告、决断、指令、契约、银票都从这里大进大出,但往来人丁大多神色隐秘、缄口不言、行色匆匆。这里也许是见不到贸易货物的,真正的大贸易家不会把宅院当做仓库和转运站,货物的贮存地和交割地很难打听得到,再有钱也是一介商人而已,没有兵丁卫护,没有官府庇荫,哪能大大咧咧地张扬?

我没有认真研究过沈万三的心理历程,只知道这位在江南小镇如鱼得水的大商贾后来在京都南京栽了个大跟头,他如此精明的思维能力毕竟只归属于经济人格而与封建朝廷的官场人格处处牴牾,一撞上去就全盘散架。能不撞上去吗?又不能,一个在没有正常商业环境的情况下惨淡经营的商人总想与朝廷建立某种亲善关系,但他不懂,建立这种关系要靠钱,又不能全靠钱,事情还有远比他的商人头脑想象的更复杂更险恶的一面。话说明太祖朱元璋定都南京(即应天府)后要像模像样地修筑城墙,在筹募资金中被舆论公认为江南首富的沈万三自然首当其冲。沈万三满腹心事地走出宅院大门上船了,船只穿出周庄的小桥小河向南京驶去。在南京,他爽快地应承了筑造京城城墙三分之一(从洪武门到水西门)的全部费用,这当然是一笔惊人的巨款,一时朝野震动。事情到此已有点危险,因为他面对的是朱元璋,但他从未曾自觉到,只懂得像在商业经营中那样趁热打铁,晕乎乎、乐颠颠地又拿出一笔巨款要犒赏军队。这下朱元璋勃然大怒了,你算个什么东西,凭着有钱到朕的京城里摆威风来了?军队是你犒赏得了的吗?于是下令杀头,后来不知什么原因又改旨为流放云南。

江南小镇的宅院慌乱了一阵之后陷入了长久的寂寞。中国 14 世纪杰出的理财大师沈万三没有能够回来,他长枷铁镣南行万里,最终客死戍所。他当然会在陌生的烟瘴之地夜夜梦到周庄的流水和石桥,但他的伤痕累累的人生孤舟却搁浅在如此边远的地方,怎么也驶不进熟悉的港湾了。

沈万三也许至死都搞不大清究竟是什么逻辑让他受罪的,周庄的百姓也搞不清,反而觉得沈万三怪,编一些更稀奇的故事流传百年。是的,一种对中国来说实在有点超前的商业心态在当时是难以见容于朝野两端的,结果倒是以其惨败为代价留下了一些纯属老庄哲学的教训在小镇,于是人们更加宁静无为了,不要大富,不要大红,不要一时为某种异己的责任感和荣誉感而产生焦灼的冲动,只让河水慢慢流,船橹慢慢摇,也不想摇到太远的地方去。在沈万三的凄楚教训面前,江南小镇愈加明白了自己应该珍惜和恪守的生态。

三

上午看完了周庄,下午就滑脚去了同里镇。同里离周庄不远,已归属于江苏省的另一个县——吴江县,也就是我在 20 多年前听到麦克白式的敲门声的那个县。因此,当我走近前去的时候,心情是颇有些紧张的,但我很明白,要找江南小镇的风韵,同里不会使我失望,为那 20 多年前的启悟,为它所躲藏的闹中取静的地理位置,也为我平日听到过有关它的传闻。

就整体气魄论,同里比周庄大。也许是因为周庄讲究原封不动地保持苍老的原貌吧,在现代人的脚下总未免显得有点局促,同里亮堂和挺展得多了,对古建筑的保护和修缮似乎也更花力气。因此,周庄对于我,是乐于参观而不会想到要长久驻足的,而同里却一见面就产生一种要在这里觅房安居的奇怪心愿。

同里的桥,不比周庄少。其中紧紧汇聚在一处的"三桥"则更让人赞叹。三桥都小巧玲珑,构筑典雅,每桥都有花岗石凿刻的楹联,其中一桥的楹联为:

浅渚波光云影,小桥流水江村。

淡淡地道尽了此地的魅力所在。据老者说,过去镇上居民婚娶,花轿乐队要热热闹闹地把这三座小桥都走一遍,算是大吉大利。老人 66 岁生日那天也须在午餐后走一趟三桥,算是走通了人生的一个关口。你看,这么一个小小的江镇,竟然自立名胜、自建礼仪,怡然自得中构建了一个与外界无所争持的小世界。在离镇中心稍远处,还有稍大一点的桥,建造也比较考究,如思本桥、富观桥、普安桥等,是小镇的远近门户。

在同里镇随脚走走,很容易见到一些气象有点特别的建筑,仔细一看,墙上嵌有牌子,标明这是崇本堂,这是嘉荫堂,这是耕乐堂,这是陈去病故居,探头进去,有的被保护着专供参观,有的有住家,有的在修理,都不妨轻步踏入,没有人会阻碍你。特别是那些有住家的宅院,你正有点踌躇呢,住家一眼看出你是访古的,已是满脸笑容。钱氏崇本堂和柳氏嘉荫堂占地都不大,一亩上下而已,却筑得紧凑舒适。两堂均以梁棹窗棂间的精细雕刻著称,除了吉祥花卉图案外,还有传说故事、戏曲小说中的人物和场面的雕刻,据我所知已引起了国内古典艺术研究者们的重视。耕乐堂年岁较老,有宅有园,占地也较大,整体结构匠心独具,精巧宜人,最早的主人是明代的朱祥(耕乐),据说他曾协助巡抚修建了著名的苏州宝带桥,本应论功授官,但他坚辞不就,请求在同里镇造一处宅园过太平日子。看看耕乐堂,谁都会由衷地赞同朱祥的选择。

但是,也不能因此判定像同里这样的江南小镇只是无条件的消极退避之所。你看,让朱祥督造宝带桥工程他不是欣然前往了吗?他要躲避的是做官,并不躲避国计民生方面的正常选择。我们走进近代革命者、诗人学者陈去病(巢南)的居宅,更明确地感受到了这一点。我由于关注过南社的史料,对陈去病的事迹还算是有点熟悉的。见到了他编《百尺楼丛书》的百尺楼,却未能找到他自撰的两副有名楹联:

> 平生服膺明季三儒之论,沧海归来,信手钞成正气集;
> 中年有契香山一老所作,白头老去,新居营就浩歌堂。

> 其人以骠姚将军为名,垂虹亭长为号;
> 所居有绿玉青瑶之馆,澹泊宁静之庐。

这两副楹联表明,在同里镇三元街的这所宁静住宅里,也曾有热血涌动、浩气充溢的年月。我知道就在这里,陈去病组织过雪耻学会,推行过梁启超《新民丛报》,还开展过同盟会同里支部的活动。秋瑾烈士在绍兴遇难后,她的密友徐自华女士曾特地赶到这里来与陈去病商量如何处置后事。至少在当时,江浙一带的小镇中每每隐潜着许多这样的决心以热血和生命换来民族生机的慷慨男女,他们的往来和聚会构成了一系列中国近代史中的著名事件,一艘艘小船在解缆系缆,缆索一抖,牵动着整个中国的生命线。

比陈去病小十几岁的柳亚子是更被人们熟知的人物,他当时的活动据点是家乡黎里镇,与同里同属吴江县。陈去病坐船去黎里镇访问了柳亚子后感慨万千,写诗道:

> 梨花村里叩重门,握手相看泪满痕。故国崎岖多碧血,美人幽咽碎芳魂。
> 茫茫宙合将安适,耿耿心期祇尔论。此去壮图如可展,一鞭晴旭返中原!

这种气概与人们平素印象中的江南小镇风韵很不一样,但它实实在在是属于江南小镇的,应该说是江南小镇的另一面。在我看来,江南小镇是既疏淡官场名利又深明人世大义的,平日只是按兵不动罢了,其实就连在石桥边栏上闲坐着的老汉都对社会时事具有洞幽悉微的评判能力,真是遇到了历史的紧要关头,江南小镇历来都不木然。我想,像我这样的人也愿意卜居于这些小镇中而预料不会使自己全然枯竭,这也是原因之一吧。

四

同里最吸引人的去处无疑是著名的退思园了。我可以毫不夸张地说,这是我见过的中国古典园林中特别让我称心满意的几个中的一个。我相信,如果同里镇稍稍靠近一点铁路或公路干道,退思园必将塞满旅游的人群。但从上海到这里毕竟很不方便,从苏州过来近一些,然而苏州自己已有太多的园林,柔雅的苏州人也就不高兴去坐长途车了。于是,一座大好的园林静悄悄地呆着,而我特别看中的正是这一点。中国古典园林不管依傍何种建筑流派,都要以静作为自己的韵律。有了静,全部构建会组合成一种古筝独奏般的淡雅清丽,而失去了静,它内在的整体风致也就不可寻找。在摩肩接踵的拥挤中游古典园林是很叫人伤心的事,如有一个偶然的机会,或许是大雨刚歇,游客未至,或许是时值黄昏,庭院冷落,你有幸走在这样的园林中就会觉得走进了一种境界,虚虚浮浮而又满目生气,几乎不相信自己往常曾多次来过。在人口越来越多,一切私家的古典园林都一一变成公众游观处的现代,我的这种审美嗜好无疑是一种不切实际的奢侈愿望了,但竟然有时也能满足。去年冬天曾在上海远郊嘉定县小住了十几天,每天早晨和傍晚,当上海旅游者的班车尚未到达或已经离开的时候,我会急急赶到秋霞圃去,舒舒坦坦地享受一番园林间物我交融的本味。退思园根本没有上海的旅游班车抵达,能够遇到的旅客大多是一些镇上的退休老人,安静地在回廊低栏上坐着,看到我们面对某处景点有所迟疑时,他们会用自我陶醉的缓慢语调来解释几句,然后又安静地坐下去。就这样,我们从西首的大门进入,向着东面一个层次一个层次地观赏过来。总以为看完这一进就差不多了,没想到一个月洞门又引出一个新的空间,而且一进比一进更美,一层比一层奇。心中早已绷着悬念,却又时时为意外发现而一次次惊叹,这让我想到中国古典园林和古典戏曲在结构上的近似。难怪中国古代曲论家王骥德和李渔都把编剧与工师营建宅院苑榭相提并论。

退思园已有 100 多年历史,园主任兰生便是同里人,做官做得不小,授资政大夫,赐内阁学士,任凤颍六泗兵备道,兼淮北牙厘局及凤阳钞关之职,有权有势地管过现今安徽省的很大一块地方。后来他就像许多朝廷命官一样遭到了弹劾,落职了,于是回到家乡同里,请本镇一位叫袁龙的杰出艺术家建造此园。园名"退思",立即使人想起《左传》中的那句话:"林父之事君也,进思尽忠,退思补过。"但我漫步在如此精美的园林中,很难相信任兰生动用"退思补过"这一命题的诚恳。"退"是事实,"思"也是免不了的,至于是不是在思"补过"和"事君"则不宜轻信。眼前的水阁亭榭、假山荷池、曲径回廊根本容不下一丝愧赧。好在京城很远,也管不到什么了。

任兰生是聪明的。"退思"云云就像找一个官场烂熟的题目招贴一下,赶紧把安徽官任上搜刮来的钱财幻化成一个偷不去抢不走、又无法用数字估价的居住地,也不向外展示,只是一家子安安静静地住着。即使朝廷中还有觊觎者,一见他完全是一派定居的样子,没有再到官场争逐的念头了,也就放下了心,以求彼此两忘。我不知道任兰生在这个园子里是如何度过晚年的,是否再遇到过什么凶险,却总觉得在这样一个地方哪怕住下几年也是令人羡慕的,更何况对园主来说这又是祖辈生息的家乡。任兰生没有料到,这件看来纯然利己的事情实际上竟成了他毕生最大的功业,历史因这座园林把他的名字记下了,而那些凌驾在他之上,或弹劾他而获胜的衮衮诸公们却早就像尘埃一样飘散在时间的流水之中。

就这样，江南小镇款款地接待着一个个早年离它远去的游子，安慰他们，劝他们好生休息，又尽力鼓励他们把休息地搞好。这几乎已成为一种人生范式，在无形之中悄悄控制着遍及九州的志士仁人，使他们常常登高回眸、月夜苦思、梦中轻笑。江南小镇的美色远不仅仅在于它们自身，而更在于无数行旅者心中的毕生描绘。

在踏出退思园大门时我想，现今的中国文人几乎都没有能力靠一人之力建造这样的归息之地了，但是哪怕在这样的小镇中觅得一个较简单的住所也好啊，为什么非要挤在大都市里不可呢？我一直相信从事文化艺术与从事经济贸易、机械施工不同，特别需要有一个真正安宁的环境深入运思、专注体悟，要不然很难成为名副其实的大家。在逼仄的城市空间里写什么都不妨，就是不宜进行鸿篇巨制式的艺术创造。日本有位艺术家每年要在太平洋的一个小岛上隐居很长时间，只留出一小部分时间在全世界转悠，手上夹着从小岛带出来的一大叠乐谱和文稿。江南小镇很可以成为我们的作家艺术家的小岛，有了这么一个个宁静的家院在身后，作家艺术家们走在都市街道间的步子也会踏实一点，文坛中的烦心事也会减少大半。而且，由于作家艺术家驻足其间，许多小镇的文化品位和文化声望也会大大提高。如果说我们今天的江南小镇比过去缺少了点什么，在我看来，缺了一点真正的文化智者，缺了一点隐潜在河边小巷间的安适书斋，缺了一点足以使这些小镇产生超越时空的吸引力的艺术灵魂。而这些智者，这些灵魂，现正在大都市的人海中领受真正的自然意义上的"倾轧"。

"日暮乡关何处是，烟波江上使人愁。"但愿有一天，能让飘荡在都市喧嚣间的惆怅乡愁收伏在无数清雅的镇邑间，而一座座江南小镇又重新在文化意义上走向充实。只有这样，中国文化才能在人格方位和地理方位上实现双相自立。

到那时，风景旅游和人物访谒会溶成一体，"梨花村里叩重门，握手相看泪满痕"的动人景象又会经常出现，整个华夏大地也就会铺展出文化坐标上的重峦叠嶂。

也许，我想得太多了。

学生讲坛

从江南六大古镇中任选一个，写一篇二三千字的规范导游词。

模块三

江南私家园林

学习目标

1. 了解中国古典园林的起源与发展、特征和构园手法；
2. 熟悉江南主要私家园林的思想内涵与艺术特色；
3. 能够利用已经获得的知识完成江南私家园林景点导游词的简单组织；
4. 能规范、熟练地带领游客完成江南私家园林的游览工作。

第一单元　模块任务导入

一、作业背景

某旅行社拟针对老年人推出"夕阳红江南园林精华之旅"专项旅游项目。旅行社将景点组织与线路设计的任务交给你。请完成该工作任务。

二、工作任务与要求

1. 利用图书馆、网络以及实地调查了解、收集、整合江南主要私家园林的基本情况；
2. 针对现存江南私家园林的状况和老年人的特点，分别设计江南私家园林主题的一日游、二日游和三日游的旅游线路。

三、教学方式与步骤

1. 教师编制任务书与评价表，下达任务；
2. 将学生分成不同小组，分别设计江南私家园林主题的一日游、二日游和三日游的旅游线路（每个线路至少有 2 个小组，便于比较）；
3. 分组查找资料、组织景点、准备导游词；
4. 模拟演练；
5. 教师点评。

第二单元 背景知识

【学习情景 1】 中国古典园林概述

一、中国古典园林的发展

(一)生成时期

中国园林产生和成长的幼年时期,相当于周、秦、汉时期。贵族的宫苑,是中国古典园林的滥觞,也是皇家园林的前身。秦、汉时期政体演变为中央集权的郡县制,以确立皇权为首的封建官僚机构的统治,儒学逐渐获得正统地位,以地主小农经济为基础的封建大帝国形成。相应的皇家的宫廷园林规划宏大,气魄雄浑,成为这个时期造园活动的主流。

(二)转折时期

大约相当于魏、晋、南北朝时期。豪门士族在一定程度上削弱了以皇权为首的封建官僚机构的统治,民间的私家园林异军突起。佛教和道教的流行,使得寺观园林也开始兴盛起来。这些变化,促成了造园活动从产生到全盛的转折,初步确立了园林美学思想,为中国风景式园林发展打下了基础。

(三)全盛时期

中国园林的全盛时期,相当于隋、唐时期。中央集权的封建官僚机构更为健全、完善。在前一时期诸家争鸣的基础上,形成儒、道、释互补,儒家仍居正统地位的格局。唐王朝的建立,开创了中国历史上一个充满活力的全盛时代。从这个时代,我们可以看到中国传统文化从未有过的开放风度和旺盛生命力。园林的发展也相应地进入了它的全盛期,作为一个园林体系,其所具有的风格特征也已经基本形成。

(四)成熟时期

成熟时期,相当于两宋到清初时期。继隋唐盛世之后,中国封建社会发育定型,农村的地主小农经济稳步成长,城市的商业经济空前繁荣,市民文化的兴起,为传统文化注入了新鲜血液。封建文化的发展虽已失去了汉、唐的开放风度,但在日益缩小的精致境界中,实现着从总体到细节的自我完善。相应的,园林的发展亦由盛年时期升华至富于创造进取的境地。

二、中国古典园林的分类

在园林的分类过程中,不同的分类标准有不同的分类结果。

（一）按园林的隶属关系分类

1. 皇家园林。这是属于皇帝个人和皇室所私有，古籍里称为苑，苑囿、宫苑等都属于这一类。皇家园林气魄宏大，首先表现在占地广、规模大，充分利用了天然山水风景的自然美。皇家园林占地范围大，景多、景全，景观更为丰富。其次功能和活动也十分丰富和盛大，几乎每园必附有宫殿，还有居住用的殿堂。皇家园林的景区规划，一般是按照地形特点和使用性质不同而确定的。园中有园的布局方法源于皇帝的封建意识。他们要看尽人间美景，因而就将江南的著名园林胜景搬来自己的花园。园中园的艺术手法，能使皇家园林风景取得大中见小、小中见大的对比效果。北京西苑三海、避暑山庄以及香山静宜园等，均是范围较大的园林。其中西苑三海是我国最大的城市园林。

2. 私家园林。私家园林属于民间的贵族、官僚、缙绅所私有，古籍中称为园、园亭、园墅、池馆、山池、别业、草堂等。私家园林差不多和皇家园林起源于同一时代。魏晋南北朝时期，社会大动荡，人民对前途感到不安和恐慌，因而寻求精神方面的解脱。此时一些士大夫知识分子逃避现实，隐逸山林。他们的住所大都是现在私家园林的雏形。唐时，社会安定，人们生活富裕，文化得到了很大的发展，诗词书画艺术达到巅峰时期，文人造园更多地将诗情画意融入到自己的小天地中。明清时期，私家园林的建造兴盛，此时的私家园林有一个共同的特点：选址得当，托物言志，小中见大，充满诗情画意。

（二）按园林所处地理位置分类

1. 北方类型。北方园林，因地域宽广，所以范围较大。又因大多为百郡所在，所以建筑富丽堂皇。因自然气象条件所局限，河川湖泊、园石和常绿树木都较少。由于风格粗犷，所以秀丽媚美则显得不足。北方园林的代表大多集中于北京、西安、洛阳、开封，其中尤以北京为代表。

2. 江南类型。南方人口较密集，所以园林地域范围小；又因河湖、园石、常绿树较多，所以园林景致较细腻精美。因上述条件，其特点为明媚秀丽、淡雅朴素、曲折幽深，但究竟面积小，略感局促。南方园林的代表大多集中于南京、上海、无锡、苏州、杭州、扬州等地，其中尤以苏州为代表。

3. 岭南类型。因为其地处亚热带，终年常绿，又多河川，所以造园条件比北方、南方都好。其明显的特点是具有热带风光，建筑物都较高而宽敞。现存岭南类型园林，有著名的广东顺德的清晖园、东莞的可园、番禺的余荫山房等。

三、中国古典园林的构成要素

（一）筑山

为表现自然，筑山是造园最主要的因素之一。秦汉的上林苑，用太液池挖土堆成岛，象征东海神山，开创了人为造山的先例。

（二）理水

为表现自然，理池也是造园最主要的因素之一。不论哪一种类型的园林，水是最富有生气的因素，无水不活。自然式园林以表现静态的水景为主，以表现水面平静如镜或

烟波浩渺的寂静深远的境界取胜。人们或观赏山水景物在水中的倒影,或观赏水中怡然自得的游鱼,或观赏水中芙蕖睡莲,或观赏水中皎洁的明月……自然式园林也表现水的动态美,但不是喷泉和规则式的台阶瀑布,而是自然式的瀑布。

（三）植物

植物是造山理池不可缺少的因素。花木对园林山石景观起衬托作用,又往往和园主追求的精神境界有关。如竹子象征人品清逸和气节高尚,松柏象征坚强和长寿,莲花象征洁净无瑕,兰花象征幽居隐士,玉兰、牡丹、桂花象征荣华富贵,石榴象征多子多孙,紫薇象征高官厚禄等。

古树名木对创造园林气氛非常重要。古木繁花,可形成古朴幽深的意境。所以,如果建筑物与古树名木矛盾时,宁可挪动建筑以保住大树。计成在《园冶》中说:"多年树木,碍箭檐垣,让一步可以立根,研数桠不妨封顶。"构建房屋容易,百年成树艰难。除花木外,草皮也十分重要,平坦或起伏或曲折的草皮,也令人陶醉于向往中的自然。

（四）建筑

古典园林都采用古典式建筑。古典建筑斗拱梭柱,飞檐起翘,具有庄严雄伟、舒展大方的特色。它不只以形体美为游人所欣赏,还与山水林木相配合,共同形成古典园林风格。

园林建筑物常作景点处理,既是景观,又可以用来观景。因此,除去使用功能,还有美学方面的要求。楼台亭阁,轩馆斋榭,经过建筑师巧妙的构思,运用设计手法和技术处理,把功能、结构、艺术统一于一体,成为古朴典雅的建筑艺术品。常见的建筑物有殿、阁、楼、厅、堂、馆、轩、斋,它们都可以作为主体建筑布置。宫殿建在皇家园林里,供帝王园居时使用。它气势巍峨,金碧辉煌,在古典建筑中最具有代表性。为了适应园苑的宁静、幽雅气氛,园苑里的建筑结构要比皇城宫廷简洁,平面布置也比较灵活。但是,仍不失其豪华气势。

（五）楹联书画

中国古典园林的特点是在幽静典雅当中显出物华文茂。"无文景不意,有景景不情",书画墨迹在造园中有润饰景色,揭示意境的作用。园中必须有书画墨迹并对书画墨迹作出恰到好处的运用,才能"寸山多致,片石生情",从而把以山水、建筑、树木花草构成的景物形象,升华到更高的艺术境界。

【学习情景 2】   **江南私家园林**

中国园林在世界园林中独见东方文化的神韵,它是由建筑、山水、花木等组合而成的一个综合艺术品,富有诗情画意。同时,园林还能从一个侧面折射出当时社会的政治、经济、文化状况,展现出人们的心态及审美情趣。尤其是苏州、杭州、无锡、南京、扬州等地园林,至今仍享誉中外,闻名遐迩。私家园林之中,最负盛名的是江南园林。江南园林甲天下,表明了江南私家园林的地位和人们对它的赞颂和向往。明代中叶以后,江南一带经济发展较快,手工业及商业贸易均处于全国领先地位,物产丰富,市场繁荣,同时,这里又是传统文化发达地区,教育较为普遍,由读书而踏入仕途的人数很多,堪称人文荟萃、人才辈出。在自然环境方面,这里水道纵横,湖泊星布,随处可得泉饮水;兼以土地肥沃,花卉树木易于生长。除了太湖洞庭东、西二山所产湖石之外,江阴、镇江、宜兴、湖州等地,均有石可做园林造景之用。因此这一带造园活动一直很活跃,各城市名园荟萃,现存我国私家园林的精品,大多集中在这一带。由于造园活动的高涨,明清两代江南出现了一些著名的造园大师,如文震亨、计成、张南恒、戈裕良等。

江南私家园林的历史源头,可追溯到两晋南北朝时期。从汉末大乱到隋文帝统一中原的三四百年间,战祸连绵,动乱不断,是中国历史上政治最黑暗、社会最混乱的时代。在社会现实的无情打击下,主张与现实保持一段距离,返归自然的道家思想又受到重视。特别是庄子无为浪漫、整日逍遥优游的隐士生活方式,成为许多士人仿效的对象。他们热衷于在山水间静思默想,清谈玄理,以无为隐逸为清高,著名的"竹林七贤"就是这类士人的代表。这种寻求美丽的风景环境,静观世界的认识方法,对于自然风景美的欣赏和理解,帮助是很大的。

在这样的条件下,一种对后世影响最大的园林——文人园林便应运而生了。这种园林不同于两汉包罗万象的帝王花园,也不同于贵戚富豪为了斗富炫耀而建成的宏大华丽的府第园林,他们的目的主要是创造一个清谈读书、觞咏娱情的美好环境,让生活更接近自然,因此园中景色多自然而少人工,风格清新朴实。特别是东晋南渡之后,中原士族迁徙江南,江浙一带秀丽的自然山水第一次为北方士人所发现,他们向往自然、追求山林美的审美理想像海绵吸水那样,迅速得到满足。为了就近游赏的方便,江南文人园林蓬勃发展起来,出现了私家造园成风、名士爱园成癖的盛况。

最朴素的文人园林当推东晋陶渊明的田园居了。他隐居躬耕的田园居是"方宅十余亩,草屋八九间,榆柳荫后檐,桃李罗堂前"。他还在小庭院的篱笆下种了许多菊花,闲时看看菊花,望望南山,保持了古代村居园林朴实无华的清隽格调。

再如大书法家王羲之写的兰亭风景,虽然看起来完全是自然的山水林泉,但实际上经过了人工改造。它要建亭开渠,修路架桥,后来成了一座著名的山麓园。

当时著名的士人大多有自己的园林,如谢安、谢灵运等。这些园林的规模、景色虽然各不相同,但格调上都趋于自然闲适。

隋文帝统一中国后,经济很快得到恢复,并有所发展,特别是隋炀帝为了游历江南,到扬州看琼花,专门开凿了大运河,方便了南方与中原的交通。润州(今镇江)、扬州一带成为长江水道和大运河运输的枢纽,城市经济繁荣,私家园林也因此而兴盛。

钱塘江畔的杭州,在唐代也有较大发展。为了兴修水利,发展农业,地方官员一直致力于治理西湖,将它变成著名的名胜风景地,湖畔亦始建园林。唐代诗歌的发展为园林更具有诗情画意提供了条件。许多文人雅士将诗歌的风韵糅入园林的设计之中,成为一种思想、情调的寄托。如大诗人白居易任职杭州期间,修筑白堤,将郡城和湖中孤山连了起来,方便游览。为了观看西湖美景,诗人在孤山脚下用竹和茅草修了一座小筑,名之为竹阁,每游西湖,都要在阁中休息,并留下了"晚坐竹檐下,放眼竹阁间"的诗句。唐末五代,中原地区又经受了一段时间的战争苦难,但江南经济却有一定程度的发展。吴越国王钱镠和其子元璁在杭州大治宫室苑囿,钱镠的另一个儿子元璙封为广陵王镇守苏州,非常爱好园林,创建了"南园"。今天的沧浪亭就是在其外戚孙承佑家花园的原址上,经历代重建而成的。

北宋时,江南地区经济增长很快,已跃居为全国之首的繁华之地,造园活动更加繁荣。见诸于记载的名园就有宋文长的"乐园"、朱西力的"乐园"、梅宣义的"五亩园"。另外,当时有些官场失意遭贬或革职的文人因喜爱江南的美丽和繁华,都喜欢在江南一些名城建造私园定居,其中最有名的就是诗人苏舜钦。他在 1045 年遭贬后南迁苏州,见孙承佑家的园林近于荒废,就买下修建成一代名园沧浪亭,并留下了"绿杨白鹭俱自得,近水远山皆有情"的名句。到了南宋,赵构小朝廷偏安杭州,沉迷于歌舞园林的享乐之中,在西湖边上修建多处皇家花园。以此为榜样,官僚文人也相继在湖滨营造私园,以致湖光山色间日日歌舞不止,"直把杭州作汴州"。此外,苏州、湖州一带,也是文人私家园林的荟萃之地。如著名文人周密所写《吴兴园林记》中,就记述了吴兴(今浙江湖州市)的私家园林 36 所。这些园林以水、竹、柳、荷等景色见长,富有江南特色,有的就近取太湖石点缀,渐渐形成园林赏石、叠假山之风,造型手法和布局章法也越来越多样,对以后江南的造园艺术影响较大。同时中国山水画的发展创新,促进了宋代园林艺术的成熟。此时江南私家园林,由于文人的参与,园林与诗歌、绘画等艺术相互交融,逐步形成了文人园林清新典雅的艺术风格。被誉为苏州园林艺术精品的网师园也始建与此时。

元代蒙古人在江南的统治虽然只有短短 90 年,但这段时间私家园林的建造仍然没有停止,成为中国古典园林从两宋到明清这一时段内不可缺少的一个过渡阶段。

发展到明清,江南私家园林进入了全盛期,其显著的特点是园林数量多,分布范围广,在整个江南,掀起了造园活动的高潮。清初,李斗的《扬州画舫录》称"杭州以湖山胜,苏州以肆市胜,扬州以园亭胜"。中国自明代中叶以后,江南地区工商业极为繁华,城市人口成倍增长,市民文艺形式也越来越多样。在小说、戏曲、版画等艺术繁荣的同时,园林也成了市民文化生活中不可缺少的一环。它从文人雅士抒发性情、追求精神享受的高级形式,逐渐变成了全民广为喜爱的普及活动。

当时江南私家园林主要集中在长江和大运河沿岸的一些城市,如南京、苏州、无锡等地。南京是明代的陪都,养有大批闲官,王府又多,而且城周有山有水,园林亦盛极一时,仅《游金陵诸园记》所载就有 36 处之多,其中中山王徐达后人的私园达 10 余处。苏州、无锡一带,官僚文人集中,他们辞官还乡之后,多数要置宅造园,别处官员慕名到苏州来寓居的也不少,因而明中叶后形成了一个造园的高潮。留存到现在的苏州拙政园、留园、艺圃、五峰园以及无锡的寄畅园等都始造于这一时期。江浙一带其他小城镇如松江、太仓、昆山、常熟、嘉兴、湖州等地,造园活动亦十分活跃。总之,从明中叶到清初,在文化经济发达的京师和江南,无论是城市官宦家的大宅,还是乡镇小巷的普通民居,都可以见到造园活动,有力量的就堆山挖池、建楼造亭;没有力量则点几块山石,栽几株翠竹,形成了普遍的园林美化风气。

明清时期江南园林的精品可谓硕果累累,许多名园虽然随着历史的变迁均已化作过眼云烟,但却较完整地保留在当时繁荣的园林文学之中。这些文字不同于以往的山水游记,而是专门记述各园的景色,较著名的有田汝成的《西湖游览志》,王世贞的《游金陵诸园记》《娄东园林志》,张岱的《西湖寻梦》《陶庵梦忆》等。到清代,园林文学更加繁荣,出现了李斗的《扬州画舫录》、钱泳的《履园丛话》这样的巨篇;有的甚至还辅以图画。这些园林游记大都以清新白描的手法记述了园林景色,是今天研究明清江南园林结构布局和艺术处理的重要资料。

明清江南园林发展的另一个特点是造园理论的提高和技术的进步。在园林的规划阶段,它更讲究布局立意的诗情画意,更注意从中国古代其他传统艺术中汲取营养。在众多造园艺术家的努力下,江南私家园林在这一时期达到了中国古典园林辉煌艺术的顶点。许多名园成为明清皇家园林设计建造时学习的样板,在留存至今的皇家园林如北京颐和园、承德避暑山庄,可以找到许多江南私家园林全盛时期精品美景的缩影。

对园林艺术理论贡献最大的是明末计成。计成从小喜欢绘画并有很广的游历经验,中年以后开始在江南从事造园,曾为扬州、吴江等地许多文人墨客建造过园林,积累了丰富的经验。他以毕生的精力撰写了《园冶》一书,成为我国园林艺术的经典。计成明确提出了"虽由人作,宛自天开"的艺术宗旨,表明了园林造景应该以"自然雅致,宛若天成"作为艺术的最高追求。在具体的园林创作中,必须做到"巧于因借,精在体宜"。计成以这两条中国园林创作的重要法则为主线,以江南私家园林建造的实践经验为基础,分章论述了园林艺术的规划布局、园地选择、堆山理山和借景对景等设计方法,同时还对建筑的立基、栏杆、铺地、叠石等具体的造景手法进行了详述。这是历史上第一次对中国园林艺术进行的全面、系统的理论总结,也确立了江南私家园林在中国园林艺术上的重要地位。

【学习情景 3】　　　　　江南著名私家园林

一、沧浪亭

沧浪亭位于苏州古城南三元坊内,占地 1.1 公顷,是苏州最古老的一所园林,为北宋庆历年间(1041—1048)诗人苏舜钦(字子美)所筑,以《楚辞·渔父》之意题园名。南宋初年曾为名将韩世忠宅。以崇阜广水为特色,园内古木参天,山石嶙峋。园外小河相傍,自然开朗。山巅沧浪亭为清康熙年重建,柱联"清风明月本无价,近水远山皆有情"为中国名联。沧浪亭造园艺术与众不同,未进园门便见一泓绿水绕于园外,漫步过桥,始得入内。园内以山石为主景,迎面一座土山,隆然高耸。山上幽竹纤纤、古木森森,山顶上便是翼然凌空的沧浪石亭。山下凿有水池,山水之间以一条曲折的复廊相连,廊中砌有花窗漏阁,穿行廊上,可见山水隐隐迢迢。假山东南部的明道堂是园林的主建筑,与明道堂东西相对的是五百名贤祠。园中最南部的是建在假山洞屋之上的看山楼,看山楼北面是翠玲珑馆,再折而向北到仰止亭,出仰止亭可到御碑亭。沧浪亭清幽古朴、适意自然，如清水芙蓉，洗尽铅华，无一丝脂粉气息。

二、狮子林

狮子林位于苏州潘儒巷内，东靠园林路，元至正二年(1342)天如禅师为纪念其师中峰和尚而建，以佛教教义命名。清康熙、乾隆都曾数次来游，并分别在圆明园、承德避暑山庄中仿建。大型湖石假山群外表雄浑，内部空灵，洞壑幽深，曲折盘桓，犹如迷阵。全园结构紧凑，长廊贯通四周，曲径通幽，古树挺秀。因中峰原住在浙江天目山狮子岩，而园内石峰林立，多状似狮子，故名"狮子林"。狮子林平面成长方形，面积约 1 公顷，东南多山，西北多水，四周高墙峻宇，气象森严。狮子林的湖石假山既多且精美，洞穴岩壑，奇巧盘旋、迂回反复。园内建筑，以燕誉堂为主，堂后为小方厅，有立雪堂。向西可到指柏轩，为二层阁楼，四周有庑，高爽玲珑。指柏轩之西是古五松园。西南角为见山楼。由见山楼往西，可到荷花厅。厅西北傍池建真趣亭，亭内藻饰精美，人物花卉栩栩如生。亭旁有两层石舫。石舫备岸为暗香疏影楼，由此循走廊转弯向南可达飞瀑亭，是为全园最高处。园西景物中心是问梅阁，阁前为双仙香馆。双香仙馆南行折东，西南角有扇子亭，亭后辟有小院，清新雅致。狮子林主题明确，景深丰富，个性分明，假山洞壑匠心独运，一草一木别具神韵。

三、留园

留园位于苏州阊门外，占地 2.3 公顷，是中国四大名园之一。始建于明代万历年间，为退休官僚徐氏建造。清代后期重修。留园以建筑空间艺术处理精湛著称，以厅堂、走廊、粉墙、洞门划分空间，并与山水花木组合成一个个错落相连、层次丰富的庭院，体现了江南园林建筑的艺术特点。原为明代徐时泰的东园，清代归刘蓉峰所有，改称寒碧山庄，俗称刘园。清光绪二年(1876)又为盛旭人所据，始称留园。全园大致分为中、东、西、北四部分，中部以山水为主，为原留园所在，是全园的精华所在。东、西、北部为清光绪年间增修。入园后经两重小院，即可达中部。中部又分东、西两区，西区以山水见长，东区以建筑为主。西区南北为山，中央为池，东南为建筑。主厅为涵碧山房，由此往东是明瑟楼，向南为绿荫轩。远翠阁位于中部东北角，闻木樨香处在中部西北隅。另外，还有可亭、小蓬莱、濠濮亭、曲溪楼、清风池馆等处。东部的中心是五峰仙馆，因梁柱为楠木，也称楠木厅。五峰仙馆四周环绕着还我读书处、揖峰轩、汲古得绠处。

揖峰轩以东的林泉耆硕之馆设计精妙、陈设富丽。北面是冠云沼、冠云亭、冠云楼以及著名的冠云、岫云和端云。三峰为明代旧物，冠云峰高约 9 米，玲珑剔透，有"江南园林峰石之冠"的美誉。周围有贮云庵，佳晴喜雨快雪之亭。留园建筑数量较多，其空间处理之突出，居苏州诸园之冠，充分体现了古代造园家的高超技艺和卓越智慧。

四、拙政园

拙政园位于苏州娄门内的东北街，今园辖地面积约 5.6 公顷，开放面积 4.9 公顷，是苏州最大的一处园林，也是苏州园林的代表作，明正德年间(1506—1521)，为御史王献臣所建。后屡易其主,多次改建。现存园貌多为清末时所形成。拙政园布局主题以水为中心,池水面积约占总面积的1/5,各种亭台轩榭多临水而筑。全园分东、中、西三个部分,中园是其主体和精华所在。远香堂是中园的主体建筑,其他一切景点均围绕远香堂而建。堂南筑有黄石假山,山上配植林木。堂北临水,水池中以土石垒成东西两山,两山之间,连以溪桥。西山上有雪香云蔚亭,东山上有待霜亭,形成对景。由雪香云蔚亭下山,可到园西南部的荷风四面亭,由此亭经柳荫路曲西去,可以北登见山楼,往南可至倚玉轩,向西则入别有洞天。远香堂东有绿漪堂、梧竹幽居、绣绮亭、枇杷园、海棠春坞、玲珑馆等处。堂西则有小飞虹、小沧浪等处。小沧浪北是旱船香洲,香洲西南乃玉兰堂。进入别有洞天门即可到达西园。西园的主体建筑是十八曼陀罗花馆和卅六鸳鸯馆。两馆共一厅,内部一分为二,北厅原是园主宴会、听戏、顾曲之处,在笙箫管弦之中观鸳鸯戏水,故以“鸳鸯馆”名之,南厅植有观宝朱山茶花,即曼陀罗花,故称之以“曼陀罗花馆”。馆之东有六角形宜两亭、南有八角形塔影亭。塔影亭往北可到留听阁。西园北半部还有浮翠阁、笠亭、与谁同坐轩、倒影楼等景点。拙政园东部原为归去来堂,后废弃。拙政园布局以水为主,忽而疏阔、忽而幽曲,山径水廊起伏曲折,处处流通顺畅。风格明朗清雅、朴素自然。

五、网师园

网师园位于苏州古城东南隅,占地0.6公顷,布局精妙,是中国园林“以少胜多”的典范。网师园始建于南宋,原为南宋史正志的万卷堂所在,称“渔隐”。清乾隆年间宋宗元重建,取“渔隐”旧意,改名“网师园”。此后几经易主,乾隆十六年(1751)归瞿远村,加以改建,遂成今日规模。网师园保持了苏州旧时世家完整的宅园相连风貌。东部为住宅,中部亭台楼阁环池而筑,西部原为书院。纽约大都会艺术博物馆内的“明轩”,即以此为蓝本。西楼小山丛桂轩为网师园主厅,轩的南、西为两个小院,幽曲深闭,桂香满庭。轩北有用黄石叠成的“云岗”。从轩西向北,可至蹈和馆和濯缨水阁。水阁悬于池上,倚栏照水,但见波光潋滟,柳暗花明。中部为主园,有池水一泓,清澈如镜。环池建廊、轩、亭、榭,夹岸有叠石曲桥,疏密有致,配合得当。池角为园内最小的石拱桥——引静桥。桥面长仅212厘米,宽29.5厘米。西部为内园,占地约0.07公顷,自成庭园。园中有屋宇、亭廊、泉石、花草,体现了苏州庭园布置的精粹。濯缨水阁和看松读画轩隔池相望,是读书作画的所在;月到风来亭和射鸭廊遥遥相对,是观鱼和欣赏水中倒影的佳处。殿春簃自成院落,是主人读书修身之处,环境幽静,具有典型的明朝风格。网师园的亭台楼榭无不面水,全园处处有水可倚,布局紧凑,以精巧见长。

六、环秀山庄

环秀山庄位于苏州市中心,面积仅0.2公顷。最早为宋代金谷园的一部分,几经易手,多次扩建,清道光始称环秀山庄,又名颐园。清代嘉庆年间,叠山大师戈裕良重构花园,根据小块太湖石的自然纹理进行组合,堆叠出一座大型湖石假山,山上蹬道、曲涧、山洞等曲折回环,变幻莫测,营造出“空山不见人”“清泉石上流”的山水空间。环秀山庄

园景以山为主,池水辅之,建筑不多。园虽小,却极有气势。特别是乾隆年间叠石名家戈裕良所叠假山,堪称一绝,占地不过半亩,然咫尺之间,千岩万壑,环山而视,步移景易。主峰突兀于东南,次峰拱揖于西北,池水缭绕,绿树掩映。山有危径、洞穴、幽谷、石崖、飞梁、绝壁,境界多变,一如天然。主峰高 7.2 米,涧谷长 12 米,山径长 60 余米,盘旋上下,如高路入云,气象万千。戈氏叠山运用"大斧劈法",简练遒劲,结构严谨,错落有致,浑然天成,有"独步江南"之誉。环秀山庄大厅四周都种植有青松、翠柏、紫薇、玉兰。万树城碧,花气袭人,为山池、建筑平添几分生机意趣。

七、退思园

退思园位于吴江同里镇东溪街,占地 0.65 公顷,为江南古镇园林的代表。建于清光绪年间,由落职官员任兰生出资白银 10 万两建造。以《左传》"进思尽忠,退思补过"句命名。全园呈横向布局,依次为迎客区、住宅区、庭院区、山水花园。东部花园水池居中,各式建筑低矮轻巧,高低错落,贴水而筑,故被誉为"贴水园"。全园简朴淡雅,水面过半,建筑皆紧贴水面修筑,园如浮于水上,是全国唯一一处贴水园建筑,体现了晚清江南园林建筑的风格。退思园一改以往园林的纵向结构,而变为横向建造,左为宅,中为庭,右为园。全园格局紧凑自然,结合植物点缀,呈现出四时景色,给人以清朗、幽静之感。退思园集清代园林建筑之长,园内的每一处建筑既可独自成景,又与另一景观相对应,具有步移景异之妙,堪称江南古典园林中的经典之作。

【学习情景 4】　　　　　　江南私家园林特点

一、小中见大

从园林所处的位置看,江南私家园林多数是住宅和府第相连,成为城镇的府第园或宅傍园。私家园林一般占地均不大,大的十来亩,小的仅几亩。这从现存文人古园的题名上也可反映出来。如苏州有壶园,因其小,整个园林空间好似一把茶壶而名。还有残粒园、芥子园、半亩园等名园,皆以小而著称。小对建造园林是不利的,然而古代园林家却能自如地掌握艺术创作的辩证法则,化不利为有利,在"小"字上做文章,精心设计和布置,在有限的范围内创造出无限的景色来,做到小中见大,以少胜多。"三五步,行遍天下;六七人,雄会万师。"人们常用这副楹联来形容中国古典戏曲以少胜多的高超技艺,其实文人园林亦然。它要在小范围内表现出大千世界的美景,就更要运用以"一当十"的艺术原则。园中各景,无论是假山水池,还是亭台、廊桥,甚至庭院一隅,均以小巧为上,能入画者为佳,其立基定位、排列布置,都要反复锤炼,以收到笔愈少气愈壮,景愈简意愈浓的艺术效果。

二、诗情画意

"主人无俗态,作圃见人心",这是明代书画家陈继儒为其友人所作园记《青莲山房》

中的赞语。由于私家园林一般都较小，容纳不了许多景。没有苑囿那种宏大壮丽，但它却别有韵味，能令人流连忘返，其关键就是园景中融合了园主的文心和修养。主人的思想境界越高，其园林所表现的文心和诗意也越浓。在造园的初始构思阶段，他们常如吟诗作文一般来对待园林创作。清代园林评论家钱泳从江南文人园林的构思布局中看到了造园与文学创作之间的共同点。他在《履园丛话》中说："造园如作诗文，必使曲折有法，前后呼应，最忌堆砌，最忌错杂，方称佳构。"游赏好的文人园林，便会感到画境中的一股文心，园景中的一山一水、一草一木、一亭一树，似乎都经过仔细推敲，就像作诗时对字的锤炼一样，使它们都妥帖地各就各位，有曲有直，有藏有露，彼此呼应而成为一篇动人的风景诗作。如苏州网师园是江南颇有代表性的私家小园，园内的书斋庭院"殿春簃"为我国古典园林之精华，复建于纽约大都会艺术博物馆。其雅洁的格调，精巧的制作，深得参观者的好评，著名园林家陈从周曾这样来评价其书卷气："网师园清新有韵味，以文学作品拟之，正如北宋晏几道小山词之。淡语皆有味，浅语皆有致，建筑无多，山石有限，其奴役风月，左右游人，若非造园家匠心独运，不克臻此。"

三、幽雅质朴

"雅"是我国传统美学中独有的范畴，主要指宁静自然，风韵清新，简洁淡泊，落落大方。"朴"是指质朴、古朴、朴素，不求华丽繁琐。私家园林能做到雅和朴，是和以少胜多、以简胜繁密切相关的。从使用上看，私家园林是人们休憩赏景，养性读书之处，所以园景一般都典雅清净，自然清新，没有苑囿风景中那种艳丽夺目的色彩。园中建筑几乎都是清一色的灰瓦白墙，木装修也多深褐色。台基及铺地或用青砖灰石，或者用更为朴素大方的卵石、碎砖碎瓦等砌铺而成，其图案花纹也较多选用格子纹、冰裂纹或简洁的植物花叶式样。室内陈设也多为古雅的艺术品。就是作为园林各景区景点的匾额和楹联，也极为雅朴，或用木板，或用破开大竹阴刻，以求显得自然古典，与园林相协调融合。另外，江南私家园林中的建筑虽然相对其他类别的园林要多，但除了主要厅堂之外，一般都融于山水景色之中。传统建筑以对称院落层层推进的布局方式与园中建筑相协调，如拙政园的"海棠春坞"和留园的"揖峰轩"，分别是一间半和两间半的特殊小筑，完全脱出了正规建筑三、五、七奇数间的规范。这就是《园冶》所说的半间一厂，自然雅称的最好诠释。

江南园林，特别是一些文人私园的植物景致，也十分讲究，多选易成活的乡土树种，以姿态好，便于管理为佳。据《江南园林志》载，清初文人徐日久曾说园林植物有三不蓄："若花木之无长进，若欲人奉承，若高自鼎贵者，俱不蓄。"同时，一些山野村落中常见的榆、槐、柳等都是园中的佳选。如拙政园中部池上两岛，"老榆旁岸，垂杨焰火，幽然从出"的野山意趣，以及留园西部"漫山枫树，桃柳成荫"的城市山林风貌等均是江南园林自然质朴的植物造景的范例。

四、师法自然

江南园林在布局和造景上，往往不拘俗套，根据基地不同的环境条件，营建自己的

个性特色。由于古代士人一般都具有较高的审美修养,对自然美较为敏感,又有丰富的游历经验,因此在构园造景时,能自觉按自然规律办事,因地制宜地处理好园中山石、水体、花木等景物的关系。不求景多景全而求其精,以突出自己园林的风景主题和个性,这和我国传统文论提倡的自然清新、不落窠臼、追求灵性神韵有较大关系。如南宋周密的《吴兴园林记》所记,当时名园 36 所,均有各自的景观特点:有的以景致苍古擅名,有的主赏水景幽邃,有的以玲珑奇石取胜,有的甚至以聆泉瀑观动水之声色美景为特色。这些园林的名景都是根据不同的环境条件而营造的。再看今天甲于天下的苏州园林,虽然总属江南水乡风格,有其一定的共性,但各园还是有着自己的个性:拙政园以水为主景,建筑简雅,具有朴素开朗、平淡天真的自然风格;留园以山池建筑并重,庭院玲珑幽静,亭台华美而不俗;网师园则以精巧幽深见胜,结构紧凑,有览而不尽之情致;沧浪亭苍古而清幽,富有山林野趣。就说园中最引人注意的山水造景,其组合变化也极为多样。有的山水相依,水石交融,如拙政园中部,从主厅远香堂北望,池中两座山岛的平岗水矶互错互映,表现出一种平和协调的美。有的山水相争,成峡谷,成深渊,如无锡寄畅园的黄山大假山直逼水池,"锦汇漪"临水山石壁立,一条小径沿石壁曲折在水中穿越,颇有绝壁浅滩的风景意味。再如苏州沧浪亭,并没有像一般造园那样,在小小范围之内堆山挖池,而是集中花园的全部土地,堆了一座土石相间的大假山,极为古朴自然,而与山相配的水是从园外借来的。造园师别出新意,让大假山缓缓坡向园子前边的界河葑水,营造出山水相亲的意味。为了使内外山水相和,在沿界不设高墙,仅有一曲廊依山麓起伏,贴水穿过,廊中置一水榭、一钓亭,这是江南文人园林山水景的一大绝唱。从以上三例,可以看出江南古代文人雅士的园林也和他们的诗文绘画一样,注重各自独特风格的熔铸和个性的塑造。这点在今天鉴赏时应该格外注意。

五、居游合一

古代常将优游山水、耽乐林泉称之为"游",而称在风景环境中读书、习艺、清谈和宴饮为"居",唯有达此两个境界,艺术才算完善。北宋画家郭熙说过,山水风景有"可行、可望、可游、可居"四等,只有达到"可游""可居"的境界,才能称为妙品。我国风景资源丰盛,名山胜水的美丽景色曾使历代许多文人艺术家陶醉,山水游历成了一时的时尚,然而真正像隐士逸人和僧道弟子那样甘愿居于一隅山水之中的,终究少数。因此古代士人既想耽乐于名山大川,又不甘心放弃都市的世俗生活,存在着自然美欣赏和物质美享受的矛盾。然而,通过园林艺术家的匠意构思和特殊处理,能使这本来矛盾的双方辩证地统一起来,在城市宅府第旁的私人小园中,这一特点就表现得格外明显。另外,我国古代园林常常以多变灵活的气候天象作为观赏的主题,如明代文学家王世贞自撰的《弇山园记》中,就认为自己这座花园最宜于花时、月时、雪时、雨时、风时和暑日赏景,人称"六宜"。要是没有遮风避雨的半室内游览线,赏景的情趣便会大打折扣。留至今日的江南文人园林,既重视自然美景的再造,又有厅堂书斋,讲究起居生活的舒适与方便,基本上做到了"可游、可居"的兼顾。

北宋著名学者沈括曾有《梦溪笔谈》,并以梦溪命名自己在镇江的小园,书中他曾这样记述了园中的丰富生活:渔于泉,舫于渊,俯仰于茂木美荫之间……与之酬酢于心目之所寓者:琴、棋、禅、墨、丹、茶、吟、谈、酒,谓之"九客"。耽乐于茂木美荫之间,或垂钓,或泛舟,但又不能忘情于文人雅士钟情的九客,这种于自然亲近而又不偏废文化生活的追求,充分反映了古代士大夫知识分子对于我国古典园林游居结合理想环境的钟爱。

第三单元　相关链接

中国园林散记

陈从周

园日涉以成趣　中国园林如画如诗,是集建筑、书画、文学、园艺等艺术的精华,在世界造园艺术中独树一帜。

每一个园都有自己的风格,游颐和园,印象最深的应是昆明湖与万寿山;游北海,则是湖面与琼华岛;苏州拙政园曲折弥漫的水面、扬州个园峻拔的黄石大假山等,也都令人印象深刻。

在造园时,如能利用天然的地形再加人工的设计配合,这样不但节约了人工物力,并且利于景物的安排,造园学上称为"因地制宜"。

中国园林有以山为主体的,有以水为主体的,也有以山为主水为辅,或以水为主山为辅的,而水亦有散聚之分,山有平冈峻岭之别。园以景胜,景因园异,各具风格。在观赏时,又有动观与静观之趣。因此,评价某一园林艺术时,要看它是否发挥了这一园景的特色,不落常套。

中国古典园林绝大部分四周皆有墙垣,景物藏之于内。可是园外有些景物还要组合到园内来,使空间推展极远,予人以不尽之意,此即所谓"借景"。颐和园借近处的玉泉山和较远的西山景,每当夕阳西下时,在湖山真意亭处凭栏,二山仿佛移置园中,确是妙法。

中国园林,往往在大园中包小园,如颐和园的谐趣园、北海的静心斋、苏州拙政园的枇杷园、留园的揖峰轩等,他们不但给园林以开朗与收敛的不同境界,同时又巧妙地把大小不同,结构各异的建筑物与山石树木,安排得十分恰当。至于大湖中包小湖的办法,要推西湖的三潭印月最妙了。这些小园、小湖多数是园中精华所在,无论在建筑处理、山石堆叠、盆景配置等,都是细笔工描,耐人寻味。游园的时候,对于这些小境界,宜静观盘桓。它与廊引人随的动观看景,适成相反。

中国园林的景物主要摹仿自然,用人工的力量来建造天然的景色,即所谓"虽由人作,宛自天开"。这些景物虽不一定强调仿自某山某水,但多少有些根据,用精炼概括的手法重现。颐和园的仿西湖便是一例，可是它又不尽同于西湖。亦有利用山水画的画稿，参以诗词的情调，构成许多诗情画意的景色。在曲折多变的景物中，还运用了对比和衬托等手法。颐和园前山为华丽的建筑群，后山却是苍翠的自然景物，两者予人不同的感觉，却相得益彰。在中国园林中，往往以建筑物与山石作对比，大与小作对比，高与低作对比，疏与密作对比等等。而一园的主要景物又由若干次要的景物衬托而出，使宾主分明，像北京北海的白塔、景山的五亭、颐和园的佛香阁便是。

中国园林，除山石树木外，建筑物的巧妙安排，十分重要，如花间隐榭、水边安亭。还可利用长廊云墙、曲桥漏窗等，构成各种画面，使空间更加扩大，层次分明。因此，游过中国园林的人会感到庭园虽小，却曲折有致。这就是景物组合成不同的空间感觉，有开朗、有收敛、有幽深、有明畅。游园观景，如看中国画的长卷一样，次第接于眼帘，观之不尽。

"好花须映好楼台"，到过北海团城的人，没有一个不说团城承光殿前的松柏，布置得妥帖宜人。这是什么道理？其实是松柏的姿态与附近的建筑物高低相称，又利用了"树池"将它参差散植，加以适当的组合，使疏密有致，掩映成趣。苍翠虬枝与红墙碧瓦构成一幅极好的画面，怎不令人流连忘返呢？颐和园乐寿堂前的海棠，同样与四周的廊屋形成了玲珑绚烂的构图，这些都是绿化中的佳作。江南的园林利用白墙作背景，配以华滋的花木、清拔的竹石，明洁悦目，又别具一格。园林中的花木，大都是经过长期的修整，使姿态曲尽画意。

园林中除假山外，尚有立峰，这些单独欣赏的佳石，如抽象的雕刻品，欣赏时往往以情悟物，进而将它人格化，称其人峰、圭峰之类。它必具有"瘦、皱、透、漏"的特点，方称佳品，即要玲珑剔透。中国古代园林中，要有佳峰珍石，方称得名园。上海豫园的玉玲珑、苏州留园的冠云峰，在太湖石中都是上选，使园林生色不少。

若干园林亭阁，不但有很好的命名，有时还加上很好的对联。读过刘鹗的《老残游记》，总还记得老残在济南游大明湖，看了"四面荷花三面柳，一城山色半城湖"的对联后，暗暗称道："真的不错。"可见文学在园林中所起的作用。

不同的季节，园林呈现不同的风光。北宋名山水画家郭熙在其画论《林泉高致》中说过，"春山淡冶而如笑，夏山苍翠而如滴，秋山明净而如妆，冬山惨淡而如睡。"造园者多少参用了这些画理，扬州的个园便是用了春夏秋冬不同的假山。在色泽上，春山用略带青绿的石笋，夏山用灰色的湖石，秋山用褐色的黄石，冬山用白色的雪石。黄石山奇峭凌云，俾便秋日登高。雪石罗堆厅前，冬日可作居观，便是体现这个道理。

晓色春开，春随人意，游园当及时。

悠然把酒对西山 "更喜高楼明月夜，悠然把酒对西山"，明米万钟在他北京西郊的园林里，写了这两句诗句。一望而知是从晋人陶渊明"采菊东篱下，悠然见南山"脱胎而来的。不管"对"也好，"见"也好，所指的都是远处的山。这就是中国园林设计中的借景。把远景纳为园中一景，增加了该园的景色变化。这在中国古代造园中早已应用，明计成在他所著《园冶》一书中总结出来，有了定名。他说："借者，园虽别内外，得景无拘远近。"已阐述得很明白了。

北京的西郊，西山蜿蜒若屏，清泉汇为湖沼，最宜建园，历史上曾为北京园林集中之地，明清两代，蔚为大观，其中圆明园更被称为"万园之园"。

这座在历史上驰名中外的名园——圆明园，其于造园之术，可用"因水成景，借景西山"八字来概括。圆明园的成功，在于"因""借"二字，是中国古代园林的主要手法的具体表现。偌大的一个园林，如果立意不明，终难成佳构。所以造园要立意在先。尤其是郊园，郊园多野趣，重借景。这两点不论从哪一个园，即今日尚存的颐和园，都能体现出来。

圆明园在 1860 年英法联军与 1900 年八国联军入侵北京时已全被焚毁，今仅存断垣残基。如今，只能用另一个大园林颐和园来谈借景。

颐和园在北京西北郊十公里，万寿山耸翠园北。昆明湖弥漫山前，玉泉山蜿蜒其西，风景泂美。

颐和园在元代名瓮山金海，至明代有所增饰，名好山园。清康熙四十一年（1702）曾就此作瓮山行宫。清乾隆十五年（1750）开始大规模兴建，更名清漪园。1860 年为英法联军所毁，1886 年修复，易名颐和园。1900 年又为八国联军所破坏，1903 年又重修，遂成今状。

颐和园是以杭州西湖为蓝本，精心摹拟，故西堤、水岛、烟柳画桥，移江南的淡妆，现北地之胭脂，景虽有相同，趣则各异。

园面积达三四平方公里，水面占四分之三，北国江南因水而成。入东宫门，见仁寿殿，峻宇翚飞，峰石罗前。绕其南豁然开朗，明湖在望。

万寿山面临昆明湖，佛香阁踞其巅，八角四层，俨然为全园之中心。登阁则西山如黛，湖光似镜，跃然眼帘；俯视则亭馆扑地，长廊萦带，景色全囿于一园之内，其所以得无尽之趣，在于借景。小坐湖畔的湖山真意亭，玉泉山山色塔影，移入槛前，而西山不语，直走京畿，明秀中又富雄伟，为他园所不及。

廊在中国园林中极尽变化之能事，颐和园长廊可算显例，其予游者之兴味最浓，印象特深，廊引人随，中国画山水手卷，于此舒展，移步换影，上苑别馆，有别宫禁，宜其清代帝王常作园居。

谐趣园独自成区，倚万寿山之东麓，积水以成池，周以亭榭，小桥浮水，游廊随经，适宜静观，此大园中之小园，自有天地。园仿江南无锡寄畅园，以同属山麓园，故有积水，皆有景可借。

水曲由岸，水隔因堤，故颐和园以长堤分隔，斯景始出，而桥式之多，构图之美，处处画本，若玉带桥之莹洁柔和，十七孔桥之仿佛垂虹，每当山横春霭，新柳拂水，游人泛舟，所得之景与陆上得之景，分明异趣。而处处皆能映西山入园，足证"借景"之妙。

移天缩地在君怀 河北省承德市附近原为清帝狩猎的地方，骏马秋风，正是典型的北地风情。然而承德避暑山庄这个著名的北方行宫苑囿，却有杏花春雨般的江南景色，令人向往。游人到此总会流露出"谁云北国逊江南"这种感觉。

苑囿之建，首在选址，需得山川之胜，辅以人工。重在选景，妙在点景，二美具而全景出，避暑山庄正得此妙谛。山庄群山环抱，武烈河自东北沿宫墙南下。有泉冬暖，故

称热河。

清康熙于1703年始建山庄，经六年时间初步完成，作为离宫之用。朴素无华，饶自然之趣，故以山庄名之，有三十六景。其后，乾隆又于1751年进行扩建，踵事增华，亭榭别馆骤增，遂又增三十六景。同时建寺观，分布山区，规模较前益广。

行宫周约二十公里，多山岭，仅五分之一左右为平地，而平地又多水面，山岚水色，相映成趣。居住朝会部分位于山庄之东，正门内为楠木殿，素雅不施彩绘，因所在地势较高，故近处湖光，远处岚影，可卷帘入户，借景绝佳。园区可分为两部，东南之泉汇为湖泊，西北山陵起伏如带，林木茂而禽鸟聚，麋鹿散于丛中，鸣游自得。水曲因岸，水隔因堤，岛列其间，仿江南之烟雨楼、狮子林等，名园分绿，遂移北国。

山区建筑宜眺、宜憩，故以小巧出之而多变化。寺庙间列，晨钟暮鼓，梵音到耳。且建藏书楼文津阁，储《四库全书》于此。园外东北两面有外八庙，为极好的借景，融园内外景为一。

山庄占地五百六十四万平方米，为现存苑囿中最大。山庄自然地势，有山岳平原与湖沼等，因地制宜，变化多端。而林木栽植，各具特征，山多松，间植枫，水边宜柳，湖中栽荷，园中"万壑松风""曲水荷香"，皆因景而得名。而万树园中，榆树成林，浓荫蔽日，清风自来，有隔世之感。

中国苑囿之水，聚者为多，而避暑山庄湖沼，得聚分之妙，其水自各山峪流下，东南经文园水门出，与武烈河相接。湖沼之中，安排如意洲、月色江声、芝径云堤、水心榭等洲、岛、桥、堰，分隔成东湖，如意洲湖及上下湖区域。亭阁掩映，柳岸低迷，景深委婉。而山泉、平湖之水自有动静之分，故山麓有"暖波喧波""云容水态""远近泉声"。入湖沼则"澄波叠翠""镜水云岭""芳渚临流"。水有百态，景存千变。

山庄按自然形势，广建亭台、楼阁、桥梁、水榭等。并且更具幽峪奇峰，建造寺观庵庙，计东湖沼区域有金山寺、法林寺等。山岳区内，其数尤多，属道教者有广元宫、斗姥阁；属佛教的有珠源寺、碧峰寺、旃檀林、鹭云寺、水月庵等，有内八庙之称，殿阁参差，浮图隐现，朝霞夕月，梵音钟声，破寂静山林，绕神妙幻境。苑囿园林，于自然景物外，复与宗教建筑相结合。

山庄峰峦环抱，秀色可餐，隔武烈河遥望，有"锤峰落照"一景。自锤峰沿山而北，转狮子沟而西，依次建溥仁寺、溥善寺、普乐寺、安远庙、普佑寺、普宁寺、须弥福寿之庙、普陀宗乘之庙、殊像寺、广安寺、罗汉堂、狮子园等寺庙与别园，且分别模仿新疆、西藏等少数民族建筑造型、以及山海关以内各地建筑风格，崇巍瑰丽，与山庄建筑，呼应争辉。试登离宫北部界墙之上，自东及北，诸庙尽入眼底，其与离宫几形成一空间整体，蔚为一大风景区。

用"移天缩地在君怀"这句话来概括山庄，可以说体现已尽。其能融南北园林于一处，组各民族建筑在一区，不觉其不协调不顺眼，反觉面面有情，处处生景，实耐人寻味。故若正宫、月色江声等处，实为北方民居四合院之组合方式，而万壑松风、烟雨楼等，运用江南园林手法灵活布局。秀北雄南，目在咫尺，游人当可领略其造园之佳妙。

别有缠绵水石间　山东潍坊十笏园是一个精巧得像水石盆景的小园，占地二千

50

多平方米,内有溶溶水石,楚楚楼台,其构思之妙,足为造小园之借鉴。

十笏园建于清光绪十一年(1885),原为丁善宝的园林。笏即朝笏,古代大臣朝见君王时所用,多以象牙制成。因园小巧玲珑,故以十笏名之。中国园林命名常存谦逊之意,如近园、半亩园、芥子园等皆此类。

园中以轻灵为胜,东筑假山,面山隔水为廊,廊尽度桥,建水榭,旁列小筑,名隐如舟。临流有漪澜亭。池北花墙外为春雨楼,与池南倒座高下相向。

亭台山石,临池伸水,如浮波上,得水园之妙,又能以小出之,故山不在高,水不在广,自有汪洋之意。而高大建筑,复隐其后,以隔出之,反现深远。而其紧凑蕴藉,耐人寻味者正在此。

小园用水,有贴水、依水之别。江苏吴江同里任氏退思园,贴水园也。因同里为水乡,水位高,故该园山石、桥廊、建筑皆贴水面,予人之感如在水中央。苏州网师园,依水园也。亭廊依水而筑,因水位较低故环池驳岸作阶梯状。同在水乡,其处理有异,然则园贴水、依水,除因水制宜外,更着眼于以有限之面积,化无限之水面,波光若镜,溪源不尽,能引人遐思。"盈盈一水间,脉脉不得语",古诗十九首中境界,小园用水之极矣。

造大园固难,构小园亦不易。水为脉络,贯穿全园,而亭台山石,点缀出之,概括精练,如诗之绝句,词中小令,风韵神采,即在此水石之间。北国有此明珠,亦巧运匠心矣。

绿杨宜作两家春 "明月好同三径夜,绿杨宜作两家春。"

拙政园现分为中、西两部,在西部补园,望隔院楼台,隐现花墙之上,欲去无从,登假山巅的宜两亭看,真是美景如画,尽展眼帘,既可俯瞰补园,又可借中部园景,这才领略到亭用"宜两"二字命名所在。

拙政园建于明正德年间,为御史王献臣所建,拙政二字是取古书上"拙者之为政"的意思,表示园主不得志于朝,筑园以明志。几经易主,到了清太平天国战争后,这园的西部分割了出去,名为补园。两园之景互相邻借,虽分犹合。如今东部新辟的园林,则又是从另一园归田园合并过来的。

园以水为主,利用原来低洼之地,巧妙安排;高者为山,低者拓池,利用其狭长水面,弯环曲岸,深处出岛,浅水藏矶,使水面绕弥漫之意。而亭台间出,桥梁浮波,以虚实之倒影,与高低的层次,构成了以水成景的画面。它是舒展成图,径缘池转,廊引人随,使游者入其园,信步观景,移步移影,景以动观之主。偶而暂驻之亭,与可留之馆,予人以小休眺景,则又以静观为辅。

拙政园美在空灵,予人开朗之感,开朗中又具曲笔,所谓"园中有园"。故枇杷园、海棠春坞等小园幽静宜人,而于花墙窗棂中招大园之景于内,互呈其美者,苏州诸园以此为第一。故游人入是园,多少会产生闲云野鹤,去来无踪的雅致。春水之腻,夏水之浓,秋水之静,冬水之寒,与四时花木,朝夕光影,构成了不同季节、不同时间的风光。

拙政园内有几处景点是绝不可错过的。远香堂是座四面敞开的荷花厅,荷香香远益清,所以称远香堂。人至此环身顾盼,一园之景可约略得之。前有山,后有岛,左有亭,右有台,而廊榭周接,木映花承,鸟飞于天,鱼跃于渊,景物之恬适,如饮香醇,此为主景。右转枇杷园,回首远眺,月门中逗入远处雪香云蔚亭,此为对景。经海棠春坞,循阑

至梧竹幽居，一亭四出辟拱，人坐其中，四顾皆景矣。渡曲桥登两岛，俯身临池，如入濠濮。望隔岸远香堂、香洲一带华堂、船舫，皆出水面，风荷数柄，摇曳碧波之间，涟漪乍绉，涧足醒人。至西北角，缓步随石径登楼，一园之景毕于楼下，以"见山"二字名楼。

通过"别有洞天"的深幽园门，进入园的西部，三十六鸳鸯馆居其中，南北二厅分居前后，南向观山景，北向看荷花，鸳鸯戏水，出没荷蕖间。隔岸浮翠阁出小山之上。所谓浮翠，是水绿、山碧、天青的意思。其旁濒池留听阁，取唐李商隐"留得残荷听雨声"意，此处宜秋，因构此景。浮翠阁之东，倒影楼与宜两亭互为对景，而一水盈盈，高下相见，游人至此，一园之胜毕矣。迟迟举步，回首依恋，园尽而兴未阑也。

小有亭台亦耐看　小有亭台亦耐看，并不容易做到，从艺术角度来讲，就是要以少胜多，要含蓄，要有不尽之意，要能得体，无过无不及，恰到好处。试以苏州网师园来谈谈，它是造园家推誉的小园典范。

网师园初建于宋代，原为南宋史正志的万卷堂故址。清乾隆年间（1736—1795）重建，同治年间（1862—1874）又重建修，形成了今天的规模。园占地不广，但是人处其境，会感到称心悦目，宛转多姿，可坐可留，足堪盘垣竟夕，确实有其迷人之处，能达到"淡语皆有味，浅语皆有致"的高度境界。

中国园林往往与住宅相连，是住宅建筑的组成部分。中国传统住宅多受封建社会的宗法思想影响，布局较为严谨，而园林部分却多范山模水，以自然景色出现，可调剂生活，增进舒适的情味。网师园的园林和住宅都不算大，皆以精巧见称，主宅亦只有会客饮宴用的大厅和起居的内厅。主宅旁则以楼屋为过渡，与西部的园林形成若接若分的处理，手法巧妙。

从桥厅西首入园，可看到门上刻有"网师小筑"四字，网师是托于渔隐的意思，因此，园的中心是一个大池。进园有曲廊接四面厅，厅名小山丛桂轩，轩前隔以花墙，山幽桂馥，香藏不散。轩东有便道，可直贯南北，径莫妙于曲，莫便于直，因为是便道所以用直道，供当时仆人作传达递送之用的。蹈和馆琴室位轩西，小院回廊，迂徐曲折。欲扬先抑，未歌先敛，此处造园也用此技法，故小山丛桂轩的北面用黄石山围隔，称云岗。随廊越陂，有亭可留，名月到风来亭，视野开阔，明波若镜，渔矶高下，画桥迤逦，俱呈一池之中，其间高下虚实，云水变幻，骋怀游目，咫尺千里。"涓涓流水细侵阶，凿个池儿，招个月儿来，画栋频摇动，芙荷蕖尽倒开。"亭名正写此妙境。云岗以西，小阁临流，名"濯缨"，与看松读画轩隔水相呼。轩是园的主厅，其前古木若虬，老根盘结于苔石间，仿佛一幅画面。轩旁有廊一曲，与竹外一枝轩相连，东廊名"射鸭"，是一半亭，与池西之月到风来亭相映，凭阑得静观之趣。俯视池水，弥漫无尽，聚而支分，去来无踪，盖得力于溪口、湾头、石矶的巧妙安排，以假象逗人。桥与步石环池而筑，其用意在不分割水面，看去增加支流深远之意。至于驳岸有级，出水流矶，增人浮水之感。而亭、台、廊、树无不面水，使全园处处有水可依。园不在大，泉不在广。唐杜甫诗所谓"名园依绿水"，正好为此园写照。池周山石，看去平易近人，蕴藉多姿，它的蓝本出自虎丘白莲池。

网师园西部殿春簃本来是栽植芍药花的，因为一春花事，芍药开在最后，所以名为"殿春"。小轩三间，复带书房，竹、石、梅、蕉隐于窗后，每当微阳淡淡的照着，宛如一幅浅色的画图。苏州的园林,此园的构思最佳。因为园小,建筑物处处凌虚,空间扩大,"透"字的妙用,随处得之。轩前面东为假山,与其西曲相对。西南的角上有一小水池,名为"涵碧",清澈醒人,与中部大池有脉可通,存水贵有源之意。泉上筑亭,名"冷泉",南面略置峰石,为殿春簃的对景。余地用卵石平整铺地。它与中部水池同一原则,都是以大片面积,形成水陆的对比。前者以石点水,后者以水点石。在总体上是利用建筑与山石的对比,相互更换,使人看去觉得变化多端。

万顷之园难在紧凑,数亩之园难在宽绰。紧凑则不觉其大,游无倦意,宽绰则不觉局促,览之有物,故以静动观园,有缩地扩基之妙,而奴役风月,左右游人,极尽构思之巧。网师园无旱船、大桥,建筑物尺度略小,数量适可而止,停停当当,像个小园格局,这在造园学上称为"得体"。

至于树木栽植,小园宜多落叶,以疏植之,取其空透。此为以疏救塞,因为园小往往务多的缘故。小园布景有中空而边实,有中实而边空,前者如网师园,后者环秀山庄略似之。总之,在有限面积要有较大空间,这些空间要有变化,所以利用建筑、花墙、山石等分隔,以形成多种层次,而曲水弯环,又在布局上多不尽之意。造园之妙,盖在于此。

庭院深深深几许 "小廊回合曲阑斜""庭院深深深几许",这些唐宋人的词句,描绘了中国庭院建筑之美。

苏州留园与拙政园一样,皆初建于明代,亦同样经过后人重修。其中部假山,出明代叠山匠师周秉忠之手。留园又名寒碧山庄,因为清刘蓉峰重整此园时,多植白皮松,使园更显清俊,故以寒碧二字名之。刘氏好石,列十二峰宠其园,如冠云一峰,即驰誉至今。

进入留园,那狭长的进口,时暗时明,几经转折,始现花墙当面,仅见漏窗中隐现池石;及转身至明瑟楼,方见水石横陈,花木环覆,不觉此身已置画中矣。恰似白居易"千呼万唤始出来,犹抱琵琶半遮面"诗意。

此园之中部,有山环水,曲谿楼居其东,粉墙花棂,倒影历历,可亭踞北山之巅,闻木樨香轩与曲谿楼相对,但又隐于石间,藏而不露。游廊环园,起伏高低,止于池南。涵碧山房,荷花厅也。其西北小桥,架三层,各因地势形成立体交通。临水跨谷,各具功能,又各绕情趣。于数丈之地得之,巧于安排也。翘首西望,远眺枫林若醉,倾入池中,红泛碧波,引人遐想,得借景之妙。

园之东部多院落,楼堂错落,廊庑回缭,峰石水池,间列其间,游人至此,莫知所至。揖峰轩、五峰仙馆、林泉耆硕之馆、冠云楼等参差组合,各自成区,而又互通消息,实中寓虚,其运用墙之分隔,窗之空透,使变化多端,而风清月朗,花影栏杆,良宵更为宜人。

中部之水,东部之屋,西部之山,各有主体,各具特征,而皆有节奏韵律,人能得之者变化而已。而"园必隔,水必曲"之理,于此园最能体现。

幽谷清溪假亦真 真山如假方奇,假山似真始妙。这样的真山假山,才能看、能游、能想、能居,这是美境,亦是造园叠山所难能求得的,中国园林假山自有佳构,而现存者,当推苏州环秀山庄为第一。

环秀山庄原来布局,前堂名"有谷",南向前后点石,翼以两廊及对照轩。堂后筑环秀山庄。面对山林,水萦如带。一亭浮波,一亭枕山。两贯长廊,尽处有楼。循山径登楼,可俯观全园,飞雪泉在其下,补秋舫则横卧北端。

主山位于园之东部,浮水一亭在池之西北隅,因面对飞雪泉故名"向泉"。自亭西南渡三曲桥,入崖道,弯入谷中,有洞自西北来,横贯崖谷,经石洞,天窗隐约,钟乳垂垂,踏步石,上蹬道,渡石梁,幽谷森严,阴翳蔽日。而一桥横跨,欲飞还敛。飞雪泉在望,隐然若屏。沿山巅,达主峰,穿石洞,过飞桥,至于山后,枕山一亭,名"半潭秋水一房山"。沿泉而出,山蹊渐低,峰石参差,补秋舫在焉。东西两门额曰"凝青""摇碧",足以概括全园景色。其西为飞雪泉石壁,洞有飞石,极险巧。

园初视之,山重水复,身入其境,移步换影,变化万端。"溪水因山成曲折,山蹊随地作低平",得真山水之妙谛,却以极简洁洗练手法出之。山空中而雄浑,谷曲折而幽深。山中藏洞屋,内贯洞流,佐以步石、崖道、仿佛天然。蹬道自东北来,与洞流相会于步石,至此,仰则青天一线,俯则清流几曲,几疑身在万山中。上层环道,跨以飞梁,越溪渡谷,组成重层游览线,千岩万壑,方位莫测。园占地约2.4市亩,而假山占地约0.5市亩,小巧精致,实难以置信。

山以深幽取胜,水以弯环见长,无一笔不曲,无一处不藏,设想布景,层出新意。水有源,山有脉,息息相通。以有限面积,造无限空间。亭廊皆出山脚,补秋舫若浮水洞之上,因地处山麓也。西北角飞雪岩,视主山为小;水口飞石,妙胜画本。旁建小楼,有檐瀑,下临清潭,仿佛曲尽而余味绕梁间。而亭前一泓,宛如点睛。

移天缩地,为造园家之惯技,而因地制宜,就地取材,择景模拟,造石成山,则因人而别,各抒其长。

环秀山庄假山是清代乾隆年间叠山名家戈裕良的作品,它的蓝本是苏州大石山。正如他另一作品常熟燕园模自虞山一样,法同式异,各具地方风格。

戈裕良的叠山技艺,皆有卓越成就,他总结前人叠山技术,创造了体型大,腹空,中构洞壑、洞谷的乾隆嘉庆年间作风的假山,其造洞技巧创构带法,如造环洞桥,顶壁一气,结构合理,能运用少量的石,叠大型的山。而山石的皴法,悉符画本,其意兼宋元画本之长,宛转多姿,浑若天成,叠山之法具备,为中国假山艺术中之上品。

二分明月在扬州　江苏扬州市西郊有瘦西湖,湖以瘦字命名,以点出其景致特色。

瘦西湖原是一条狭长水面,两岸以往全是私家园林,万柳拂水,楼阁掩映,瘦西湖正是游诸园的水上交通要道。清时,因乾隆南巡,加建了白塔与五亭桥,虽都是模仿北京北海的建筑,可是风格各有不同。从城内的小秦淮乘画舫缓缓入湖,登小金山俯瞰全湖,坐在"月观",眺望"四桥烟雨",空濛迷离,婉约如一首清歌。

瘦西湖的景妙在巧,最巧是从小金山下沿堤至"钓鱼台",白塔与五亭桥分占圆拱门内,回视小金山,又在另一拱门中,所谓面面有情,于此方得。而雨丝分片,烟波画船,人影衣香,赤栏小桥,游览应以舟行最能体会到其中妙处。

平山堂是瘦西湖一带最高的据点,堂前可望江南山色,有一联:"晓起凭阑,六代青山都到眼;晚来对酒,二分明月正当头。"将景物概括殆尽。此堂位置正与隔江之山齐平,故称平山堂。其他如:"白塔晴云""春台明月""蜀冈晚照"等二十四景亦招徕了不少游人。如今平山堂所在地的大明寺又建了唐高僧鉴真纪念堂,修整了西园,西园有山中之湖,并有天下第五泉,饶山林泉石之趣。

扬州以名园胜,名园以叠石胜。扬州具有地方特色的四季假山,能使游者从各类假山中,享受到不同季节的感受。个园的假山就是其中代表作。

个园园门内满植修竹,竹间配置石笋,以一真一假的幻觉形成了春景。湖石山是夏山,山下池水流入洞谷,其洞如屋,曲折幽邃,山石形态多变化,是夏日纳凉的好地方。秋山是一座黄石山,山的主面向西,每当夕阳西下,一抹红霞,映照在山上,不但山势显露,并且色彩倍觉斑斓,而山的本身又拔地数丈,峻峭凌云,宛如一幅秋山图,是秋日登高的理想所在。山中还置小院、石桥、石室等,人在洞中上下盘旋,造奇制胜。登山顶北眺绿杨城郭,瘦西湖、平山堂诸景,一一招入园内。山之南有石一丘,其色白,巧妙的象征雪意,是为冬景。从不同的欣赏角度,构不同季节的假山,只扬州有之。

楼阁建筑是中国园林的重要组成部分,楼阁嵯峨,游廊高下,予人以深刻之印象。而扬州园林除水石之胜外,其厅堂高敞,多置于一园的主要位置,作为宴客畅聚之用,因为园林的主人皆属富商,有必要的交际活动。厅堂都为层楼,其联缀之游廊。同样亦有两层,称复道廊,故游览线形成上下两层,借山登阁,穿洞入穴,上下纵横,游者至此往往迷途,此与苏州园林在平面上的柳暗花明境界,有异曲同工之妙。游寄啸山庄,则游者必能体会。

寄啸山庄中凿大池,池北楼宽七楹,主楼三间突出,称蝴蝶厅,楼旁连复道廊可绕全园,高低曲折,随势凌空。中部与东部又用此复廊分隔,通过上下两层壁间的漏窗,可互见两面景色,空透深远。池东筑水亭,四角卧波,为纳凉演剧之所。在突出建筑物,而山石水池则点缀其间。洞房曲户,回环四合,隋炀帝在扬州建造迷楼,流风所及,至今尚依稀得之。清乾隆年间《履园丛话》所说"造屋之工,当以扬州第一,如作文之有变换,无雷同。虽数间之筑,必使门窗轩豁,曲折得宜"。寄啸山庄使人屡屡难以忘情者,其故在此。

扬州的景物是平处见天真,虽无高山大水,而曲折得宜,起伏有致,佐以婉约轻盈之命名,能于小处见大,简中寓繁,蕴藉多姿。

小盘谷的九狮山石壁,允为扬州园林中之上选。园中的建筑物与山石、山石与粉墙、山石与水池、前院与后院等配置,利用了幽深与开朗、高俊与低平等的对比手法,形成一时此分彼合的幻景。花墙间隔得非常灵活,山峦、石壁、步石、谷口等的叠置,正是危峰耸翠,苍岸临流,水石交融,浑然一体。园内虽无高楼奇阁,但幽曲多姿,浅画成图。"以少胜多"的园林设计法,在扬州以此园最有代表性。

🖌 学生讲坛

"面积虽然不大,却到处楼台亭榭,假山峭削,青松苍翠,秋枫红醉;池中荷花,岸边杨柳,面对滤湖,北背城壕,烟雨楼台,近在咫尺,园楼相对,形成了一个由湖面为中心的

建筑群体，环境相当幽雅。"

——《烟雨楼史话》

历史学家陈寅恪在《柳如是别传》中指出，勺园其实是"钱柳姻缘得以成就之枢纽"。钱谦益是明末清初的著名诗人、文学家，当年的文坛盟主。柳如是则是"秦淮八艳之一"。钱、柳两人均与勺园主人吴昌时熟识，那年柳如是因病回故乡嘉兴养病住在勺园，钱谦益恰来勺园会友。钱、柳于是因勺园定情，成就了一段才子佳人的风流佳话。

请根据材料中提到的园林信息和景观意象，进行恰当的解释、扩充与想象，撰写一篇在语言、形式上符合要求的导游词。

模块四

江南私家藏书

学习目标

1. 了解江南主要私家藏书家与藏书楼的基本情况；
2. 熟悉江南主要私家藏书楼的历史与特点；
3. 掌握江南私家藏书的历史贡献；
4. 能设计私家藏书楼主题的旅游线路并制订"旅游接待计划书"，提高主题旅游线路设计能力和导游讲解能力。

第一单元　模块任务导入

一、作业背景

中国人民大学历史系教授、博士生导师毛佩琦说："天下研究明史的不到天一阁，不能说研究明史很到位，大概不是正经研究明史的。"正因为如此，一批来自北京某高校的历史学家在杭州参加完学术会议后，专程到宁波参观天一阁。接待旅行社将接待任务交给了你，请你制订"旅游接待计划书"并准备导游词。

二、工作任务与要求

1. 利用图书馆、网络以及实地调查了解、收集宁波天一阁的相关知识；
2. 针对历史学家的特点与兴趣爱好，组织设计游览线路，编写导游词。

三、教学方式与步骤

1. 教师讲解基本知识；
2. 分组查找资料、安排导游线路、准备导游词；
3. 模拟演练；
4. 教师点评。

第二单元　背景知识

【学习情景 1】　　　　　　　　**江南私家藏书发展概况**

一、江南私家藏书兴盛的原因

我国私人藏书的出现稍晚于官府藏书。春秋战国时期,随着学术下移民间,百家争鸣,言论较为自由。开放的社会氛围,为早期私人藏书的萌生提供了合适的土壤。

汉代,大一统繁荣的安定环境及允许民间藏书的宽松政策使私家藏书迎来了第一个黄金时期。

唐代,科举制度的实施极大地刺激了民间读书应试的积极性,而当时教育事业的不发达又促使稍具条件的家庭热衷投资藏书以供自学,由此便有了私人藏书的又一个黄金时期。此后,科举制度似与私人藏书结下不解之缘,历代产生进士、状元最多的地区也总是私家藏书最为发达的地区。以明清两代为例,明代共产生状元 89 名,其中浙江 20 名,江苏 16 名,江浙两省共 36 名,占总数的 40.4%;清代共有状元 114 名,其中江苏 49 名,浙江 20 名,江浙两省共 69 名,占总数的 60.5%,换句话说,明清两代 203 名状元中,江浙两省占有 105 名,超过半数,天下文状元,二人有其一。据范凤书在《中国私家藏书概述》一文中统计,全国著名藏书家共 4715 人,浙江省有 1062 人,江苏省有 967 人,两省共 2029 人,占全国总数的 43.0%,尽管这个统计不十分完整,但也足以说明藏书与人才之间的密切关系。明清时期江浙文化的强劲优势显现无遗,江浙私人藏书中心持续繁荣的原因也就有了很有说服力的注解。

宋代藏书事业得益于雕版印刷的初兴,继续加速发展。这一时期私人藏书有两点值得一提。一是随南宋建都临安,私家藏书中心偕官府藏书中心正式南移,并由此奠定其后六七百年间江南地区私人藏书事业长期发达的局面。二是私家藏书目录的编制取得一系列突破性的进展。晁公武《郡斋读书志》之先开提要之例,陈振孙《直斋书录解题》之首创解题体,尤袤《遂初堂书目》之独擅版本记载,一扫前此官藏书目一统天下、孤掌难鸣的沉闷,也极大地改变了私家藏书系统有藏书无学术,难登大雅之堂的简陋形象。由此发端,后之私家藏书编目遂形成制度。书目成果多若繁星,官、私藏书目录也从此形成并驾齐驱、各领风骚的格局。私家藏书的发达与地域的经济发展、文化发展水平、出版业发达程度密切相关,而与国家的政治中心关系相对薄弱,唐以后这种现象表现得尤为显著。自汉以降私藏中心逐渐由西向东南转移,逐渐地远离政治中心。明清时期江南地区私家藏书事业持续繁荣、风景独好的事实很能说明这一点。

二、明清江南私家藏书的特征

明清时期的私人藏书事业呈现持续发展、渐趋鼎盛的态势。江南私家藏书事业不仅表现为藏书家人数空前增多，藏书中心地域色彩愈显突出，更有以下几个特征引人注目。

一是藏书楼规模普遍扩大，藏书大户群雄并起，明代的范氏天一阁、祁氏澹生堂、毛氏汲古阁，清代的钱氏绛云楼、朱氏曝书亭等均称盛一时。清代中晚期，更分别有四大藏书楼（分别是扬州小玲珑山馆、温州玉海楼、宁波天一阁、湖州嘉业堂）鹤立鸡群，乾嘉四大家有吴县黄丕烈、袁又恺，长沙周仲连，元和顾抱冲；晚清四大家有聊城杨绍和与海源阁、常熟瞿绍基与铁琴铜剑楼、吴兴陆心源与皕宋楼、杭州丁丙与八千卷楼，这些藏书巨擘均以藏书量多（10多万册，20余万卷）、藏书质量高（宋元珍本数以百计）著称。

二是藏书学术的总结与研究逐渐活跃，学术大家辈出，学术成果斐然。从明代胡应麟、谢肇淛到清代钱曾、洪亮吉等人争相尝试对藏书家种类进行划分，便是藏书家们总结历史、审视当代、知照自身、警策同行的积极入世姿态的写照。明祁承爜《澹生堂藏书训略》、清孙从添《上善堂藏书纪要》以实用为要旨，分别对藏书技术的方方面面做了详解，可视作历代藏书技术的归纳与集成。至清末，叶昌炽《藏书纪事诗》、叶德辉《书林清话》的相继问世，标志着我国对藏书楼研究新纪元的开始。此外，乾嘉时期黄丕烈之题跋、顾广圻之校勘、钱大昕之考证俱是藏书家学擅专长、卓有成就的极好典范。

三是藏书家中有越来越多的人具有开放识见。"藏书贵流通、藏书惠士林"的意识日趋自觉与浓厚，且更多见诸行动。周永年的《儒藏说》与徐树兰的古越藏书楼可视为藏书向公众开放的理论与实践的两个典型。

四是清帝乾隆嘉奖江南藏书家，推动了江南的私家藏书事业。乾隆对藏书家的隆重褒奖极大地鼓励、刺激了江南私人藏书事业迅猛发展。对响应朝廷号召呈献家藏于《四库全书》的一些主要藏书家，乾隆破天荒地给予了物质和精神的双重奖励，物质奖励是赐予武英殿版《古今图书集成》《佩文韵府》等巨编，事实上已从数量上弥补了藏书家献书的损失。并且，由于此项赐书的大事声张，造足舆论，藏书家在荣誉上的获得已远胜于物质上的收获。乾嘉时期盛极一时的私人藏书高潮的出现，与乾隆权威莫比的大力提倡关系甚大。乾隆树起了私家藏书楼的一杆钦定旗帜——宁波天一阁。乾隆钦定样板，并且亲自下旨四库七阁无一例外都要仿造天一阁。乾隆建江南三阁颁藏《四库全书》。这是乾隆鼓励、支持江南地区私家藏书的切实而极有效的举措。江南三阁的建立与开放不仅为江南地区私家藏书的发达提供了卓有成效的支持，也对私家藏书楼的开放产生较为积极的影响。

【学习情景 2】　　　　　江南著名的藏书家与藏书楼

一、宋濂与青萝山房

宋濂（1310—1381），字景濂，号潜溪，又号玄真子，浙江浦江人，他是朱元璋的重臣，明代著名的学者。宋濂藏书始于青年时代,元末避战乱迁居浦江青萝山(今浙江浦江县东),筑室读书,藏书楼称"青萝山房"。战乱中因宋濂藏书置于青萝山中,未受到损失。他在《送东阳马生序》中讲道,少时因家贫,无力购书,因此,常借书缮抄,计日以还,寒冬酷暑,仍不懈怠,从不超过借期,故人多将书借他,他得遍观全书。宋濂的藏书达八万卷以上,其中有不少是他亲自缮抄之书。宋濂晚年因长孙宋慎被列入胡惟庸党,全家被贬往四川茂州,宋濂于途中病死。他的青萝山房也消失了。

二、范钦与天一阁

范钦(1506—1585),字尧卿,号东明,浙江鄞县人。范钦于嘉靖十一年(1532)中进士,官至兵部右侍郎。嘉靖四十年(1561)他在家乡鄞县月湖之西创建"天一阁"藏书楼,藏书多达 7 万多卷,为浙东第一。

范钦一生嗜好收藏图书。为了收求图书,他遍访浙江藏书家与书坊,收购异本。他在江西、广西、福建、陕西、河南等地做官时,广搜图书,抄录善本。他因书藏丰富而远近闻名。

范钦根据历来对藏书的两大危害天灾(水火、虫灾)与人祸(管理不严、易遭散失),制定了有效的措施,叮嘱子孙严格执行。从建筑设计上看,天一阁的修建是相当科学的。"天一"的名称取自"天一生水、地六成之"之说。天一阁分上下两层,上层喻天,天一生水,不分间,通为一厅;下层喻地,地六成水,所以下层分为六间。为了防潮,图书全部置于上层,楼上前后都有窗户,书橱前后有门,两面贮书,便于通风。书橱中还放有防虫芸草。为了防止书楼遭火,楼前挖有一池塘,用以贮水,并定名"天一池",这样天一阁把防水、防火、防虫都考虑到了。范钦为保护天一阁,制定了十分严格的守阁之约。规定天一阁书库门上的钥匙,每房子孙各掌一把,要开库门,必须是各房子孙全到方可。阁中之书不借外人,子孙有读书之志者,就阁读之,读者"不许夜登,不嗜烟草"。这样就防止了散失之患,且"永无火厄"。这个规定一直持续到 1949 年,可谓私家藏书史上的一大奇迹。天一阁避免了天灾,但无法完全避免人祸。明末战乱、乾隆帝敕修撰《四库全书》时调书、鸦片战争中英军攻陷宁波,以及中外文化奸商的窃盗,使天一阁遭受不少损失。至 1949 年初,天一阁藏书只剩下 1.3 万多卷了。

三、项元汴与天籁阁

明代嘉靖、隆庆年间,私人藏书浙东以范钦天一阁藏书著称于世,而堪与范钦匹敌,同被后代藏书家称为巨擘的则有嘉兴项元汴。

项元汴(1525—1590),字子京,号墨林子,又号香严居士,退密斋主人,秀水(今浙江嘉兴)人。著有《墨林山堂诗集》。项元汴家本富裕,兼之又善治生产,这就为他的藏书事业提供了深厚的物质条件。项元汴的藏书,据胡应麟《少室山房笔丛·经籍会通》称,"其时文坛巨主王世贞小酉馆藏书楼贮书达三万卷,尔雅楼专藏宋刻本,名闻天下,但与项元汴相比,有人尚以为不及墨林远甚"。钱曾《读书敏求记》卷四著录刘勰《文心雕龙》十卷云:"……墨林项氏,每遇宋刻即邀文氏二承鉴别之,故藏书皆精妙绝伦。虚心咨决,此又今人之师也,今人奈何不师之?"此可概见项元汴藏书之精。钱曾所称文氏二承即文彭、文嘉。文彭(1489—1573)字寿承,文嘉(1501—1583)字休承,同为吴中藏书名家、著名画家文徵明之子,文氏二承出身藏书世家,本人亦富藏书,"二承"知名当世,皆精古籍鉴定,而文嘉尤精鉴别宋本,项元汴之藏书得"二承"鉴定,无怪钱曾称其藏书皆精妙绝伦。

项元汴之藏书楼称天籁阁,据前人所说,项元汴曾得一古琴,上有天籁两字,遂以名阁。

古代藏书能聚而不散,几如凤毛麟角,项元汴的藏书、藏画等在顺治二年(1645)清兵进入嘉兴之际,尽为千夫长汪六水掠去,时距项元汴之死仅50余年。

四、胡应麟与二酉山房

胡应麟(1551—1602),字元瑞(或明瑞),号石羊生,又称少室山人,浙江兰溪人。胡应麟25岁中举,其后科场不第,把一生的精力放在藏书、校书和写作上。他10多岁时,随父亲在北京定居,从那时起,就访遍京城书肆,购得不少好书。后回到故乡兰溪,经常典卖家产以购图书,致使父亲留下的家产被他卖光。为了买书,不惜花钱,常常弄得连吃饭的钱都没有了。他在《少室山房笔丛》中说自己"穷搜委巷,广乞名流,寻之故家,求诸绝城,中间节衣缩食。衡虑困心,体腹筋骨靡不所悉"。他建造"二酉藏书山房",共收藏图书42384卷。

五、黄居中、黄虞稷父子与千顷斋

黄居中(1562—1644),字明立,又称海鹤先生,福建晋江人。万历举人,曾任南京国子监监丞。其子黄虞稷(1629—1691),字俞邰,又字楮园,16岁中秀才,后一心埋头书事,不求功名。黄居中一生"锐意藏书,老而弥笃",收集图书6万多卷,在南京建千顷斋用以藏书。黄居中做官的俸禄,除吃穿外,全都用在购书上。著名藏书家钱谦益在《黄氏千顷斋藏书记》中说他"寝食坐卧,宴居行役,未尝一息废书也"。黄虞稷根据家藏图书编成《千顷堂书目》,收录的明代图书极全。后来黄虞稷参加编撰《明史·艺文志》的工作,他编的书目,事实上成为《明史·艺文志》的草本。

六、祁承爜与澹生堂

祁承爜(1565—1628),字尔光,号夷度,浙江山阴(今绍兴市)人。祁承爜从小就喜欢书籍,早年仕途坎坷,屡试不中,但他爱书之情与藏书之心矢志不渝。每次去杭州或京城,总是遍访书肆。初期藏书逾万卷,其藏书楼载羽堂在万历二十五年(1597)因火灾而毁,明万历三十二年(1604)祁承爜42岁,中进士,官至江西右参政。由于经济上的宽裕与活动面的扩展,他的藏书迅速增长,藏书10万余卷,并在故乡绍兴梅里建了旷园,在园中建了澹生堂作为藏书楼。祁氏在丰富藏书的基础上,提出了我国最早的比较系统的藏书建设理论,写出了《澹生堂藏书约》。全书分为《聚书训》《藏书训略》《读书训》三篇,分别对书籍采访、编目、典藏和阅读进行了论述。《聚书训》《读书训》主要是记述古人聚书读书的事迹;《藏书训略》分购书与鉴书两节,提出"眼界欲宽、精神欲注、心思欲巧"的购书三术和"审轻重、辨真伪、核名实、权缓急和别品类"的鉴书五法以及"因、益、通、互"四个分类要点,为我国古代书籍建设作出了贡献。

七、毛晋与汲古阁

毛晋(1599—1659),原名凤苞,字子九,晚年改名毛晋,改字子晋,江苏常熟人。他"通明好古,强记博览",从小喜欢读书、抄书、编书。二十四五岁以后,他开始收藏与刻印图书。毛晋收集图书是采取高价购买的方法,据说他家门口贴一告示,申明本户主人购书计叶付钱:宋刻本每叶二佰;旧抄本每叶四十;时下善本,别家出一千,主人出一千二佰。因而远近书商纷纷上门。他家居常熟,当时迎春门外的七星桥一带湖州书舶云集,因而使毛晋收藏了许多宋元时期的善本。杭嘉湖一带是藏书丰富的地区,有许多藏书家,凡买不到的善本,毛晋就寻访借抄。他发明了"影抄"的办法,所谓"影抄",就是用纸蒙在底本上摹写原书,照原书点画行款,所抄之本与原书无异,保留了原书的面貌。毛晋雇用了很多人为他抄书,清人吴伟业在《汲古阁歌》中写道:

> 比闻充栋虞山翁,里中有得小毛公。

> 搜求遗佚悬金购,缮写精能镂板工。

毛晋藏有大量的影抄本,提高了毛氏藏书的价值。经过近 30 年的收集,毛晋藏书多达 8.4 万余册,分别收藏于他的藏书楼——汲古阁与目耕楼中。毛晋一遇善本便开坊刻印,以广流传。所以《汲古阁歌》说他"君获奇书好示人,鸡林巨贾争摹印"。汲古阁不但是藏书楼名,也是他刻书的书坊名称。为了刻印《十三经》《十七史》,在崇祯十四五年(1641—1642)毛晋就卖掉了良田 20 公顷。毛晋刻印的经、史,多为宋元善本。书版几次校正,没有确凿证据者,从不轻易改动。加之所用纸墨精良,装潢考究,故当时有"天下之购善本者,必望走隐湖毛氏"之说,汲古阁藏书后来散失,刻坊 10 万多块书版也损失殆尽,这是非常可惜的。

八、钱谦益与绛云楼

钱谦益(1582—1664),字受之,号牧斋,又号蒙叟、东涧遗老等。江苏常熟人,明代进士,官居礼部侍郎,降清后不久便隐居乡间。

钱谦益的诗词、文章"声华赫奕,莫与为比"。他最初求书是为了读书,所以爱书如命。他的藏书一般不轻易借人。钱氏购得刘子威等四个藏书家的遗书,又重金收购了赵琦美脉望馆的全部藏书。到了晚年,他在家乡红豆山庄建造了绛云楼,把平生收藏的书籍,重新整理、编目,装满了 73 个大书柜,藏于楼中。清顺治七年(1650)绛云楼不慎起火,焚毁了钱氏全部藏书,钱谦益痛不欲生,说道:"甲申之年,古今书史图籍一大劫也。吾家庚寅之火,江左书史图籍一小劫也。"(《宋本汉书跋》)。后来钱谦益将余书赠给族孙钱曾,钱曾在此基础上设立了述古堂藏书室,并出版了《述古堂藏书目》。

九、朱彝尊与曝书亭

朱彝尊(1629—1709),字锡鬯,号竹垞,秀水(今浙江嘉兴)人,曝书亭主人。康熙十八年(1679)举博学鸿儒科,任翰林院检讨,入值南书房,预修《明史》。朱彝尊是为清初著名诗人、学者,编有《词综》《明词综》,又著《经义考》《日下旧闻》等。朱彝尊自称"中年好抄书",在朝廷任官时,经常从官府藏书处和其他藏书家中借抄。由于在修史过程中自带书手王纶,抄录各地呈进史馆之书,被人诬告而罢官,以至归老林田,以读书自娱。家有藏书30楼,近8万卷,作铭曰:"夺侬七品官,写我万卷书,或默或语,孰智孰愚。"表现了一个士大夫矢志不移以藏书著述为志向的可贵品格。朱氏后人曾记述朱彝尊的遗闻佚事,如康熙帝南巡时,朱彝尊曾在杭州迎驾,并曾呈送所著《经义考》一套。康熙帝曾令下属收存《经义考》,并命宫内刻出呈送给他阅看。而另一套《经义考》送给皇太子,皇太子曾接见朱彝尊,并问及著作情况。皇太子评朱是"海内第一读书人"。朱彝尊藏书传至其孙朱稻孙(1682—1760)时,藏书曾略有增益,书楼称潜采堂,但晚年终不能守,渐渐散失。

十、吴骞与拜经楼

吴骞(1733—1813),字槎客,号兔床。先世安徽休宁,祖先落籍浙江海宁。吴骞有拜经楼,又有千元十驾藏书处。是闻苏州藏书家黄丕烈有"百宋一廛",即藏有百种宋版之意,他把藏书处称为"千元十驾",即自己有千种元版书。吴骞常与苏州、杭州及本地藏书家切磋。一方面,得以收罗秘籍珍本;另一方面,也相互校勘、鉴别,提高藏书质量。吴骞对藏书已经到了入迷的地步,他收得宋本杭州一地多种地方志,就刻一章曰"临安志百卷人家";他得到宋本《东坡先生集》,即以此书命名藏书处曰"苏阁",并把第二个儿子的名字命为"苏阁"。吴骞藏书达5万卷,著有《拜经楼藏书题跋记》,所著录的都是精善之本,吴骞子吴寿旸及孙吴之淳、吴之澄保存藏书,拜经楼延续了100多年,最后失散于19世纪中叶。

十一、陈鳣与向山阁

陈鳣(1753—1817),字仲鱼,号简庄,浙江海宁人。有向山阁闻名于世。与吴骞拜经楼同为乾嘉年间浙西著名藏书楼。陈鳣的藏书多是宋元旧刊和世间罕见之书,他还时常与黄丕烈、吴骞等相互交流、鉴定观赏,故藏书质量颇高,吴骞称"余与简庄孝廉少日皆酷嗜书籍,购置不遗余力,凡经史子集,得善本辄互相传观,或手自校勘相质,盖数十年如一日"。陈鳣又以校勘学闻名,所藏书经他校勘,世多看重。陈鳣收藏达10余万卷,但身后逐步消失。

十二、鲍廷博与知不足斋

鲍廷博(1728—1814),字以文,号渌钦。原籍安徽歙县,其父鲍世诩,后经商致富,定居于杭州。鲍思诩虽是商人,但"性耽文史,筑室储书",建书楼称知不足斋。鲍廷博继承父志,年轻时即有志藏书,故广泛结交书友。其子士恭亦好藏书。鲍廷博的藏书有些是借观抄录,有些则收集残篇,故藏书十分丰富,估计达10万卷之数。乾隆三十八年(1773)四月十三日,为编纂《四库全书》而进行的征书经过一年多,开始有目标地向一些藏书家征书。浙江巡抚三宝向朝廷提交奏折,据称"专委杭州府知府彭永年,带同县学等官,亲赴各家,宣布帝意,向其借抄"。鲍士恭等感戴鸿恩,各愿踊跃呈献 626 种。据《四库全书总目》著录,鲍士恭家藏著录 378 种、3581 卷,存目 125 种。乾隆三十九年(1774),朝廷赏赐鲍家《古今图书集成》一部,鲍家还建楼专藏之。

鲍廷博不仅藏书,而且注意藏书校勘,并将所藏编印成《知不足斋丛书》30 集(最后两集由鲍士恭续完),共刻入书籍 207 种,781 卷。当时就曾得到清仁宗的奖励,称鲍廷博"好学绩古,老而不倦",并赏给一个举人头衔。

《知不足斋丛书》一直受到学术界的重视,商务印书馆《丛书集成初编》中收录,卢文弨称其无伪书、俗书厕其间;王鸣盛称其淹雅多通,精于鉴别,珍抄旧刻,手自校对,实事求是。

十三、瞿绍基与铁琴铜剑楼

楼主是瞿绍基(1772—1836),瞿绍基祖孙四代,仕途坎坷,隐居乡间访书读书。他们的藏书楼原称恬裕斋,因避光绪载湉音讳,改名"敦裕斋"。后因瞿绍基子瞿镛家珍藏铁琴一张,铜剑一把,他的词集称《铁琴铜剑楼词草》,到了瞿绍基孙瞿启甲于光绪二十四年(1898)刊印其家藏书目录时,便以"铁琴铜剑楼"称其藏书处。瞿氏藏书多达 10 余万卷,铁琴铜剑楼的藏书目录仅著录宋、金、元珍本及稀少抄本(普通书未著录),计有经部 82 种,史部 265 种,子部 370 种,集部 525 种,共 1242 种。

瞿启甲于辛亥革命后,积极倡导公共图书馆事业,并亲自创办常熟公共图书馆,还曾任当时北洋政府的众议员。抗日战争中,瞿启甲将珍贵善本全部运往上海藏匿,得以完整保存。瞿启甲去世,其子济苍、旭初、凤起三兄弟妥管藏书,尔后全部捐献国家。铁琴铜剑楼图书现藏于北京图书馆。

十四、陆心源与皕宋楼

创始人陆心源(1834—1894),字刚甫,号存斋,晚号潜园老人,浙江归安(今湖州)人。咸丰九年(1859)中举,任南韶兵备道台,官至福建盐运使。后被参削职归家,在城东辟潜园,藏书、校书终身。陆心源嗜书成癖,他在任职广东南韶时运回老家图书就有100 多箱。时值战乱,不少藏书家的藏书流散于社会,陆心源便趁机收购珍籍。到了光绪八年(1882)他收藏图书已达 15 万卷,陆氏将一个大藏书楼分为两部分。一部分称为"皕宋楼",大家知道黄丕烈藏宋版书 100 部,将其藏书室称为"百宋一廛"。而陆氏的皕宋楼,"皕"意双百,表示所藏宋版书倍于黄丕烈。另一部分则称为"十万卷楼",十万卷楼则藏明清刻本与名人手校、手抄本及稿本。另建守先阁藏普通刻本与抄本,对外人开放。

十五、丁氏与八千卷楼

楼主是丁申(?—1880)、丁丙(1832—1899)两兄弟。丁申字竹舟,丁丙字嘉鱼,浙江钱塘(今杭州)人。丁氏兄弟二人,博览群书,过目成诵,当时有"双丁"之称。

清咸丰十一年(1861),因为战乱,文澜阁《四库全书》散失。一日,丁丙在街市购物,发现商店包装纸竟是四库散页。于是兄弟二人四处搜寻捡拾,每天往返数十里,将文澜阁残篇运至西溪。经过兄弟二人的努力,搜拾《四库全书》800多捆,随后转运到上海。战乱平息后,又全数运回。经他俩抢救出的《四库全书》共8689册,后因所缺甚多,在光绪八年(1882)又开始进行补抄,先后向省内外很多藏书家借书作底本抄写,历时七年,共补缺书891种2174页,使文澜阁藏书大体上恢复了原貌。

丁家藏书1万种,计40万卷,并于光绪十四年(1888)建筑了嘉惠堂,内有三个藏书楼:八千卷楼,收藏《四库全书》,著录图书达3400种,存目书1500种;后八千卷楼,收藏《四库全书》未载之书,计8000多种,主要是佛教、道教、小说、戏曲方面的图书;小八千卷楼,又称善本书室,藏有宋元刻本200多种以及精美的明刻本、旧抄本、稿本等2000种。

清光绪三十三年(1907),丁丙逝世八年后,丁氏后人因经商失败,亏空严重。两江总督端方请江苏著名藏书家缪荃孙与丁氏后人洽谈,以7.5万两白银的代价购买这批图书,这批图书后收藏于我国最早的公共图书馆之一———江南图书馆(今南京图书馆前身)。

十六、刘承干与嘉业堂

嘉业堂是浙江湖州南浔镇巨富刘承干(1882—1963)私家藏书楼。刘氏酷爱藏书,多方搜罗,悬金以待其至,远近书商接踵而来,一时大有海涵万家之势,自称历时26年,得书60万卷。嘉业堂1920年破土,1924年竣工,"计糜金12万,拓地20亩"。这是一座口字形回廊式两层建筑,共有库室52间,楼下设诗萃室、宋四史斋、嘉业厅;楼上设求恕斋、希古楼、黎光阁;楼四周配有园林亭榭,环水如带。嘉业厅正中悬清宣统皇帝溥仪手书"钦若嘉业"匾额。刘家曾出巨资为光绪皇帝陵园植树,故而得到御赐的九龙金匾,刘承干以此命名藏书楼。1925—1932年间,嘉业堂共藏书宋刻本77种,元刻本78种,地方志1200种,丛书220余种,以及不少明清版书籍;1933年后,家道中落,其藏书散出许多。1940年6月,日本人出价60万元,想将其藏书买走。文献保存同志会的叶恭绰、郑振铎等人晓以大义,以25万元购买了所藏的明刊本1200余种。1951年11月,刘承干将藏书楼、藏书及其蜚声海内外的雕印书版设备,全部捐给浙江图书馆。

【学习情景3】　　　　江南私家藏书的贡献

一、踊跃献书,保存典籍

在《四库全书》修书期间,江南藏书家贡献巨大。献书前四名的都是江南藏书家。其中天一阁主人范懋柱献书872种,知不足斋主人鲍士恭献书626种,开万楼主人汪启淑献书524种,丛书楼主人马裕呈献书776种。以宋元刻本为例,今天保留下来的数以千百计的宋元刻本,他们中的每一种每一册都是历经众多有名无名的藏书家之手,如接力赛一般层层传递下来的。尽管在递传过程中因种种天灾人祸可能毁损惨重,但这恰恰说明了藏书保存的极大不易与艰巨。以单一藏书楼论,宁波天一阁是一个范例。虽有《四库全书》征书,近代失盗等重大减失因素,天一阁历经400余年保存下来的明代地方志、登科录等大量典籍在当今世界仍是独一无二的孤本。清末杭州丁申、丁丙兄弟冒战乱烽火奋不顾身抢救大量文澜阁《四库全书》的事迹,更是突现了藏书家不畏牺牲、无私奉献的崇高品格。江南三阁,文澜独存,这实在是藏书家树起的一座丰碑。

二、抄刻并重,造福书林

一是借阅之途。从北宋的李氏山房到清末的古越藏书楼,不少的藏书家向公众、社会开放,捐私产为公益,以传布为己任,使一家之藏为众人所用,极大地扩大了典籍的受众面与利用率,也促进了知识的传播。

二是借抄之途。从借出方看,藏有者不以珍稀为秘,无私提供底本,使一书由此而复制出更多的副本。在古代通讯、交通不发达的条件下,通过许多人的辗转借抄,一本书不仅可以化做千百本,还可以跨越时空的阻隔而四处传播。

三是刊印之途。中国古代的出版业有一个显著的特点,这便是刻印书依据手稿的不多,而以现成图书为样本的却占很大比例,于是,藏书家便拥有了刻印书的重要资本,因此,历代出版家中藏书家占据了很大比例和重要地位。历代藏书家中多有热衷于书籍刻印者,明代的毛晋、范钦,清代的鲍廷博、黄丕烈乃至民国的刘承干等既是藏书巨擘,又都是出版大户,他们各自利用丰厚的藏书,富足的资财刻印了品种繁多、质量甚佳的图书。藏书家刻书对于我国历代典籍的延续与传播有着不可估量的作用。清人张海鹏认为:"藏书不如读书,读书不如刻书,读书只以为己,刻书可以泽人。"晚清张之洞的《劝刻书说》反映的也正是这种刊刻藏书利他惠人的高尚境界。

三、校勘补正,呕心沥血

历代藏书家对图书从形式到内容的完美追求主要体现在以下几个方面:

一是对图书的爱护。元代的赵孟頫总结了读书护书的真经,即"勿卷脑,勿折角,勿以爪侵字,勿以唾揭幅,勿以作枕,勿以夹刺,随损随修,随开随掩"。像毛晋祈祷"在在处处有神物护持",黄丕烈"年年祭书祈求天助神佑"等,也从另一角度反映了这些藏书家护书惜书的心态。

为了保护藏书的完好,更多的藏书家以积极主动的姿态从民间汲取智慧为己所用,种种图书保护方法遂不断创出,有些被一直袭用到现代,如古籍的曝书及中草药防虫等,明代的天一阁及其他一些藏书楼则一直采用芸草夹书以防虫侵。

二是对图书内容的校勘补正。由于历代辗转抄写或刊刻的失误,古书中几乎没有不出错的,"无错不成书"之谚即是对这一现象的归纳。对此现象,几乎所有有能力的藏书家都会自觉而欣然地担任起校书纠误的职责。他们基本以自家藏书为校勘对象,或孤军奋战,或相互切磋,长年累月地进行着无休无止的校书工作。历代藏书家辛勤校勘古籍,补缺订讹的事例实在不胜枚举。仅在清代,藏书家中精擅校勘、成果显著者便有顾广圻、何焯、钱大昕、黄丕烈、吴骞等。流传至今的历代典籍,其字里行间无不浸透着藏书家的心血汗水。

三是对残缺图书的搜访集全。对因种种原因导致残缺不全的图书,许多藏书家总是呕尽心血,刻意觅访,期冀以自己的诚意与努力使尽可能多的残书在自己手中破镜重圆,完美再现。明代的赵琦美购得李诫《营造法式》残帙一部,中缺 10 余卷,为补全此书,从此心存块垒,寝食不宁,仆仆遍访于藏书名家、书肆、秘阁,艰辛曲折历时 20 余年,终使该书幸得延津之合,臻于完美。

四、利用藏书,生产典籍

藏书家们往往利用藏书,在治学探索的基础上,以著述、汇编等形式创造出新的典籍,为民族文化增添新的内容、新的财富。以私家藏书论,历代藏书家艰辛访问,精心汇编的专题巨著,如朱彝尊《词综》、黄宗羲《明文海》、严可均《全上古三代秦汉三国六朝文》、张金吾《金文最》等,均是利用藏书的显著成果。著述方面,如叶梦得、郑樵、赵梦、王世贞、归有光、胡应麟、胡震亨、谈迁、顾炎武、黄宗羲、钱谦益、朱彝尊、杭世骏、全祖望、万斯同等大家,名篇迭出,著述等身,俱系依靠藏书的巨大支持而各铸辉煌,名重文坛学界。至于清代编修《四库全书》这一划时代的宏编,更是官私藏书楼各逞所长,珠联璧合,共襄其成的范例。

【学习情景 4】　　　　　江南私家藏书的人文精神

江南私人藏书家具有充分的人文精神,具体表现为藏书精神、恪守精神、开放精神、好读精神。

一、嗜书如命的藏书精神

考察江南历代的藏书家,可以发现他们身上一脉相承的一种精神,即嗜书如命。在古代书籍难得到的情况下,江南藏书家为了藏书而乐于甘于抄书。范钦侄子范大澈"尤嗜抄书",家养书手二三十人,日日抄书,每见人有写本未传者,必苦借之,抄而藏之,使其所藏几乎与天一阁相当。史学大师黄宗羲续抄全藏书,有相当部分抄之世学楼钮氏、澹生堂祁氏、千顷斋黄氏、绛云楼钱氏等。明藏书家毛晋为收藏善本,曾榜于门曰:"有以宋椠本至者,门内主人计叶酬钱,每叶出二佰;有以旧抄本至者,每叶出四十,有以时下善本至者,别家出一千,主人出一千二佰。"朱彝尊自称,"中年好抄书",在朝廷任官时,经常从官府藏书处和其他藏书家中借抄。由于抄史被人诬告而罢官,曾作铭曰:"夺侬七品官,写我万卷书,或默或语,孰智孰愚。"表现了嗜书如命的精神。

二、世代相传的恪守精神

藏书世家思想在历史藏书家中或多或少都有,而在江南表现得尤为明显,世代相传的传书世家特别多。范氏天一阁,自明嘉靖年间建阁至 1949 年,13 代人薪火相传,绵绵不绝,成为中国古代藏书史上的"神话"。吴骞是清朝海宁藏书近10万卷的学者型藏书家,其子吴寿旸承父业,辑吴骞所写善本题跋为一书,吴寿旸子之淳,受遗籍,"校读不倦",不坠祖业。吴氏三代世守,百年不散,实为难得,为江南藏书家族增添了光辉。江南著名的藏书家还有:陆心源家族三代,祁承㸁父子,孙衣言、孙诒让父子等。除了祖、儿、孙三代恪守,更有族群藏书世代相传,如无锡钱氏家族、海宁蒋氏家族等。这种世代相传的藏书风尚,有助于防止图书散佚,浓厚文化气氛。

三、爱书以德的开放精神

江南藏书家视所藏之书如身家性命,但也不乏极为慷慨地利用图书奖掖后学的藏家,具备了一定的开放意识和开放精神。如天一阁虽规定"书不出阁",但还是有选择地向一些真正的大学者开放。自黄宗羲登阁以后,万斯同、朱彝尊、袁枚、金祖望、钱大昕、阮元、徐乾字、缪荃孙等许多学者都登阁读过书、抄过书。袁枚"所书轩"藏书40万卷,分书于众,可随时借阅。浙东学派的创始人黄宗羲正是利用的各家藏书,博览群书,才有所作为,成为一代大家。同样,黄宗羲对于后学也给予了种种关怀和方便,万斯同、万斯大等都曾受益于他的"续钞堂"藏。古越藏书楼的主人徐树兰,热心社会公益事业,为了培养人才,他捐白银8600余两,购地建造藏书楼,除将家藏图书捐出外,还购置了许多新书、报章,设置阅览室,开创私人创办公共图书馆之先河。

四、崇文尚学的好读精神

江南是人文荟萃之地,"鸿儒硕彦,代不乏人"。在这种文化氛围中,藏书成为一种风尚。文人对书更有一种偏爱,以至"寒可无衣,饥可无食,至于书不可一日失"。爱书、藏书成为许多文人雅士的一大嗜好。清代江南学者大多本身拥有较多的藏书,主要是靠自己的藏书做学问,同时也利用他人的藏书。如朱彝尊,为了学术研究,购买和抄录大量书籍。为了搜求典籍,他的足迹遍布大半个中国,历年所抄达3万余卷,占其全部藏书的近40%。丰实的藏书,为朱氏的研究提供了极大的便利。朱氏的重要著作《经义考》,乃规模宏大的专科版本目录学著作,取材宏富,辨订群书,是研究中国古代学术年代史的重要工具书。试想如果没有曝书亭的大量藏书做基础,是难以写成《经义考》的。私家藏书的兴盛,促进了江南地区学术尤其是朴学的发展。江南藏书家利用丰实的藏书,积极从事目录、版本、经学、小学、史学等领域的研究,以及校勘、辨伪、辑佚、编纂、刊刻等方向的学术活动,为明清两代学术的繁荣与发展作出了重要贡献。黄丕烈毕生致力于古籍的收藏和整理研究,不仅在藏书方向成绩卓著,同时在校勘学、版本学、目录学等领域也有很深的造诣。他的《士礼居藏书题跋记》《荛圃藏书题记》《百宋一廛书录》等均为高质量的书目题跋之作,在中国目录学史上占有重要地位。清初江南著名藏书家钱曾,利用自己的藏书,完成了《读书敏求记》,该书开创了藏书题跋记形式的目录新体裁,同时还开拓了目录学中版本研究的新领域。

第三单元　相关链接

【学习情景】　　　　　**综论天一阁的历史地位**

来新夏

　　在以宁波为中心的近万平方公里的地域内,有事迹可考的私家藏书楼,就有154家,但只有天一阁,自明嘉靖始创以来,历经四百四十余年,巍然至今,被称为"天下藏书只一家"。历来若干文人学士对其历史地位多有论列,今人著述亦时有涉及,各有评说。兹综括诸说,撮其指要,撰文以论天一阁之历史地位。

一、天一阁是我国现存传世最久的私家藏书楼

　　明嘉靖时所建天一阁,是中国传统藏书楼中现存传世最久的私家藏书楼,是世界最古老的私家藏书楼之一。建阁主人范钦(1506—1585),字尧卿,一字安卿,号东明。浙江鄞县人。明嘉靖十一年(1532)进士,累官至兵部右侍郎。嘉靖四十年(1561),他在家乡月湖之西芙蓉洲建造天一阁藏书楼,藏书达七万余卷,是浙东藏书最多的一家。建阁的头二十年,阁主人范钦尚健在,无疑不会有太大的损伤。范钦卒后的八十余年,到明清之际,虽有所破损,但一些学者如黄宗羲、全祖望等著名学者,尚能登楼阅书、抄书。其后一百余年,虽已有文记其受损情况者,但至乾隆帝兴建南北七阁时,诏谕中仍能赞许有加,取用建阁工程蓝本;而修《四库全书》时,尚能从阁中征调六百余种藏书。以此推想,阁书当不至有大损伤。近代以来,屡遭内忧外患,明抢暗夺,鼠窃狗偷,破坏在所难免。加以缺少维护,遂日渐衰败。直至清末,学者缪荃孙登阁开橱时,已是"书帙乱叠,水湿破烂,零篇散佚,鼠啮虫穿"(《天一阁始末记》)。

　　随着范氏宗族的衰败,阁楼园林的日渐荒落。当地人士不忍目见,遂于1933年集资维修,并将文庙尊经阁和有关明州的一批宋以来的碑版移建园中,环镶于尊经阁前墙垣,世称"明州碑林",是有关宋元以来明州的历史资料。可惜有的由于风雨侵蚀而字迹漫漶,有的甚至整篇剥蚀,了无字迹,亟待保护和抢修。藏书亦时有流失,学者张元济氏为免善本佳刻之流落海外,斥资收购,贮之涵芬楼,不意竟被日寇丧心病狂地施以轰炸炮火,扼腕腐心,莫此为甚!以致解放之初,园林一片荒草污水,精刻善本,水渍蠹蛀,零零落落,仅剩原藏书量之五分之一,有人估约为13000余卷。政府多次拨款维修恢复,乃使这座古藏书楼和藏书得以复苏。其后虽经"文革"劫难,然终胜海源、丽宋之不幸遭遇。据约略考察,现已扩建新建楼阁庭院多处,藏书亦已搜求回归达三十余万卷,较创建时增大四五倍。其中精本善刻已有近十万卷之多。已不负"明州天一富藏书"的美誉

了。天一阁这颗历经沧桑的明珠,重又闪耀着固有的光辉。中华大地拥有的这座历经四百四十余年的古代书府,不止是中国文化史上的瑰宝,即使书之于世界文化史史册,亦决无愧色。

天一阁之所以能数百年传世,确为私家藏书楼所罕见。历来学者于此亦多有探讨。其较完备者为阮元之三点论。第一,"不使持烟火者上楼";第二,管理的禁令甚严;第三,子孙以天一藏书为荣,官方亦多加鼓励。有此三点故能久而不衰(参阮元《宁波范氏天一阁藏书目序》)。但我以为,从私家藏书史考察,经久甚难。而近五十年之所以能弘扬发展,则在化私为公。有政府拨款,有社会支持,有学人关注,则天一阁传之久远,必可期矣!

二、传统藏书楼建筑的典范

天一阁约建于嘉靖四十年至四十五年间(1561—1566),在古代藏书楼中是独具特色的。建阁主人范钦以其丰富的阅历和见识,首先抓住藏书楼致命的关键。书的最大灾难是火,而火的最大克星是水。天一阁在初建时,先在楼前的位置,凿一池储水,周围绕以竹木。但当时尚未想到如何破火的楼名。后来见到《龙虎山天一池记》引有"天一生水""地六成之"之语,于是将其藏书楼命名为天一阁,而阁前所凿之池即称天一池。天一阁的架构亦即按这一意图修建,整个楼区占地 840 平方米,藏书楼本身占地 281 平方米,楼上不分间,以体现天一生水之说。楼下分六间,以应"地六成之"之义,甚至如书橱的制作,也使之在尺寸上合六一之数。这种引据,虽几近迷信,但足以表明阁主人在建阁之初即对藏书与水与火的连环关系具有明确意识——他希望以水制火来保护图书。(叶昌炽:《藏书纪事诗》卷二)

天一阁的建造设计,颇具匠心。主体建筑"宝书楼"有二层,楼下用书橱隔成六间,楼上为统间,悬有明人王原相所书"宝书楼"匾额。楼前有作为防火设置的蓄水池即天一池。清康熙四年(1665)范钦的曾孙范光文又在阁楼前后利用山石的奇形怪状堆砌成"九狮一象"等生动形态,并植竹养鱼,使藏书楼周围,增添了江南园林的美色。正由于天一阁结构建造合理而且创造了将幽雅的藏书与清丽的环境自然地结合,不仅为传统藏书楼建筑中的典范,甚至引起清代乾隆帝的重视。乾隆帝是能珍惜文物并能从众多文物中择善而取的帝王,所以当他为典藏《四库全书》而谋兴建南北七阁的时候,就从遍及全国的藏书楼建筑中选取了天一阁的建筑为唯一的典范,并谕令杭州织造寅著亲往调查:"(天一阁)自明相传至今,并无损坏,其法甚精……今办《四库全书》,卷帙浩繁,欲仿其藏书之法,以垂之久远"(《东华续录》乾隆七九)。并令绘呈天一阁图作为蓝图,后即据此以建文渊诸阁,乾隆帝还多次以其事入诗。这更足以证明天一阁藏书楼建筑的价值和特色。不愧为传统藏书楼建筑的典范。

三、天一阁藏书独具特识

范钦在修建天一阁之前,就已开始求书、抄书、藏书等活动。所得即贮之于东明草堂。《鄞县志》曾记其初期收书范围:"善收说经诸书,及先辈诗文集未传世者。"(卷三十

（六）后又得同邑丰坊万卷楼幸存之余及各家散出之藏，并陆续从王世贞等藏家抄录，加以范钦历官各地，曾在江西、广西、福建、陕西、河南数省，搜访、购买、传抄古籍。特别是在浙江，几乎访遍藏家与坊肆。晚年所藏日富，东明草堂已难敷用，遂建天一阁以扩大藏书量。在"书多设架，架多收书"的规律推动下，天一阁的藏书量无疑增长较快，至清初当已颇具规模，所以当著名学者全祖望观其藏书后，便在所撰《天一阁藏书记》中给以相当高的评价："虽未曾复丰氏之旧，然亦雄视浙东焉。"（《鲒埼亭集》卷十七）丰氏与范钦约在同时代——正德嘉靖时期，大约大范钦十余岁，是当时鄞县地区藏书约五万卷的大藏书家，如据全祖望所记，则范氏藏书至清初，虽尚不及丰氏旧藏，但已以万卷数。清人陆以湉曾记称："范氏天一阁藏书五万三千余卷。"（《冷庐杂志·天一阁》）似已与丰氏相比肩矣。

范钦不仅丰于典藏，还能精细治学治书，悉心研究藏书，为藏书增加生命力。所藏各书多"手自题笺，精细详审，并记其所得之岁月"，所以人皆称范钦所藏刻各书有"清鉴而无妄作"（全祖望：《天一阁碑目记》），提高了藏书质量。范钦亦成为上承宋元，下启明清的学者型藏书家。

范钦在晚年建天一阁以扩藏图籍，其所庋藏，以宋元以来刊本、抄本与稿本为多，而明刻尤为突出。范钦藏书与一般只注重版本的藏书家不同，他比较重视明代人著述和明代新刊古籍的收藏。其中明代方志、政书、实录、邸钞、揭帖、供状、名人传记及诗文集等当代文献尤多。而明代地方志与登科录的收藏，成为阁藏的一大特色。如明代方志原藏四百三十五种，超出《明史·艺文志》的著录。现存二百七十一种，有百分之六十五是海内孤本。近年已陆续印行应世。登科录、会试录和乡试录，有三百八十七种，也大部分是仅见之本。阁主人范钦的三代简历即赫然具在于登科录中，是一种很有用的工具书。所有这些藏书，都是研究明代政治、经济、科技、人物的珍贵资料，也是天一阁不同于其他藏书楼的极大特色，并表明范钦的藏书思想已超越同时代藏书家的认识水平。

范钦非常珍惜自己费尽心思所营建的天一阁藏书，为维持长久的一统局面，特别制定了严格的禁例，如"代不分书，书不出阁"的规定，虽仍未能完全摆脱历来藏书家"子孙宝之"思想的影响，但也起到了对藏书收藏与保护的重要作用。范钦在析产时，他的长子和次媳代表两房，都愿意按照"欲书者受书，欲金者受金"（全祖望：《天一阁藏书记》见《鲒埼亭集》卷十七）的原则，以维护其藏书的完整性。但亦因封闭过严，产生相反的后果，"易世之后，锁钥甚严。家规：子孙非合各房不能登楼，不许将书下阁阶，不许私领亲戚友人入琅环福地，门禁之严，等于中秘。故明清之交数十年，楼下蛛网尘封，几绝人迹，徒动学者羡慕窥测之劳"（杨铁夫：《重编宁波范氏天一阁图书目录序》）。道光九年（1829）虽重申禁令，但已积习难返，难以令行禁止，甚至视同虚文。天一阁正等待推陈出新时机的到来。

四、天一阁为学人注目的所在

是否为著名学人关注，也是论定藏书楼地位的一种重要标识。天一阁自明清以来即为众多学者所关注，他们或登楼阅书，或手编目录，或感叹沧桑，或凭吊故物，无不给以极大怀念与恰当的评说。现任天一阁博物馆馆长虞浩旭曾搜求资料撰著《历代名人与天一阁》一书,收录自明丰坊至近代郭沫若共39人。资料详备,记述完整,本已足见其概要,而无容赘言,但为说明学者对天一阁之重视,略择数例,以明其事。

丰坊是范钦同时代的前辈,天一阁有丰氏万卷楼若干散失藏书之说虽尚有异议(有人认为范氏无收藏丰氏藏书之事;有人认为有丰氏散失之藏书,后又从天一阁散失),但天一阁藏有万卷楼旧藏遗物和与丰坊相关的帖书和手迹,确有其事。丰坊还将其碧沚园售与范钦,并亲笔书契云:"碧沚园,丰氏宅,售与范侍郎为业。南禺(丰坊自号曰南禺外史)笔。"而天一阁筹建时丰坊尚在世,以丰、范之亲密交谊,可以推测丰氏于建阁之事或有议及。

黄宗羲是明清之际的大学者,是有文献可据的第一位登楼的外姓人。康熙十四年(1675),黄宗羲在范钦曾孙范光燮力排家族异议的情况下,成为首登天一阁的外姓人。这不仅是黄宗羲的荣耀,天一阁的光彩,更是中国私家藏书史上由以藏为主走向藏用结合过渡的里程碑,随之而求登楼者比比,如万斯同、全祖望、朱彝尊、袁枚、钱大昕、阮元、姚元之、薛福成、刘喜海、麟庆、冯登府、钱维乔等清代著名学者相继登阁,或传抄藏书,或为之编目。这种适度开放和运作大大地提高了天一阁的知名度。

黄宗羲也无负于此行,为天一阁编制了以稀有的宋元人文集为主的精品书目。在黄目以前范钦父子曾有自编书目三种,而黄编为外姓学者所专著。黄编流传之后,天一阁之秘藏开始为世所知,而文人学者尤多注目。康熙十八年(1679),光燮之子范左垣据黄编增订,另成一目,并请黄宗羲为撰《天一阁藏书记》以代序。后范目已佚,而黄记犹存,为天一阁清初状况留下重要藏书资料。自黄编以后,有清学者纷起效尤,其主要书目有:阮元的《天一阁书目》、刘喜海的《天一阁现存书目》、宗源瀚与薛福成编制的同名书目,均借以显示不同时代馆藏的散佚变化状况。

20世纪以来,学者关注天一阁之风依然,著名学者多以一登天一阁为荣,但所见已为衰败现象。缪荃孙于清末民初曾二登天一阁,但所见已是子孙不识藏书,禁令形存实亡,藏书受损严重,甚至大量被窃而不知。缪氏愤而为编《天一阁失窃书目》,虽不甚准确,但亦可见阁藏之岌岌可危。惟若干近代名人仍怀仰慕之情,纷至沓来,如赵万里、郑振铎、陈乃乾、谢国桢、陈训慈等皆来登阁阅书。当代名流显要如郭沫若也曾来阁题字赠联。众多学人为藏书编目者有林集虚的《目睹天一阁书录》、杨铁夫的《重编宁波范氏天一阁图书目录》、冯孟颛的《天一阁方志目》、《天一阁藏明代试士录目》和《鄞范氏天一阁书目内编》。而自全祖望开始研究天一阁后,学人多有散篇论述,而今人陈登原所撰《天一阁藏书考》,更为系统完备之专著。虞浩旭氏曾评其书为:"体例完备,论述全面;资料富赡,论之有据;津逮后学,影响深远。"检核原著,洵非虚誉。类此均可见天一阁在文人学士心目中的地位。20世纪50年代以来,政府更力加赞助,有裨于修建收藏。近年又屡有学术集会,全国学人时来以文会友。对恢复振兴天一阁旧貌有推动之功。天一阁也无论外形内藏均日显新颜,而驰名于海内外。

五、天一阁的走向与定位

历经四百四十余年的天一阁虽然主观上尽力维护其传统性和完整性,但事物的变化往往不取决于主观愿望。天一阁无力抵御外来的强力，如乾隆帝开四库馆，天一阁即被勒取 638 种珍籍；鸦片战争时，英军入天一阁，掠取《一统志》及其他地志、地图；太平天国攻占宁波时，盗匪蜂起，明抢暗盗，而子孙家人亦无力维护，天一阁日益走向衰败残破。幸有 20 世纪 30 年代和 50 年代的两次较大维修，方能渐渐走向恢复，中复经抗战及"文革"劫难，明显地遭到一定的破坏，幸而很快地修治创伤，走向扩展，大改旧观。尤其是近几年来，天一阁高举藏书文化旗帜，团结各方有识之士，群策群力，藏书日增，园址日扩，变化日新，但其变化并未依照古越藏书楼那样由旧式藏书楼走向近代图书馆；也不像嘉业堂那样，归属于地方公共图书馆。那么，天一阁的定位走向究竟在哪里？有人主张走向图书馆，有人主张走向博物馆，结果是定位于博物馆。我认为这是一种明智的选择。因为图书馆不仅藏书，而且还要具有流通的功能，是普及文化的公益机构。而博物馆则是属于收藏、维护、展示文化精品，供人参观的景点。天一阁之所以定位于博物馆，还因为它不仅有享誉学林的藏书，还收藏有一定价值的文物。它藏版千余块，可以见明代雕版艺术的水平。另有以保藏晋砖居多而得名的"千晋斋"所存自汉至清的千余块刻砖和另室所藏的唐宋元明石碑三十余块，都具有较高的文物价值。移植园中的"明州碑林"虽多有剥落，但仍具有研究宁波地区地方文献的重要资料价值，所以同时具有保存文物的功能。因此天一阁势必定位于博物馆。

这座定位于博物馆的天一阁，在近二十余年的过程中，发展走向已不局限于藏书楼一隅，也不限于范氏一族所在，而是逐渐走向一座占地 25000 平方米，建筑达 8400 平方米的园林景点。它划分为三大区，即藏书文化区、园林休闲区和陈列展览区。自 20 世纪 80 年代开始兴建，除了恢复维修藏书文化区外，着重兴建园林休闲区和陈列展览区。园林休闲区包括东园和南园，东园在藏书楼的东南，占地 6000 平方米，从 20 世纪 50 年代末，开始种植竹木，移迁旧物。历时二十余年初具规模，其中由祖关山移来之明嘉靖墓前祭亭——百鹤亭，结构精巧，形态凝重，令人赞叹，1986 年开放。南园在藏书楼南面，占地约 3400 平方米，是水石结构的新造园林。一泓池水，池畔奇石层叠，临水有水北阁，由园外移来，为鸦片战争时爱国诗人徐时栋的藏书楼，1997 年建成开放。身入其中，颇感疏朗清新。

南园之南即为陈列展览区，其中芙蓉洲为宋代月湖十洲之一。多为宋明权要府邸，如今物人俱非，徒增感慨。稍前，有 20 世纪二三十年代之民国古建筑——秦氏支祠，集木雕、砖雕、石雕、贴金和拷作等民间工艺于一体。而祠堂对面的戏台，金碧辉煌，流光溢彩，实为遗存所少见。

经过二十余年的拓展经营，天一阁定位于博物馆，当能得世人认同，而其走向必将沿着较快速发展的道路，增厚文化积淀，美化休闲游憩的氛围，弘扬传统文化精品的展示，建成一个为国际所瞩目以藏书文化为中心的园林景区。海内外人士于此寄以厚望焉。

学生讲坛

从本章介绍的藏书楼中任选一个，写一则 2000 字左右的规范导游词。

模块五

江南非物质文化遗产

学习目标

1. 掌握江南非物质文化遗产分布的基本情况；

2. 掌握江南非物质文化遗产的文化特征；

3. 熟悉江南主要非物质文化遗产的基本情况；

4. 能熟练完成江南非物质文化遗产的导游工作。

第一单元　模块任务导入

一、作业背景

2010年端午节期间,嘉兴旅游局结合嘉兴端午民俗系列活动推出了"过端午,到嘉兴"旅游活动。嘉兴某旅行社接待了一批来自河南某公司的游客,共25人,他们刚刚参观完上海世博会专程来嘉兴过端午节并参加端午民俗系列活动。假设旅行社将这次导游任务派给了你。你该如何完成这次任务呢?

二、工作任务与要求

1. 掌握端午节的基本知识,尤其是河南端午节和嘉兴端午节的区别；

2. 掌握非物质文化遗产的基本知识；

3. 掌握导游业务、程序与规范的基本知识。

三、教学方式与步骤

1. 教师讲解基本知识；

2. 观看介绍端午的视频；

3. 分组查找资料、安排导游线路、准备导游词；

4. 模拟演练；

5. 教师点评。

第二单元　背景知识

【学习情景1】　　　　　　　　　非物质文化遗产概述

一、非物质文化遗产的概念

对那些具有民族民间特性的，具有较高的历史、科学、文化和社会价值并流传至今的无形文化遗产，国际上的称呼各有不同。主张采用版权保护的国家和组织将其统称为"folklore"（民间文学）；世界知识产权组织称之为"expression of folklore"（民间文学表达形式）；联合国教科文组织称其为"traditional and folk culture"（传统文化与民间文化）或"非物质文化遗产""口头或非物质文化遗产"。在我国也有"民间文学艺术""民族民间文化""无形文化遗产"等多种说法。随着联合国教科文组织《保护非物质文化遗产公约》的通过，"非物质文化遗产"一词已逐渐被广泛接受。

《保护非物质文化遗产公约》对"非物质文化遗产"的界定如下："非物质文化遗产"指被各群体、团体，有时被个人视为其文化遗产的各种实践、表演、表现形式、知识和技能及其有关的工具、实物、工艺品和文化场所。各个群体和团体随着其所处环境、与自然界的相互关系和历史条件的变化不断使这种代代相传的非物质文化遗产得到创新，同时使他们自己具有一种认同感和历史感，从而促进了文化多样性和人类的创造力。

在我国的文化实践中，"民族民间文化"（或"民族民间传统文化"）是长期以来使用的一个约定俗成的概念。在内容上，它包括民族民间流传的诗歌、音乐、舞蹈、戏曲、绘画、说唱、谣谚、剪纸、皮影、刺绣、编织、印染、服饰、首饰、雕刻、工具、器具、建筑、标志以及特定的文化区域或场所，等等。在形态上，它除了无形的部分，还包括有形的部分。所谓无形的部分是指那些依附个人、群体存在的非物质形态化的部分，如口传文学及语言、传统表演艺术、传统工艺技能、传统民俗节庆、传统知识、特定的文化场所或空间等。所谓有形的部分是指那些记录或承载无形文化遗产的物质形态化的部分，如传统工艺美术制品、文献典籍、服饰器具等。这些文化遗产，特别是其无形的部分，与世代传承的民族民间文化的技艺者、表演者、知识者密切相关，它的最大特点就是不脱离特定民族、群体现存的特殊生活生产方式本身，是其生活生产方式的组成形式，是民族个性、民族审美的活的显现。

二、非物质文化遗产的类型

根据联合国教科文组织通过的《保护非物质文化遗产公约》，结合我国国情，我国非物质文化遗产其内容和表现形式主要有以下几大类。

1.传统口头传说和表述以及相关的语言：主要指在民族民间流传的口传文学、诗歌、神话、故事、传说、谣谚等，以及相关的具有重要价值的、濒危的语言。

2.传统表演艺术：主要指在民族民间流传的音乐、舞蹈、戏曲等。

3.传统工艺：主要指世代相传、技艺精湛、具有鲜明的民族风格和地区特色的传统工艺美术手工技艺，传统生产、制作技艺等。

4.民俗、节庆、礼仪：主要指反映某一民族或区域习惯风俗的重要礼仪、节日、庆典活动、游艺活动、民族体育活动等。

5.集中体现或展现某种特定文化传统的区域、场所、空间。

三、中国世界级非物质文化遗产名录（截至 2011 年 4 月）

1.昆曲（第一批）、古琴艺术（第二批）、新疆木卡姆、蒙古长调（第三批）。

2.端午节、中国书法、中国篆刻、中国剪纸、中国雕版印刷技艺、中国传统木结构营造技艺、中国传统桑蚕丝织技艺、龙泉青瓷传统烧制技艺、妈祖信俗、南音、南京云锦织造技艺、宣纸传统制作技艺、侗族大歌、粤剧、格萨（斯）尔、热贡艺术、藏戏、玛纳斯、花儿、西安鼓乐、中国朝鲜族农乐舞、呼麦（2009 年入选"人类非物质文化遗产代表作名录"）。

3.羌年、黎族传统纺染织绣技艺、中国木拱桥传统营造技艺（2009 年入选"急需保护的非物质文化遗产名录"）。

4.中医针灸、京剧；三项"急需保护的非物质文化遗产名录"：麦西来普、帆船水密舱壁制作、木版活字印刷术（第五批，2010 年）。

四、非物质文化遗产进行旅游开发的意义

（一）非物质文化遗产是重要的旅游资源

文化是旅游资源的重要内涵，是旅游业的依托。无形的非物质文化遗产和有形的物质文化遗产一样，既有着重要的历史、艺术和科学价值，对传承民族文化起着至关重要的作用，同时也是珍贵的旅游资源，具有重要的经济价值。如我国的京剧、昆曲、东北二人转、庙会、少数民族歌舞和习俗等都是重要的旅游资源，有利于丰富游览内容、提升旅游产品档次和延长游客逗留时间。一些富有地方特色和传统文化内涵的手工艺品（如剪纸、泥塑、雕刻等）则是重要的旅游商品。实践证明，文化遗产保护得越好，其利用价值也就越大，旅游业和其他相关产业才会得到进一步发展。一旦传统文化因过度开发或保护不力而丧失殆尽，旅游业和其他相关产业的发展便成了无源之水，无本之木。因此，保护和利用好非物质遗产，对发展我国的旅游业起着举足轻重的作用。

（二）非物质文化遗产是展示和保护文化的窗口

为了迎合游客对真实性的需求，当地人会尽可能地展现民族文化中最具特色的部分。许多比较成功的民俗旅游点，民族歌舞的表演者都是当地村民，他们白天干农活或者接待游客，晚上跳舞唱歌展示民族文化。歌舞大都是根据当地原有的特色民族文化

进行加工创造。旅游开发的需要使非物质文化遗产得到了挖掘和开发,并在一定程度上创造了一个特殊的保护和宣传空间。丽江的纳西族民族音乐在旅游开发中得到了弘扬,并且引起了全世界的重视和特别的保护。文化展示与旅游业发展有着内在的联系:游客们想参观色彩斑斓的民族服装和丰富多样的风俗习惯,地方的人们既想赚钱又想展示他们自己引以为豪的文化。因此,民族特色作为一种商品通过服饰、舞蹈、歌曲以及节日获得了新生命。

（三）旅游开发为非物质文化遗产提供保护资金

"文艺搭台,经济唱戏",云南民族歌舞在成功地搭台促进经济唱戏,帮助少数民族地区摆脱贫困方面功不可没。"99 世博会"、路南石林"火把节"期间,彝家大型民俗歌舞"祭火神""火把节的传说"等丰富多彩的民族歌舞和篝火晚会,吸引了成千上万的游客,3 天内国内外游客达 7 万多人,旅游收入达 386 万元。除了国家用于保护非物质文化遗产的拨款外,旅游开发所获得的资金也将有一部分用于非物质文化遗产的保护,这就使非物质文化遗产的保护在资金上得到了保证。

（四）旅游开发培养了群众的保护意识

非物质文化遗产是旅游开发的重要内容,旅游者对民族歌舞的欣赏、赞叹,唤起了当地人对自己民族文化的自豪感,唤醒了当地居民保护与传承民族歌舞非物质文化遗产的自觉意识。旅游可以为当地的居民带来可观的收入,而经济收入也将会带动当地居民对非物质文化遗产的重视和保护,因而在一定程度上可以说旅游为非物质文化的保护培养了群众基础。丽江旅游业的发展,就使当地居民进一步意识到"以民族文化为内核的旅游业需要绚丽多彩的民族文化""纳西人要走向世界,是以一个纳西人的形象,而不是西装革履、旗袍短裙"。

【学习情景 2】　　　　　**江南水乡的饮食文化**

一、江南水乡饮食文化的历史发展

吴越民族地处太湖流域,临于江海,有三江五湖之利,因而好食腥味。"东南之人食水产……龟、蛤、螺、蚌以为珍味,不觉其腥臊也。"(《博物志·五方人民》)秦汉时人们已以稻米为主食,能制作以鱼类为原料的多种羹汤,并以蠃蛤作为佐餐食品。"楚越之地,饭稻羹鱼……果隋蠃蛤,不待贾而足""食无饥馑之患。"(《史记·货殖列传》)

魏晋南北朝时,经济和文化中心逐步南移,南北民俗交流,吴越饮食民俗更为丰富。当时民间流行羹脍之类菜肴,其中有一名菜,以莼菜作羹,在南食中曾名扬四方,"千里莼羹,岂关鲁卫"(《南史·崔祖思传》),即指莼菜羹,一直传承至今。

晋时,饮酒之风甚盛,如在绍兴地区,酿酒之风较盛。绍酒被列为贡酒。民间生女酿酒,嫁女必用酒,"南人有女数岁,即大酿酒。……女将嫁,乃发陂取酒,以供贺客,谓之女酒"(晋嵇含:《南方草木状》),俗称"女儿酒"。

隋唐时,越酒行天下,享有盛名。浙茶也十分流行,"茶,浙西以湖州上,杭州晓州下;浙东以越州上,明州婺州次,台州下"(陆羽:《茶经》)。当时会稽杜济,能辨百味,他创制的"石首含肚",味道鲜美,名噪一时(《大业拾遗记》),后用作贡品。

五代十国时吴越国,经济繁荣,食品丰富,"……南之蚳蟆,北之红羊,东之虾鱼,西之果米,无不毕备"(《宋史·吴越世家》)。

北宋末年,宋室南迁,杭州成为南宋都城。北方大批王公贵族渡江南下,形成了又一次南北民俗交流,促进了饮食民俗大发展。南宋时,在临安,酒楼林立,食店、点心店遍布街巷。著名的官、私豪华酒家就有20余家。前者有和乐楼、和丰楼、中和楼、春风楼、太和楼等,后者有熙春楼、三元楼、赏心楼、花月楼等。每楼各分小阁10余间,当时供应的美酒有琼花露、蓬莱春、蓝桥风月、浮玉春、丰和春等,名菜有"玉鳝丝莼""鲈鱼""玲珑牡丹""百味羹""笋焙鹌子""银鱼炒鳝""五味炸鸭""酒蒸鸭""酒炙青虾""酒烧香螺"等,不胜枚举。其中"酸溜鱼",相传为卖鱼羹人宋五嫂所创,故又叫"宋嫂鱼"(陆游:《菽园杂记》)。它最早是用活青鱼切成大块,"用油灼之,加酱、醋、肉烹之",以后改灼为蒸;后又将活草鱼清水饿养,使它吐净泥质,再用沸水汆过,最后以各种调料烧汁烹制。再如金华、义乌一带的"南肉",脍炙人口,后发展为金华火腿,至今不衰。

至于小吃经营,更为兴隆。"杭城大街,买卖昼夜不绝,夜交三四鼓,游人始稀,五鼓钟鸣,卖早市者又开店矣"(《梦粱录》卷一六)。所卖点心有煎白肠、烧饼、蒸饼、糍糕以及五味粥、肉合粥、血脏羹、羊血、粉羹之类。其名店小吃有鹌鹑儿、羊脂韭饼、澄沙团子以及鸡肉面、鱼桐皮面等(《武林旧事》卷六·市食)。杭人嗜蟹若命,食单有炒蟹、糟蟹、"洗手蟹"、蟹肉包儿等。当时各种小吃有百种以上。北方食品亦传入浙江,如李婆婆羹、张家团子、酪面、胡饼、胡羊粑等。

明代,饮酒之风甚盛,有越州的蓬莱酒,绍兴的豆酒、薏苡酒、地黄酒、鲫鱼酒以及东阳酒等。饮茶之风亦盛,"两浙之茶,日铸第一"(张岱:《陶庵梦忆》)。在烹艺技术上也进一步提高。当时杭州菜肴有"台羹烂肉""蜜火腿""家乡肉""醋搂鱼""酱炒甲鱼""干蒸鸭""土步鱼""鳝面""烧鹅"等20多种。各种小吃有"点心谱",可见当时的饮食丰富。泮清渠(清代慈溪厨师)的《饕餮谱》,记载了412种精美食品的制作方法。童越荐的《调鼎集》,也记述了不少江南风味菜。

清末民初,吴越地区在主食、副食、风味小吃等方面,均已形成具有自己特色的饮食民俗。在主食方面,杭嘉湖等平原地区与城镇以大米为主,其米种甚多,如早米、晚米、白米、粳米、糯米、红米等,其中比较有特色的为冬春米、黄米、蒸米。如黄米,由白米囤制而成。其制作方法如下:用羊叶(桔叶)、米糠、浮萍掺和一起,置锅内边炒边翻拌,翻匀后用稻草裹扎,做成囤心,将囤心放在米囤中心,然后灌满白米,上铺砻糠,以吸收米中潮气。一般需两个月,俟潮气全部吸干,米色就变黄,即成黄米,其米胀性大,松脆不粘口,清香爽口。山区和渔乡以玉米和番薯为主,人们习惯以番薯和饭粥合,杂以高粱饼、高粱粥、麦碎饭、荞麦糊等。人们根据不同的爱好和口味,从各地的实际出发,精工细作,还创制了多种多样的风味小吃。其烹饪技法主要有:蒸、煮、煎、烧、炸、汆、冲,各地风味各异,咸甜荤素香脆软糯俱全,且造型美丽、绚丽多姿。其中著名的有:嘉兴莲子羹、杭州肉包儿、绍兴千层饼、宁波汤圆、金华酥饼、温州鱼丸汤、舟山虾饺等。

二、江南水乡饮食文化的特点

在菜肴方面,创立了越菜体系,成为我国著名的八大菜系之一。它的特点是:料香时鲜,制作精细,色彩鲜艳,味道鲜美,品种繁多,讲究营养。烹调方法大都来自民间,以爆、炒、炸、熘、烩、烤、煎为主。主要原料是:鱼虾、猪肉、禽蛋、蔬菜、豆类和部分野味。尤其以鱼、肉、禽、笋类所占比例最大。越菜中有以杭州、宁波、绍兴以及温州等几种地方风味为代表的菜系,它们又各具特色,风味迥异,其中著名的有:西湖醋鱼、生炒鳝片、清炖甲鱼、龙井虾仁、清汤越鸡、咸菜大汤黄鱼、三丝敲鱼等。吴越饮食风俗在发展过程中,又受到外来风俗影响,从而有所变异。如烹制鳝鱼,原来浙江人习惯用油酱炒,后参考了北方的制法,才改炒为炸,并配以蒜泥,即成了南料北烹的"生爆鳝鱼"。其他,如用胡桃、松子做的腊八粥,上元夜饮屠苏酒,育儿的"汤饼会"等,也都渗入了中原旧俗。

在饮食心理上,反映了各种心理状态,主要是祈求吉祥、驱邪消灾、祝愿丰收等,其中以食品的谐音、谐意、象形、双关语等方式,象征喜庆、得福、祥瑞、兴旺最为普遍,如"年年有余(鱼)""讨聪明(清明饼)""年年高(年糕)""节节甜(甘蔗)""早生贵子(红枣、花生、桂圆、荔枝)"等。为孕妇催生,用"快便肉",肉要切得端正;祝老人长寿,用"长寿面",面煮时、食时不要折断,等等。不少食品还伴随美丽的民间传说,以丰富的想象寄托了人们的爱憎和祝愿,如"东坡肉""油炸桧(秦桧)""宋嫂鱼""青团子""戚公饼"等。有些地方的特殊饮食民俗,则和当地重大的事件相联系,如舟山的"屠城羹饭",是为纪念清顺治八年(1651)九月初二定海城陷,军民死于战火之事;海宁的八月二十三日烧红糖芋艿粥吃,是纪念清咸丰十年(1860)太平军攻下硖石之事。

【学习情景3】　　　　　江南水乡的节庆文化

一、元旦

宋代,在临安(今杭州),正月初一谓"元旦",俗称"新年"。清晨,各家开门放爆竹,以求开门大吉。士大夫相互祝贺新年。但大多不亲往祝贺,令人持名刺(又称名帖)前往,留下名刺即回,表示已到。民间各家男女,均穿新衣,往来亲友间拜访,时称"拜年"。街坊以食物、冠梳、领袜、缎匹、花朵、玩具等物沿街叫卖,不论贫富,游玩琳宫梵宇,竟日不绝。家家饮宴,笑语喧哗。在苏南吴县,以糖圆、春蚕为节食。爆糯谷于锅中,名"孛娄",亦曰"火花"。每人自爆,以此卜一岁之吉凶。

明代,在临安,鸡初鸣,各家在神、宗庙前罗列花彩、糖果等物。先以米团、糖豆祀灶,名曰"接灶"。祀毕,以米团饷众,谓之"欢喜团"。再迎岁神,次拜各神暨祖先,然后家众聚立中堂,按卑幼次序拜贺尊长。礼毕,男子出访宗党亲友,谓之"贺节"。拜节帖用红单书姓名,曰某某拜贺,例无称谓;不亲到而遣人投刺,谓之"飞贴"。贺客沓至,设门籍书姓名簿供签名之用,签标曰"留芳",或曰"题凤"。铺家设籍门外,以红笔束葱段、松段供人书写,取葱茏、松茂之意。在出行时,烧吉方喜神纸。凡出行者,先兜喜神方,后随意命驾,吉无不利。该日游戏甚多,有吹太平箫、吹鸟儿、放纸鸢、玩赶鱼儿、踢毽子、相思版、春对、十样景、面具及掷升官图等。架松柴于炉中,再放上栗炭使炉火猛旺,谓"旺相"。各置柏枝二大束于神前。也有在柿饼上,签柏枝,以大桔承之,谓之"百事大吉"。贴青龙于左臂,谓之"行春"。插芝麻梗于檐头,谓之"节节高"。在宁波,男子出拜亲族、亲戚、邻里,谓之"贺岁"。各家以酒食款待。三日,谓之"小年朝",卜筮占年。四日祀灶,谓之"接灶"。

清代,元旦食糕,同时,又食粽,谐音为"高(糕)中(粽)",含祝贺之意。嘉兴,六月六日取马齿苋蒸熟而食,其次序则自最幼至最老,为古人饮屠苏酒的遗意,并制椒柏酒款待亲戚邻里,以春饼为上供。

民初,将先辈及祖父遗像悬挂别室,曰"神子"或"容子",朝夕燃香,供蔬果、酒食,至"落灯"(正月十八)才收下。戚族贺岁者先拜神子,后向主人贺年。男子出拜亲邻,女子不拜,唯口道吉语,大多备酒宴饮,谓之"岁饭""年酒"。

二、元宵节

唐代,元宵节在临安已很盛。宋初,张灯三日夜,吴越钱王归宋后改为前后五夜张灯。街巷悬卖各色花灯,谓之"灯市",灯品极多,以苏州、福州灯为冠。其名称有"珠子灯""戏马灯""无骨灯"等。从官巷口至苏家巷,还有 24 家傀儡戏,分场表演。家家开宴,装放烟花以娱宾客。民家粘灯谜于灯上,谓之"猜灯",猜中者赠以巾、花爆、果核、杖头钱等。俗以五夜晴明为五谷丰登之兆,乡村妇女在十五夜请厕姑神占卜,以测一岁吉凶和蚕田丰歉,俗呼为"三姑"。

明代,每逢元宵节,全国驰禁十日,越地亦颇盛。在宁波,自十三日夜始,至十八日止。四街各设竹棚、彩障,悬灯其上;祠庙皆盛张灯,游观达曙;或以焰火为锦树之戏。并筛粉作圆,名"灯圆",或设宴飨客,谓之"元宵酒"。在绍兴,每至正月十三夜,民间每户人家搭竹棚悬灯,有麦秆灯、料丝灯、羊皮灯、夹纱羊角灯、云母球屏灯等。在市区还设烟楼月殿、鳌山火架,集珍聚奇,凡人家有珍丽器具古玩者,必参差陈列,供人欣赏。箫鼓歌讴之声,喧阗达旦。十五、十六日夜灯市最多,十七则稍稀,十八、十九渐趋冷落,二十日则谓"残灯"了。

清代,在湖州,正月十五日,村落间束草把于杆,上挂彩帛。夜则金鼓、流星、花爆,侑以赞词,群聚而焚之,曰"烧田蚕",也是一种祈年。年后沿袭,发展为"甩火把",人们边甩边祝,"火把掼至西,风调雨顺笑嘻嘻,火把掼至南,国泰民安人心欢……"

三、清明节

桃红柳绿、莺飞燕舞的清明节无疑是江南一年中最美的时节。古人云:杏花春雨江南。如此意境实在令人向往和陶醉。清明节在众多的中国传统节日中有着相当独特的地位,因为它不仅是一个传统节日,而且是中国二十四节气之一。

在汉魏以前,清明原和其他众多节气一样,是一个单纯的农事日期。以后,清明渐渐承载起另外两个中国传统节日，寒食节和上巳节的节日内容。寒食节和上巳节是两个非常古老的节日，在周代就已经存在。那时，寒食节就已经有了禁火、吃冷食的习俗，这有可能反映了古代人对火的崇拜。火的出现使人类远离了野蛮的世界，是文明社会开始的象征。另外，古代的寒食节还有墓祭及巫术性游戏等习俗，这些就是今日清明扫墓节俗的由来。

唐宋之后的清明节不仅将寒食节的节俗纳入自己的名下，还将上巳节的节俗收归旗下。上巳节，俗称"三月三"，在汉代以前定为三月上旬的巳日，后来固定在农历三月初三。上巳节是古代举行"拔除畔浴"活动中最重要的节日。人们要在水中沐浴，然后祭祀，把晦气都除掉。在郑重肃穆的仪式后，青年男女就可以开始自由交往，互赠礼物，谈情说爱。所以说上巳节也是中国的情人节。"士与女，方秉蕳兮"（《诗经·郑风》中的《溱洧》），这一诗句就是描写了青年男女于三月三上巳节在溱洧河畔游春相戏、互结情好的动人情景的诗。上巳节的这些仪式与习俗慢慢衍化融合，便有了踏青游玩、泼水嬉戏等节日活动，这是后世清明节踏青春游的雏形。

（一）祭祖

清明节的祭祖仪式不仅是一种仪式，而且注入了"礼"的内涵，表达了人们念祖崇宗，慎终追远的情思。

祭祖扫墓是江南清明节俗的中心。上坟祭扫的两项必不可少的内容是挂纸烧钱和培修墓坟，表达人们对家族先人的缅怀和尊敬。记录清朝苏州地区风俗习惯的《清嘉录》一书中关于上坟时期则有"士庶并出，祭祖先坟墓，谓之'上坟'。间有婿拜外父母墓者。以清明前一日至立夏日至"的记载。

（二）踏青

踏青是清明节的又一重要节俗。祭墓是为怀旧悼亡，踏青则为求新护生。清明时节，自然界生机盎然，阳气生发，万物萌芽。人们外出游玩，其意义在于以主动的姿态顺应时气。踏青、蹴鞠、荡秋千、放风筝等一系列清明户外活动都有助于身体阳气生发。

江南地区的清明游玩活动则尤显丰富。《梦粱录》中记载南宋临安的清明节："车马往来繁盛，堵塞都门。宴于郊者，则就名园芳圃，奇花异木之处；宴于湖者，则彩舟画舫，款款撑驾，随处行乐。此日又有龙舟可观，都人不论贫富，倾城而出，笙歌鼎沸，鼓吹喧天，虽东京金明池未必如此之佳。"欢娱竟日，直至"红霞映水，月挂柳梢，歌韵清圆，乐声嘹亮，此时尚犹未绝"。

📈 *知识链接*

苏堤清明即事

（宋）吴惟信

梨花风起正清明，游子寻春半出城。
日暮笙歌收拾去，万株杨柳属流莺。

郊行即事

（宋）程　颢

芳原绿野恣行时，春入遥山碧四围。

兴逐乱红穿柳巷，困临流水坐苔矶。

莫辞盏酒十分劝，只恐风花一片飞。

况是清明好天气，不妨游衍莫忘归。

（三）插柳、戴柳

与踏青活动息息相关的则是清明插柳、戴柳的习俗。"相约比邻诸姊妹，一枝斜插绿云翘"，描绘的正是清代江苏吴县的一群女儿家在清明时节相约结伴买柳的场景。插柳、戴柳就是将柳枝插于门户、房檐等处，或者将柳枝、柳絮做成的柳圈、柳球等戴在头上或佩于身上。早在南北朝时期，已有对插柳习俗的文献记载。而宋以后，清明节插柳、戴柳蔚然成俗，以至清明节有"插柳节"的别称。记录南宋杭州习俗的《武林旧事》一书中载："清明前三日为寒食节，都城人家皆插柳满檐，虽小坊幽曲，亦青青可爱，大家则加枣馉于柳上，然多取之湖堤。有诗云：'莫把青青都折尽，明朝更有出城人。'"

（四）清明食俗

浙江湖州有"清明粽子稳牢牢"的俗语，将粽子当做清明上坟的祭品。而农家在清明则吃螺蛳，有"清明螺，赛只鹅"之说。杭州临安、塘栖一带，家家采嫩蓬蒿拌糯米粉做"清明狗"，一家有几口人就做几只"清明狗"，并将"清明狗"挂到立夏，烧到米饭里吃，每人吃一只，谚云："吃了清明狗，一年健到头。"

江南盛行各地的清明食品——青团，是一种用青艾的汁与糯米粉一起调和，将豆沙馅、芝麻馅等馅料包入，做成一个个如小孩子拳头大小的绿色团子。青团皮儿松软，不甜不腻，带有清淡悠长的青草芳香，有一点黏，却不黏牙齿，再加上清甜的豆沙，入口速融，仿佛春天的味道。

📖 **知识链接**

清明习俗一览

清明节除了插柳戴柳之俗外，还插戴其他种类的植物。比如，苏州人习惯于门上插桃树枝。在浙江，各地小孩有头戴花草的风俗，俗信头戴葱头则聪明，戴豆花能明目，戴柳叶有好娘舅，戴黄杨有爹娘，戴香荠有好兄弟，等等。

而南京人扫墓有特别的规矩。据《金陵岁时记》载，在南京，为新葬者扫墓必须在社日进行，称作"赶社"，并用紫色纸长条镌刻成连缀的钱币式样，插于墓顶，称作"挑钱"。

江南蚕乡还有清明祭蚕神的习俗。祭蚕神时，各地都要插蚕烛，供茶饭，由年长妇女合掌默默祈祷，以求蚕花利市。蚕乡女子，无论老幼，在祭蚕神、谢蚕神及平时烧香拜佛时，头上总要插一朵用红花彩纸做成的纸花，叫做"蚕花"，以示对蚕神的虔诚。清代朱恒的《武原（今浙江海盐县）竹枝词》中有一首民歌反映了当时的盛况：

小年朝过便焚香，礼拜观音渡海航。

剪得纸花双鬓插，满头香色压蚕娘。

四、端午节

(一)端午的传说

端午节的由来传说很多。根据目前的文献和研究成果，大致可以归纳为以下三种。

一是源于纪念战国时期楚国诗人屈原。《史记·屈原贾生列传》记载，屈原主张以法治国，倡导举贤授能，力主联齐抗秦，曾任春秋时期楚怀王的左徒和三闾大夫。他的改革触动了不贤无能的贵族以及秦国的利益，遭到贵族子兰等人和秦国的强烈反对。在种种排斥打击诬陷下，屈原遭谗去职，流放到沅、湘流域。公元前278年，秦军攻破楚国京都。屈原眼看自己的祖国被侵略，于五月初五，在写下了绝笔作《怀沙》之后，抱石投汨罗江而死。传说屈原死后，楚国百姓哀痛异常，纷纷涌到汨罗江边去凭吊屈原，划船在江上来回打捞他的尸体。为了不让屈原的身体受到鱼龙水兽的伤害，人们把饭团、鸡蛋等食物丢进江里，让鱼龙虾蟹吃饱了，这样，它们就不去咬屈原。并把雄黄酒倒进江里，药晕蛟龙水兽，以免伤害屈大夫。以后，楚地每年的五月初五，就有了龙舟竞渡、吃粽子、喝雄黄酒的习俗。

二是源于纪念春秋时期吴国军事家伍子胥。伍子胥的传说，在江浙一带流传很广，至今他仍是苏州地区端午习俗要纪念的人物。伍子胥，名员，楚国人。父兄均无罪而为楚平王所杀，受到株连的伍子胥避祸外逃。他助吴王阖闾伐楚攻越，成就大业。后越王勾践栖兵会稽山，重礼贿赂吴国太宰伯嚭请求议和。伍子胥预见到两国不能共存之势，又洞察越王勾践图谋东山再起之心，力谏不可养痈遗患，而应乘势灭越。但夫差却听信太宰的建议，同意议和。继而听信谗言疏远子胥，赐剑令伍子胥自刎。伍子胥临终前对夫差派来的人说，"必树吾墓上以梓，令可以为器；而抉吾眼县吴东门之上，以观越寇之入灭吴也"，而后乃自刭而死。夫差得知大怒，令取伍子胥尸体装在皮制的袋子里于五月初五投入大江。吴国老百姓十分敬重和怀念伍子胥，迅速将其尸身打捞上来，埋在吴县胥口乡。于是，端午节就成为纪念他的日子。

三是源于东汉孝女曹娥救父投江的传说。该传说主要是依据《会稽典录》的记载，大体为："孝女曹娥者，上虞人。父曹盱，能抚节安歌，婆娑乐神，汉安帝二年五月初五，于县江迎伍君神，溯涛而上，为水所淹，不得其尸。娥年十四遂自投于江而死。"曹娥因为父亲溺死于江中，数日不见尸体，当时她年仅14岁，昼夜沿江号哭。过了17天，她也投江了。就此，她的故事被传为神话，继而相传至县府知事，令度尚为之立碑，让他的弟子邯郸淳作诔辞颂扬。孝女曹娥之墓，在今浙江省绍兴上虞，后传曹娥碑为晋王义所书。后人为了纪念曹娥的孝节，还在曹娥投江之处兴建了曹娥庙，而她所居住的村镇也改名为曹娥镇，曹娥殉父之处被称为曹娥江。

(二)江南端午习俗

吴越江南地区的端午竞渡，源于"勾践于此日操练水军"（高承：《事物纪元·竞渡》）

之说。明万历《温州府志》仍载:竞渡起自越王勾践,永嘉水乡用以祈赛。另有纪念伍子胥之说。史载伍子胥尽忠于吴,后被吴王夫差所杀,抛尸于江,化为涛神。南朝时,每年五月初五人们在钱塘江上迎潮、弄潮,逆涛而上,表示接子胥归来,俗称"迎潮神"(梁宗懔:《荆楚岁时记》)。另有纪念孝女曹娥之说。曹娥为会稽上虞人。其父于汉安帝二年五月初五于县江迎波神溺死,娥缘江号哭 17 日,遂投江而死,后人以五月初五为"曹娥节"。

端午避邪驱毒习俗,则历代传承。宋代,在临安,各家门首设大盆,杂植艾蒲、葵花,上挂五色纸钱,排钉果粽,虽贫亦然。人们还佩赤灵符,采百草制药以辟邪。

清代,各地均有龙舟竞渡。在西湖,有龙舟四五只,其船长约四五丈,头尾均高,中舱分上下两层。首有龙头及秋千架,均有小孩装扮各色人物。秋千上下推移,旁列十八件武器和各式旗帜。中央有高低五色彩伞,尾有蜈蚣旗,中舱下层敲锣鼓,旁坐水手划船。如抛物件,各龙舟水手下水抢取,最难者抛钱鸭二物,各舟争胜,大有可观。游船之中,或打十番锣鼓,亦有吹弹唱歌。此活动从五月初一起,至初十止。

(三)嘉兴端午习俗

嘉兴是距今 7000 多年的马家浜文化的发祥地,是长江下游、太湖流域新石器时代早期文化的代表。著名的新石器时代早期文化马家浜文化,就是以 1959 年发掘于嘉兴南湖乡天带桥马家浜遗址命名的。早在 7000 多年前,嘉兴人的栽培稻生产就已经具有相当规模,原始农业已经成为主要的生产门类。

嘉兴自古是吴地重镇和腹地。嘉兴在春秋战国时期是吴越两国的相交之地,故有"吴根越角"和"吴风越韵"之称。汉以后至唐五代归属苏州府管辖,至宋始为嘉兴府。《吴郡图经续记·卷上·封域》、《四库全书·至元嘉禾志·卷一·沿革》、万历《秀水县志·卷一·方域》等都有明确记载。古时嘉兴东南大桥附近有胥山。相传春秋时,吴国名将伍子胥在此练兵,故得名。旧时,山上有伍子胥庙。而在嘉兴市郊洪合乡至今仍留有北为吴国南为越国的"国界桥"。嘉兴在地理环境上兼得吴越山水,并形成以吴俗为主流,江南水乡为特色,独特性与多元性并存的民俗民风。嘉兴端午节俗在宋之前与以苏州为代表的吴地端午节俗有着天然不可分的历史渊源。

有关嘉兴端午节俗单独记载始见于唐代。此时,嘉兴已建制为一个独立的行政区域。在唐宋时期的诗文中,均有记载嘉兴端午节俗文字。《全唐诗》载唐时嘉兴诗人殷尧藩(780—855?)诗云:"少年佳节倍多情,老去谁知感慨生。不效艾符趋习俗,但祈蒲酒话升平。鬓丝日日添头白,榴锦年年照眼明。千载贤愚同瞬息,几人湮没几垂名?"过端午的重要内容:插艾草、喝蒲酒;过端午的主要景致:似火榴花;过端午的人生感慨:佳节难得,生命不永。宋代海宁词人朱淑真(约 1131 年前后在世)亦作《端午》一诗云:"纵有灵符共采丝,心情不似旧家时。榴花照眼能牵恨,强切菖蒲泛酒卮。"灵符、采丝、榴花、菖蒲和泛酒等嘉兴端午节俗的核心元素在诗中已有较完备的体现。明清时,嘉兴端午节俗活动达到鼎盛。一方面,经济继续发展,尤其是出现了较为发达的商业和兴盛街市;另一方面,古籍文献资料丰富,地方志的辑录和整理也颇为繁荣。万历《秀水县志》、《味水轩日记》,崇祯《嘉兴府志》,光绪《嘉兴府志》、《古禾杂识》等地方志和笔记保存了大量的嘉兴端午节俗信息，相当完整体现了嘉兴端午节俗的风貌和独特的端午事象。民国以来嘉兴端午节俗遗风尚存。丰子恺（1898—1975）《端阳忆旧》、庄一拂（1907—2000）《和鸳鸯湖棹歌》等对嘉兴端午节俗亦有详细记载。

（四）嘉兴端午民俗活动

1. 龙舟竞渡

龙舟竞渡是端午节最重要的民俗活动。所谓"龙舟"，实为装饰成龙形的船只，它"龙头"高昂，"龙尾"翘起，船体上画有龙的鳞甲，并涂上各种色彩。嘉兴的龙舟竞渡与其他地方有所不同，它不是源于战国的屈原，而是为了纪念春秋吴国的伍子胥。伍子胥原是楚国大臣伍奢的儿子，因为父兄遭楚平王杀害而逃到吴国。伍子胥刚从楚奔吴时，吴国还是个僻处东南一隅的小国，他"相土尝水，象天法地"，在公元前514年造起了著名的阖闾大城，奠定了吴国强盛的基础。后来，伍子胥又辅佐夫差实现了争雄东南、称霸中原的伟业。这样一个有功之臣，就因为敢于提出不同政见，加上佞臣的谗言，失去了吴王夫差的欢心，最后吴王竟派人送"属镂"之剑，命他"自裁"。伍子胥临死前吩咐侍从，说我死之后，务必要挖出我的眼珠，挂在吴城东门，我将看越寇入城灭吴！这些话传到夫差耳中，夫差不禁大怒，令人将伍子胥尸体抛浮江中。对于这段故事，司马迁在他的《史记》中作了详细记述，并说"吴人怜之，为立祠于江上，因命曰胥山"。在嘉兴东南大桥附近有胥山，相传伍子胥曾在此练兵，故得名胥山。旧时，山上有伍子胥庙。据说，伍子胥被抛尸入江后阴魂不散，"乃有遗响，发愤驰腾，气若奔马，威凌万物，归神大海"，"子胥恚恨，驱水为涛"，"因随流扬波，依潮来往，荡激崩岸"。从此，伍子胥被吴越民间当成了潮神、涛神、江神。吴越故地每到端午也就有了龙舟竞渡、"迎伍君"等习俗。

嘉兴的龙舟竞渡时，船上结彩张旗，勇士们奋力划船。嘉兴清代大诗人朱彝尊的《午日吴门观竞渡》诗中写道："胜日衔杯罢，轻舟解缆初；尽传迎伍君，不比吊三闾。"从中可知，直到清代端午竞渡还被看做是纪念"伍相"的一项民俗活动。

2. 嘉兴粽子

嘉兴粽子具有悠久历史，后因五芳斋粽子而著称于世。粽子作为一种味道鲜美的食品，不仅是端午节的名吃，还作为独具风味的食品而常年流传于世，深受人们的青睐。号称"江南第一粽子大王"的嘉兴粽子，因其滋味鲜美、携带和食用方便而备受广大旅游者厚爱，有"东方快餐"之称。

粽子，是嘉兴人端午不可或缺的食品。嘉兴人端午节非但自己要吃粽子，还要用它来祭祀祖先并互相馈赠。因粽子还有"种子"的谐音，粽子成了母亲送给出嫁的女儿、婆婆送给新婚媳妇的礼物等。民间遂有吃了"粽子"能早得儿子的风俗。旧时，端午节一早，家家户户的厨房里就飘出了粽子箬叶的阵阵清香。真如嘉兴俗语所称："端午不吃粽，死了没人送。"另外还有指天气的俗语，如"未吃端午粽，夹袄勿可送"等。说到嘉兴粽子的起源，可能和嘉兴史前的稻作生产有关。嘉兴在距今7000年前的马家浜文化时期，已开始了稻作生产。在陶制盛器和炊具发明之前，"石烹法"即将烧烫的石块投于盛有米和水的坑内来烧煮食物，或将水和米盛于竹筒之内，包裹于箬、笋等植物叶子里，然后放在火上烧烤，这是古人最可能的煮饭方法。因此以米为原料的粽子，很可能正是这

种古代饮食习俗的遗存。

3."躲午"、挂钟馗像

以前五月被人们视为"毒月"或"恶月",是个不吉祥的月份,而五月初五更被看做是五月中最不吉利的一天。这一天过去嘉兴人有很多禁忌,如忌晒床上的席子,忌用茅草盖房子。为了禳解这一天的不吉利,人们想出了不少办法。过去未满周岁的孩子,端午这一天都要到外婆家去过,称为"躲午"。端午节,家长还要给孩子戴老虎头帽子,穿老虎头鞋子。端午节,家家还都要挂出钟馗像来。据说他有捉鬼的本领,挂上了钟馗像自然就能够驱鬼避邪了。旧时在嘉兴,有好些有名的画家都是画钟馗像的好手,像施定夫、潘雅声、郭季人等,施定夫画的钟馗像还卖到了日本。至今,嘉兴民间仍有好些画钟馗像的民间画家。

4."五黄"与"五毒"

为了辟邪,人们还将艾叶做成人形,将菖蒲做成宝剑的样子,把蓬条做成鞭子,杂以蒜头,挂于门首,认为这些东西能够避邪驱鬼。同时,人们点燃苍术、白芷等中草药,烟熏室内,并用艾叶、菖蒲烧汤沐浴。有的人家以"五色桃印为门户饰,以止恶气"。端午节人们还要吃"五黄",即黄鳝、黄鱼、黄瓜、黄泥蛋(咸蛋)及雄黄酒。饮雄黄酒、带香包也是端午驱毒习俗。据说,雄黄酒具有消百病、驱蛇虫的功效。著名的民间故事《白蛇传》中,就有化为人形的白娘子,因为端午多喝了几口雄黄酒,结果显出了蛇身原形的情节。端午这一天,人们还会佩带一种由苍术、白芷、大黄、芸香等中草药制成的"避瘟丹",或将其在室内燃点,以此来避疫祛毒。还有人将五色丝线缠在孩子的手臂上,叫做朱索或长命缕,据说也可以降伏鬼怪。真所谓"碧艾香蒲处处忙。谁家儿共女,庆端阳。细缠五色臂丝长"。

五、中秋节

宋代,八月十五,谓之"月夕"。富家巨室登楼临轩玩月,琴瑟铿锵,酌酒高歌,有通宵达旦,彻夜不眠者。中等人家,亦登月台,安排酒宴,全家团圆以酬佳节。有些贫苦之家,解衣市酒,勉强迎欢,不肯虚度此夕。天街买卖直到五鼓,玩月游人婆娑于市,至晓不绝。南宋乾道、淳熙年间,在西湖,放"一点红"羊皮小水灯数十万盏,浮满水面,烂如繁星,俗谓此江神所喜。民间以月饼相互馈赠。

明代,月饼以酥果为馅。是夕,人家有赏月之宴,或携楫湖船,沿游彻晓。苏堤之上,人们联袂踏歌,好似白日。

清代在中秋夜祀月,糊纸斗,炷香其中,其斗四方,上大下小,纱绢糊造,上缀月宫,走马灯景,四角挑灯。大者四方各二尺许,谓"斗香"。据《杭俗遗风》记载,"琵琶街有出售"。除大街店面供奉外,人家设于天井,还配以各式灯景。

民初,民间以月饼相赠遗,有的人家载家挈子出游,轻歌妙曲,往往彻曙而罢。或架桌于庭中焚香,名"烧天香"。在四明(今宁波),以十六为中秋,并有竞龙舟之乐。相传越王母夫人以十六日生,故以是日为佳节,并以龙舟娱其亲,其俗一直传承至今。

六、重阳节

宋代,在临安,店肆或人家以糖面蒸糕,上以猪羊肉、鸭子为丝簇钉,插小彩旗,名曰"重阳糕"。明代,以糜栗粉和糯米拌蜜蒸糕,铺以红缕,标以彩旗,问遗亲戚;并供神和祖先,曰栗糕。登高都为富贵家和士人。在绍兴,重阳登高,并蒸米做五色糕,亦裹角黍。府城剪纸旗供小儿嬉戏。在诸暨,则饮茱萸酒,必配以豆荚。清代,在浙江各地,多有登高饮酒之举。唯余姚,重九不登高,但为花糕饮食而已。在杭城,人们纷纷赴城隍山、紫阳山登高,吃糖炒栗子、鸡豆,游斗坛、文昌、关帝、火德等庙,摆设灯谜,为一时雅会。民初,在东阳,重阳与端午并重。民间亦制角黍相馈,并以茱萸酿酒。养菊者饮菊花酒。人们提壶挈榼,登高览胜,如下雨则在十二日补之,谓之"赛重阳"。

七、除夕

阴历十二月始,谓之"腊月",各地均办年货。宋代,在苏南吴县,于腊月力舂一岁粮,藏之土瓦瓮中,经岁不蛀,谓之"冬舂米"。腊八日,在临安,各寺院及人家用胡桃、松子、柿、栗之类做粥,谓之"腊八粥"。医家亦多合药剂,佐以虎头丹、八神屠苏,贮以绛囊,免费馈送,谓之"腊药"。二十四日,谓之"交年",不论穷富皆备蔬食、花饧、米饵等进行祭灶,并做糖豆粥,谓之"口数"。该日,各地扫除尘土,谓之"掸尘""掸新""换新""除残"。除夕,士庶家不论大小,都要洒扫门闾,换门神,钉桃符。家家灯烛辉煌,香烟不断,爆竹鼓吹之声,喧阗彻夜,谓之"聒听",小儿女终夕博戏不寝,谓之"守岁"。

明代,人家多换桃符、门神、春贴、钟馗、福禄、虎头、和合诸图,粘贴房壁。至夜,家庭举宴,长幼咸集,燃灯床下,叫"照虚耗",以赤豆做粥,猫狗皆食之。

清代以竹制轿,以箸作杠,在祀灶时焚烧,俗谓灶神上天之舆,买必配双,吉号谓善富。在嘉兴,该日曰"小年"。

民初,仍有此俗,唯时间多改于二十三日,灶神像有用刻板印染一男一女之形,但无口。除夕,在室内燃巨烛,直至天明,谓之"岁烛"。儿童度岁,长者用红绳穿铜钱放在枕边,曰"压岁钱"。该夜必留火种,号曰"隔年火"。还在家堂、庙并各神前供饭一盂,上置小桔,中插柏子,旁放年糕,又用锡盂式小篾笼,中插竿杆及柏子一封,旁置葱一对,并年糕、橘子、菱肉、元宝花之类,供于大厅,名"聚宝盆"。杭俗,以"除夕"为鼠娶妇日,在床下放一碗饭,插花其上,曰"鼠饭"。"除夜"封门,必至"元旦"始开,索债人来也不敢扣门。封门,束甘蔗竖立门侧,取渐入佳境之意,曰"封门甘蔗"。并以柑橘、荔枝置枕旁,翌日取食,叫"吉利"。后又有封井、封仓库诸俗。家人拜贺尊长,谓曰"辞岁"。在奉化,用牲祭祀神,谓之"送岁"。同时,明烛烧香,炽炭燔柴,全家人聚集待旦,谓之"守岁"。并在该夜蒸米为粴,新岁时复饮而食之。在绍兴,自过年即洒扫堂屋,到天晚在庭中聚杂柴燃烧,古谓"火山",俗曰"笙盆",光焰烛天。燃纸包以代爆竹,设祀曰送神。全家老小欢饮,曰"分岁",有终夜围炉坐者,曰"守岁"。

知识链接

各月节庆民俗

（清）顾　禄

正月

行春、打春、拜春、拜牌、岁朝忌讳附、挂喜神、上年坟、拜年、飞帖、开门爆仗、欢喜团、黄连头叫鸡、看风云、称水、新年、烧十庙香、山川坛迎喜、状元筹、升官图、年节酒、小年朝、接路头、开市、七人八谷九天十地、看参星、斋天、祭猛将、点竈灯、爆孛娄、春饼、灯市、走三桥、放烟火、闹元宵、打灯谜、三官素七子山、接坑三姑娘、百草灵、验水表、灯节。

二月

元墓看梅花、惊蛰闻雷米似泥、土地公公生日、赏腰糕、文昌会、冻狗肉、百花生日、观音生日、观音山香市、木枕柴、老和尚过江、神鬼天落沙天、春台戏，解天饷。

三月

田鸡报、野菜花眼亮糕、栽杨柳球、过节、青团亏熟藕、上坟、纸锭、山塘看会、犯人香回残烛、放断鹞、野火米饭、游春玩景看菜花、茶贡、谷雨三朝看牡丹、斋元坛、白龙生日、东岳生日草鞋香。

四月

立夏见三新、称人、注夏、立夏三朝开蚕党、小满动三车、卖新丝、麦秀寒、卖时新、浴佛放生会、阿弥饭、七日八夜、蛇王生日、神仙生日、九神仙、剪千年、神仙花、四月十六、药王生日。

五月

修缮月斋毒月、贴天师符、挂钟馗图、端午、秤锤粽、雄黄酒、蒲剑蓬鞭、采百草蟾酥、健人、雄黄荷包袤绒铜钱、老虎头老虎肚兜、独囊纲蒜、长寿线、五毒符、辟瘟丹蚊烟、划龙船烟囱洞、关帝生日磨刀雨、黄梅天、三时、分龙雨、拔草风。

六月

黄昏阵、六月弗热五谷弗结、山糊海幔、龙挂、谢竈素菜、狗醮浴、晒书、翻经、三伏天、凉水、珠兰茉莉花市诸色花附、乘风凉、虎丘灯船、合酱、火神素、雷斋接雷素、封斋开荤、二郎神生日、荷花荡、消夏湾看荷花、辛斋。

七月

预先十日作秋天、秋穀碌收秕穀天收、朝立秋淘飕飕、夜立秋热吽吽、秋老虎、立秋西瓜、巧果、染红指甲、看天河、烧青苗、青龙戏、七月半、斋田头、盂兰盆会水旱灯、棉花生日、地藏王生日。

八月

天灸、竈君生日、八字娘娘生日、八月半、小摆设、斋月宫、烧斗香、走月亮、塔灯、月饼、石湖串月、糍团、稻生日、木犀蒸、风潮、秋兴、处暑十八盆、白露身弗露、处暑若还天不雨纵然结实也难收、白露白迷迷秋分稻秀齐、稻秀只怕风来摆麦秀只怕雨来淋、分后社白米遍天下社后分白米像锦墩、寒露没青稻霜降一齐倒、霜降见霜米烂陈仓未霜见霜臭米人像霸王。

九月

重阳信九月九蚊虫叮石臼、登高、重阳糕夜作、祭钉靴、菊花山、唤黄雀、养叫哥哥、门鹌鹑、阳山观日出。

十月

十月朝、太平山看枫叶、收租完粮、五风信、冬酿酒、炸蟹、盐菜。

十一月

冬至大如年、冬至团、拜冬、连冬起九、冬舂米、起荡鱼、乳酪、饧糖、窨花、三朝迷路发西风、弥陀生日、腊雪。

十二月

跳鼋王、跳钟馗、腊八粥、年糕、冷肉祭山猪、送历本、火烛、打埃尘、过年、龙馒头、念四夜送鼋、守岁、守岁烛、老虎柏子花、过年鞋、门神、神荼郁垒钟进士、乐图、春联、封井、接鼋、祭床神、掌门炭、节节高、富贵弗断头兴隆、灯挂挂锭、冬青柏枝、口数粥、接玉皇、烧松盆、照田菜、送年盘、年物、年市、年夜饭、安乐菜、暖锅、压岁盘压岁钱、压岁果子、辞年、年饭万年粮米、书米囤、听乡卜、叛花、节帐、小年夜大年夜。

【学习情景4】 　　　　　江南水乡的民间工艺

一、江南民间工艺概述

如果说,鱼米之乡的江南物产丰富而让人驻足的话,那么,巧夺天工的江南工艺更是让人感叹。

自古江南出才子和佳人,能工巧匠也层出不穷,出自他们手中的一件件精雕细琢、瑰丽多彩的手工艺精品让人赞不绝口。江南工艺美术的种类极为繁复,按材质和技艺的不同,大致可以分为:织绣、雕刻、陶瓷、漆器、金属饰物、编织品、灯彩、人造花、工艺绘画等几大类。大类下还可以分出许多具体品种,如雕刻包括:玉器、象牙雕刻、石雕、红木小件、白木雕刻、黄杨木雕、树根雕、竹刻、瓷刻、砚刻、转刻、玻璃刻等。

发端于江南民间的工艺美术,作者大多是乡间农民或手工业者。它们是民间艺人为适应生活实用和美化的需要以及岁时节庆、婚丧习俗等装饰需要而创造的产物,充满乡土气息,生动质朴,具有独特的艺术魅力。

江南的工艺美术发展源远流长,其作品的独特风格是在漫长的历史发展进程中,在经济、政治、技术、科学、文化等因素的共同影响下形成的。江南因其鲜明的地域性,在此地孕育成熟的民间工艺美术作品在全国乃至世界美术之林中独树一帜,焕发出耀眼的光芒。

江南地区的传统造物艺术是通过物品的形态语言传达出一定的审美境界,体现出一定的审美功能的。其造物理念体现在人与人的社会关系中,是社会的和谐之美;体现在人与自然的关系中,是天人合一之美;体现在人与物的关系中,是心与物、文与质、性与神、材与艺、用与美的统一。江南的造物艺术由于其玲珑婉约的地域风采,丰富神奇的质感肌理,诗情画意的优美意境以及对细节的精致刻画,耐人寻味,美不胜收。

二、江南主要的民间工艺

(一)宜兴紫砂壶

宜兴紫砂壶,始于明代正德年间。宜兴紫砂壶是艺术品,它形质优美,颜色古雅,同时,它又是实用品。明清两代,伴随着瓷器的兴盛,宜兴紫砂器艺术也突飞猛进地发展起来。

从万历到明末是紫砂壶发展的高峰,前后出现壶家三大和四名家。壶家三大指的是时大彬和他的两位高足李仲芳、许友泉。时大彬最初仿供春,喜欢做大壶,后来他根据文人士大夫阶层雅致的品位把砂壶缩小,把茗壶精致化,从而形成自己的风格。三大之后的四名家有董翰、赵梁、元畅、时朋。董翰以文巧著称,其余三人则以古拙见长。到了清代,紫砂艺术进入鼎盛时期,砂艺高手辈出,紫砂壶也不断推陈出新。这一时期紫砂大家有陈鸣远、邵玉享等。陈鸣远是继时大彬以后最为著名的陶艺大家,据《阳羡名陶录》记载,鸣远一技之能世间特出。

(二)江苏无锡惠山泥人

江苏无锡惠山泥人始于南北朝时期,距今已有1400余年的历史。明末清初,江苏无锡等地便出现了专业性的泥塑作坊。当时,昆曲开始流行,以戏曲人物为题材的手捏戏文人物应运而生。明末散文家张岱的《陶庵梦忆》记载:无锡去县北五里为铭山,进桥,店在岸,店精雅,卖泉酒、泥人等货。惠山泥人的代表作是大阿福,这是惠山泥塑艺人根据当地一个民间传说故事而创作的。

惠山泥人的用色非常讲究,红要红得鲜,绿要绿得娇,白要白得净。技法通常是从上到下,先淡后浓,先白后黑,头发靴子最后。给塑像头部上色时,只能涂四次,而身上的颜色三次即可,否则,不仅影响效果,而且容易干裂。

郭沫若在1959年6月访问惠山泥人厂时,写道:"人物无古今,须臾出手中。衣冠千代异,肝胆一般同。造化眼前妙,流传域外雄。集中人八百,童叟献神功。"

(三)常州梳篦

常州梳篦已有1500多年的历史,始于晋朝,昔为宫廷御用珍品,古享有宫梳名篦之称,是我国传统的手工艺品。清时,苏州织造府官员为了谄媚皇上,每年旧历七月,总要到常州定制一批高级梳篦进贡皇宫,常州梳篦因此享有宫梳名篦之称。常州梳篦选材优良,做工精细,齿尖润滑,下水不脱,木梳选用上百年的黄杨、石楠木、枣木,经28道工序精制而成,篦箕则选用阴山背后壮竹和上等胶漆、骨料,经72道工序精制而成。

(四)东阳木雕

中国是一个崇尚雕刻又十分擅长雕刻的国度,在品种繁多,流派纷呈的百余种民间雕刻工艺中，历经千年锤炼的浙江东阳木雕是其中影响最大、最负盛名的一种，它以悠久的历史，丰富的品种，生动的神韵，精美的雕饰，精湛的技艺和广泛的表现内容而蜚声海外。东阳木雕是我们民族的瑰宝，是东方明珠中一颗璀璨夺目的明珠，蕴涵着中国人民的智慧，融会了中华民族特有的气质和文化修养，在世界民间雕刻史上也是独树一帜的。

东阳木雕约始于唐而盛于明清，自宋代起已具有较高的工艺水平。据东阳《康熙新志》记载，唐太和年间，东阳冯高楼村的冯宿、冯定两兄弟曾分任吏部尚书和工部尚书，其宅院"高楼画栏耀人目，其下步廊几半里"。

明代盛行雕刻木版印书后，东阳逐渐发展成为明代木雕工艺的著名产地，主要制作罗汉、佛像及宫殿、寺庙。清代乾隆年间，东阳木雕已闻名全国。当时约有400名能工巧匠进京修缮宫殿，有的艺人被觅选进宫雕制宫灯及龙床、龙椅、案几等，后来又发展到在民间雕刻花床、箱柜等家具用品。东阳木雕广泛应用于建筑和家具装饰，形成整套的技艺和完善的风格，现存有卢宅肃雍堂和白坦务本堂、马上桥、一经堂等明清古建筑及千工床、十里红妆等家具。

（五）温州乐清黄杨木雕

温州乐清的黄杨木雕创始于宋元，流行于明清。黄杨木雕是以黄杨木做雕刻材料的民间工艺品，它利用黄杨木的木质光洁、纹理细腻、色彩庄重的自然形态取材。黄杨木雕呈乳黄色，时间愈久，其颜色由浅而深，给人以古朴典雅的美感。温州乐清市是浙江省黄杨木雕的发源地，与东阳木雕、青田石雕并成浙江三雕。乐清黄杨木雕主要流行于乐清市的翁垟镇南街村、象阳镇后横村、柳市镇、乐城镇一带，传播至温州、永嘉、杭州、上海等地。

黄杨木雕最早是作为立体雕刻的工艺品单独出现，供人们案头欣赏。目前有实物可考察的是元代至正二年（1342）的李铁拐像，现保存在北京故宫博物院。明清时期，黄杨木雕已经形成独特的艺术风格，并且以其贴近社会的生动造型和形神兼备的人物形象而受到人们的喜爱。其内容题材大多表现中国民间神话传说中的人物，如八仙、寿星、关公、弥勒佛、观音等。晚清民国以后的黄杨木雕圆雕小件以其古朴文雅的色泽，精致圆润的制作工艺，且适宜把玩和陈设等特点，一直深受收藏者的喜爱，而朱子常的黄杨木雕作品更是收藏者梦寐以求的精品。

现代黄杨木雕在秉承传统，保持黄杨木雕原有风格和神韵的基础上，大胆突破，推陈出新，已由单体雕发展到拼雕、群雕；由普通圆雕发展到劈雕、根雕。技艺更趋精湛，作品更趋完善。

（六）青田石雕

相传古时，青田山口村住着一位青年农民，靠卖柴度日。一日，他在山上砍柴时不小心将柴刀砍在石头上，石头啪的被劈落一块，捡起一看，那石头晶莹透亮，色彩斑斓，美丽极了。他将那块石头带回家，琢磨成一颗石珠，挂在女儿的脖子上。至宋代，青田石雕吸收了玉石的制作工艺，运用因势造型、依色取巧的技巧，并发挥青田石自身石色、石质、可雕性的优势,开创了多层次镂雕技艺的先河。多层次镂雕是青田石雕的一大特色,精致如微的刻画和复杂层次的处理是任何玉石石雕都难以做到的。

青田石雕自成流派,奔放大气,细腻精巧,形神兼备。基调为写实而尚意,手法有圆雕、镂雕、浮雕及线刻,工序分相石、开坯、粗雕、细雕、蜂蜡、润色等。青田石雕艺人善于利用石料的天然色彩,质地,纹理,形态进行精心设计,因势造型,因色取巧,化腐朽为神奇,使青田石雕具有独特的艺术魅力。

(七)瓯塑

瓯塑又名漆泥塑,是从我国传统的堆漆工艺发展而成的。瓯塑历史悠久,技艺精湛,宋代温州漆艺号称中国第一。瓯塑堆漆工艺装饰的经函在温州慧光塔(北宋)出土,迄今已近千年。1962年瓯塑被温州市政府命名为温州优秀传统文化四瓯之一,瓯塑艺术由此得到更大发展。以纯天然原料,纯手工制作的瓯塑,耐洗刷而不褪色,具有东方立体油画、彩色浮雕之称。

历年来,瓯塑工艺品主要用于寺院庙宇的佛像、门神、公廊及家具、嫁妆用品、礼品果盒等装饰,工艺上比较粗简,限于单色或贴金涂银,形式上接近于现代的泥金彩漆工艺。

(八)缂丝工艺

缂丝是苏州传统工艺一绝,发端于汉代,是以蚕丝为原料,花纹像雕刻一样的高档丝织手工艺品。缂丝织法独特,以生丝做轻线,各色熟丝做纬线,用通经断尾的技法织成。自元代始,缂丝被用于皇室贵族袍服,清代皇帝龙袍中缂丝是最珍贵者之一,与帝王生活紧密相连。

(九)吴中刺绣

在明代《姑苏志》中,即有"精细雅洁,称苏州绣"的评语。其精细雅洁,来源于吴地文化的熏陶。就其人的性情而言,苏州妇女的委婉、缠绵、精细、灵巧,在其日夜操作的女红刺绣过程中,自然而然地融入了吴文化的特质,这就是苏州人心灵手巧及性情形成之结果。

苏绣具有图案秀丽、构思巧妙、绣工细致、针法活泼、色彩清雅的独特风格,地方特色浓郁。绣技具有平、齐、细、密、和、光、顺、匀的特点。平指绣面平展;齐指图案边缘整齐;细指用针细巧,绣线精细;密指线条排列紧凑,不露针迹;和指设色适宜;光指光彩夺目,色泽鲜明;顺指丝理圆转自如;匀指线条精细均匀,疏密一致。在种类上,苏绣作品主要可分为零剪、戏衣、挂屏三大类,装饰性与实用性兼备。其中以双面绣作品最为精美,山水能分远近之趣,楼阁具现深邃之体,人物能有瞻眺生动之情,花鸟能报绰约亲昵之态,苏绣的仿画绣、写真绣逼真的艺术效果是名满天下的。

(十)南京云锦

南京云锦是7000年丝绸文化的璀璨结晶,著名艺术家陈之佛说:云锦是中国古代丝织工艺最后一座里程碑。

云锦的诞生应归功苏州的缂丝,它实际是苏州缂丝衍生出的附属品。南京云锦工艺独特,主要特点是逐花异色,从云锦的不同角度观察,绣品上花卉的色彩是不同的。由于被用于皇家服饰,所以云锦在织造中往往用料考究,不惜工本,精益求精。云锦喜用金线、银线、铜线及长丝、绢丝、各种鸟兽羽毛等,如在皇家云锦绣品上的绿色是用孔雀羽毛织就的。南京云锦,技艺精湛,文化艺术意蕴精深。色彩艳丽,晕色和谐,民族纹样,奇异变幻,自然天成。它具有鲜明的中国吉祥文化的深厚底蕴。皇帝御用龙袍上的正座团龙、行龙、降龙形态,是天子、帝王神化权利的象征,与此相配的"日、月、星辰、山、龙、华虫、宗彝、藻、火、粉米、黼、黻"的十二章纹,均有"普天之下,莫非皇土,统领四方,至高无上"的皇权的象征性。祥禽、瑞兽、如意云霞等文化艺术造型的吉祥寓意文样、组合图案等也无一例外。云锦的文样图案表达了中国吉祥文化的核心思想,而权、福、禄、寿、喜、财六字要素,这里面表达了人们对幸福的祈求与向往。南京云锦不但具有珍贵的历史文化价值,而且亦是雅俗共赏、典藏吉祥如意的民族文化象征。

(十一)嘉定竹刻

嘉定竹刻崛起于嘉靖年间,由嘉定名士朱鹤(号松邻)及其子朱缨(号小松),其孙朱稚征(号三松)首创,此后嘉定的文人名士莫不热衷此道,精品迭出,兴盛300余年,成为中国竹刻史上一个光辉的里程碑。明代嘉定竹刻以三朱所创深刀刻法为主流,品种有香薰、笔筒、臂搁、镇纸等日用品和蟹、蟾蜍等立体动物摆件;题材包括人物、山水、楼阁、鸟兽和书法;刀法上以深刻为主,辅以平刻、透雕、留青等,使虚实相间,层次分明。朱鹤的《西园雅集图》笔筒后传入清宫,乾隆帝诗赞曰:高枝必亢托高士,传形美若善传神。明末崇祯时的侯崤曾、秦一爵、沈大生等人继承了三朱的技艺,又各有所长。

第三单元　相关链接

　　　　　　海宁蚕乡皮影戏

赵福莲

在我原有的知识范围之中,对于皮影戏的了解,似乎是比较"正统"的,那就是按照史书上的说法去理解与消化。

在我的印象当中,皮影戏起源于北方,尤其是陕西华县的皮影戏,闻名中外。华县皮影不仅是中国乃至世界上最古老的艺术种类,同时也是被国内外皮影界公认的所有中国地方皮影乃至世界皮影艺术种类之集大成者。因其最古老、最精粹、最成熟、最完美、最经典和最有资格代表中外皮影艺术的最高水平,被誉为"中华戏曲之父"和"世界皮影之父"。所以专家们认为,华县皮影在国内外皮影史的地位,近似于秦始皇兵马俑在中外考古史中的地位。

皮影又叫灯影,因在灯下以兽皮刻制的影人演戏而得名,是我国民间广泛流传的戏剧之一。据有关史料记载,中国皮影始于汉,兴于唐,盛于宋。《中国影戏》中说,皮影是从陕西发展,首先沿黄河流域传播的。早在汉文帝时代,就流传着一首关于皮影起源的诗:"汉妃抱子窗前耍,巧剪桐叶照窗纱。文帝治国平天下,制乐传于百姓家。"这是皮影戏的初级阶段,而鼎盛期为唐朝,皮影造型优美,表演技术娴熟。以后的宋、元、明、清均有皮影表演和发展。皮影戏成为民间艺苑中的奇葩。"一口叙说千古事,双手对舞百万兵。""灯下敷衍千古事,影中情舞鼓乐声。"这些对联生动传神地刻画出了皮影戏的魅力。

南方的皮影戏显然是从北方带来的。根据宋吴自牧的《梦粱录》记载,南宋杭城临安(今杭州)有皮影戏演出。南宋杭城的皮影戏是由汴京(今河南开封)艺人带到杭州的。有一种说法,现在海宁、嘉兴、桐乡一带也有皮影戏,这些皮影艺术就是从杭州传过去的。也有一种说法,海宁等地的皮影戏不是从杭州传过去的,理由是,北宋末年,金兵入侵中原,掳走徽、钦二宗,北宋灭亡。徽宗之子赵构带领皇室南渡到杭州,定都临安。南宋皇室南渡时,大批随驾南渡的仕宦、富室等见杭州的西北群山连绵,南面又受钱塘江所阻,觉得在此定居太逼仄了,于是转向平原地区海盐县(今海宁市)一带。这些官宦与富室有张九成、杨由义、谈肇、木待问、王沆、李伯翼等,他们的后裔后来都成了海宁的显族。加上当时南逃的中原百姓,聚集而居。在这些移民中,有从河南曲阳来的皮影戏艺人,他们把这种艺术形式种植在了海宁的大地上。不管是哪一种说法,都可以归纳为一句话:皮影艺术是从北方传到南方的。

皮影最早用的是素纸雕刻,有人把戏中的人物称为"纸人"。但因纸张无法保存长久,后改用为羊皮彩绘,所以又叫"羊皮戏"。近代改用特制的半透明牛皮来镂刻人物,就叫"皮影戏",但在海宁的乡间,人们还是把它叫做"羊皮戏"。这种皮影艺术往往得不到上层人士的首肯,总觉得登不上大雅之堂,于是,这种艺术一直行走于民间,受到了民间百姓的欢迎与喜爱。从北方而来的艺术形式,到了南方,势必会形成一种南北交融的艺术形式。皮影戏既保留了中州的古韵,又结合了吴越的乡间艺术,使海宁的皮影戏自成一格。到了元代,皮影戏流传到海盐的澉浦,经过民间艺人杨梓等人的加工发展,形成了著名的"海盐腔",是明代四大声腔之一。

清末时,海宁的皮影艺人已达百人之多,较有名气的皮影戏班有:百花班、庆胜班、寿喜班等,他们一直来专为达官贵人家的寿期、弄璋、婚嫁、喜庆宴会等娱乐所用。后清廷下令,永禁皮影戏在显贵人家演出。这样一来,海宁的皮影戏一度中落,许多艺人只能弃艺从农,只在节气期间,为乡民们演出。

海宁地处杭嘉湖平原,物阜民丰,素有"蚕桑之乡"的美称,乡民每年都有祀"蚕神"以便祈求"蚕花廿四分"(丰收)的习俗,每年春秋两季,都要请皮影戏班子来演"蚕花戏"。演完戏,班主会把"银幕"(桃花纸)揭下来送给东家,珍藏到孵出小幼蚕时,粘在蚕匾上以示吉祥,祈望好收成。

在乡间,婚丧嫁娶,要演皮影戏;造屋上梁,要演皮影戏;家里有人生病,为了祈愿早日康复,要演皮影戏(还愿戏);有人偷东西,为了惩罚他,要他出钱请戏班子来演皮影戏;庙会期间,要演皮影戏;富裕人家的孩子满月,要演皮影戏。总之,皮影戏是海宁人最好的休闲娱乐的文艺形式。

原以为,古老的皮影戏艺术已经在海宁不存了,即便有,也形成一种图片进了博物馆。其实不然,经打听,解放后的海宁皮影戏不但没有消亡,而且还得到了新生。据说,原有正本戏七十多个,折子戏一百六十多个,还有不少剧目是独家所有的。后来在剧目上还新创作了童话剧和现代剧,如《仗义斩孽龙》《闹龙宫》《火焰山》《快活林》《水漫金山》《小青蛙的故事》《小花猫钓鱼》《翠岛歼敌》等节目,深受城乡居民尤其是小朋友们的喜爱。成立于1956年的浙江省皮影剧团,曾两次赴京参加全国木偶皮影观摩演出,并为六十多个国家和地区的外宾演出,曾经受到陈毅等国家领导人的高度赞扬。

我在纸上谈着皮影戏,而亲眼看到皮影戏却还是在2004年的上半年,地点就在盐官风情街上。那是我第一次到盐官,盐官的国家级导游孙屹岳陪同我参观了海宁庙、陈阁老故居等处之后,把我领到了一个屋子里,让我坐在一条长凳子上等着。我问这样坐着干什么?旁边有人对我说:"到了盐官,不看皮影戏,等于白来。"听口音是上海人,听他这么一说,我就聚起精神来。果然,皮影戏马上上演了,我叫不出戏名,但看着银幕上刀光剑影的,人物动作有板有眼的,丝毫也不亚于看电影,就纳闷,这怎么弄出来的?我得去瞧个究竟。于是走到银幕后一看,就这么两三个人,站在幕后,提着丝线儿,戏里的千军万马玩于手掌之间,太神奇了。旁边还有挑线、二弦、板胡、月琴、碗、锣、鼓、梆、唢呐、号等二十多件乐器,一人会使好几种,一人会说好多人的话,一人会做好多人的动作,这把我给震撼住了,好身手!尽管那天只演了一场皮影戏,但故事情节曲折动人,人物形象鲜明,表演操作灵活自如,唱腔圆润优美,对白风趣生动,在激越的鼓乐声中,表演艺人用几根细细的竹棍,舞弄得小小的皮影儿前奔后跃,活灵活现地演绎着世态万象。原先听说皮影戏有"两根竹棍表尽喜怒哀乐,一双巧手调动千军万马"之功能,我怎么也不相信,可现在,我非但相信,还真爱上了皮影戏这种艺术形式,它给我留下太难忘的印象了。

真希望,抽得浮生几日闲,再去盐官走一走风情街,品一品农家菜,看一看皮影戏!

【学习情景2】 端 阳 忆 旧

丰子恺

我写民间生活的漫画中,门上往往有一个王字。读者都不解其意。有的以为这门里的人家姓王。我在重庆的画展中,有人重订一幅这类的画,特别关照会场司订件的人,说:"请他画时在门上写一个李字。因为我姓李。"这买画人把画当做自己家里看,其欣赏态度可谓特殊之极!而我在门上写王字,也可说是悖事之至!因为这门上的王字原是端午日正午用雄黄酒写上的。我幼时看见我乡家家户户如此,所以我画如此。岂知这办法只限于某一地带;又只限于我幼时,现在大家懒得行古之道了。许多读者不懂这王字的意思,也挺难怪的。

我幼时,即四十余年前,我乡端午节过得很隆重。我的大姐一月前制"老虎头",预备这一天给自家及亲戚家的儿童佩带。染坊店里的伙计祁官,端午的早晨忙于制造蒲剑:向野塘采许多蒲叶来,选取最像宝剑的叶,加以剑柄,预备正午时和桃叶一并挂在每个人的床上。我的母亲呢,忙于"打蚊烟"和捉蜘蛛:向药店买一大包苍术白芷来,放在火炉里,教它发出香气,拿到每间房屋里去熏。同时,买许多鸡蛋来,在每个的顶上敲一个小洞,放进一只蜘蛛去,用纸把洞封好,把蛋放在打蚊烟的火炉里煨。煨熟了,打开蛋来,取去蜘蛛的尸体,把蛋给孩子们吃。到了正午,又把一包雄黄放在一大碗绍兴酒里,调匀了,叫祁官拿到每间屋的角落里去,用口来喷。喷剩的浓雄黄,用指蘸了,在每一扇门上写王字;又用指捞一点来塞在每一个孩子的肚脐眼里。据说是消毒药的储蓄;日后如有人被蜈蚣毒蛇等咬了,可向门上去捞取一点端午日午时所制的良药来,敷在患处,即可消毒止痛云。

世相无常,现在这种古道已经不可多见,端阳的面具全非昔比了。我独记惦门上这个王字,是为了画中的门上的点缀。光裸裸的画一扇门,怪单调的;在门上画点东西呢,像是门牌,又不好看。唯有这个王字,既有装饰的效果,又有端阳的回想与纪念的意味。从前日本废除纸伞而流行"蝙蝠伞"(就是布制的洋伞)的时候,日本的画家大为惋惜。因为在直线形过多的市街风景中,圆线的纸伞大有对比作用,有时一幅市街风景画全靠一顶纸伞而生成;而蝙蝠伞的对比效果,是远不及纸伞的。现在我的心情,正与当时的日本画家相似。用实利的眼光看,这事近于削足适履。这原是"艺术的非人情"。

学生讲坛

1. 以饮食文化、节庆文化、民间工艺中某一类为例,以"非物质文化遗产保护与旅游开发互动"为主题,写一篇小论文。

2. 挑选一个你比较熟悉或者感兴趣的非物质文化遗产项目,向大家做一个汇报。

3. 介绍一个你家乡有代表性的非物质文化遗产(不管是否列入各级代表性名录)。

模块六

江南文化名人

学习目标

1.了解江南主要文化名人及名人故居,熟悉文化名人生平及主要事迹;

2.掌握名人故居保护的方法和原则;

3.掌握江南文化名人辈出的原因;

4.能设计文化名人及名人故居主题旅游线路并制订"旅游接待计划书",提高主题旅游线路设计能力和导游讲解能力。

第一单元　模块任务导入

一、作业背景

江南自古以来,文化名人辈出,也有很多外地名人长期生活在江南,留下了丰富的文学足迹。以"浙东唐诗之路"为例,"唐诗之路"指的是晋唐以来文人墨客往来频繁、对唐诗发展有着重大影响的一条山水人文旅游线。

假设一批(25人)来自北京某高校研究诗歌的文学教授前来旅行社,想组织一次"浙东唐诗之路"的专题考察,请旅行社制订考察方案。接待旅行社将接待任务交给了你,请你制定"旅游接待计划书"并准备导游词。

二、工作任务与要求

1.利用图书馆、网络以及实地调查了解、收集"浙东唐诗之路"的历史背景、线路走向和沿途经过的主要景点;

2.收集"浙东唐诗之路"景点涉及的诗歌、作者生平及其在江南的主要活动足迹;

3.为北京游客设计考察线路,组织考察景点并撰写导游词。

三、教学方式与步骤

1.教师讲解基本知识;

2. 分组查找资料,安排导游线路,准备导游词;

3. 模拟演练;

4. 教师点评。

第二单元　背景知识

【学习情景1】　　　　江南文化名人辈出的原因

一、发达的经济为江南文化名人辈出奠定了良好的基础

《明史》云,"苏、松、常、镇、嘉、湖、杭七府,供输甲天下"。洪武二十六年(1393),全国税粮 2940 多万石,而江南八府为 668 万石,占近 23％。光苏州一府就达 280 多万石,居然多于湖广布政司的征输。这种独重的状况,历明迄清一直未变。

江南气候适宜,雨量充沛,土壤肥沃,十分有利于农业生产,素有"苏杭熟,天下足"的美誉。江南不但作物产量高,而且商品性作物种植极为普遍。最突出的是栽桑和植棉。除了农业、副业,江南的手工业也极为兴盛,南京、苏州、杭州、嘉兴和湖州等大中城市,以及星罗棋布的市镇,是丝织业、棉织业、踹布业等几十种手工业的集中之地。农副工各业的发展又为商业的繁盛创造了条件。正是这繁荣的工商业作为农业经济的补充,使江南经济经久不衰。明人王士性说:"毕竟吴中百货所聚,其工商贾人之利,又居农之什七,故虽赋重,不见民贫。"清人唐甄也说,江南"虽赋重困穷,民未至于空虚,室庐舟楫之繁庶胜于他所"。

无论是攻读应举、创立学派、著书立说、吟赋填词,赴社应会,还是搜罗古籍彝器、校刻群籍、考证名物,都需要强大的财力作后盾。顾炎武能手不释卷、遍读群籍、著述宏富,归有光、王世贞能成为一代大家,钱谦益能领袖诗坛,毛晋父子能筑汲古阁,黄丕烈建士礼居、蓄书数万册,无不与其家境富裕有关。而他们的富,也无不沾了江南这块宝地的光。明人高启赞江南,"财赋甲南州,词华并两京",道出了经济对文化的重要影响。

二、优越的自然环境和人文环境为江南文化的成长提供了良好的条件

江南地区北靠长江,东傍大海,南依杭州湾,大运河通贯南北,境内更是水系成网,港湾遍布,舟楫相望。文人学士结社兴地,切磋交流,往返便利,信息传递便捷。江南山色秀丽,泉水清冽,湖光山景,秀色可餐,园林胜景,触目皆是,俗云"上有天堂,下有苏杭"。不少人认为是江南的便利交通之灵秀之气毓育了一代又一代的江南才子。袁宏道云:"山川之秀丽,人物之色泽,歌喉之宛转,海错之珍异,百巧之川凑,高士之云集,虽京都亦难之。"美好的环境又是文人学士卜居休憩赋诗填词的极佳场所。日夜喧阗,利

来利往的城市赋予文人作品浓郁生活气息。江南藏书居全国之首,书肆林立,册籍充栋,翻检容易,购买方便,上至三代彝鼎、秦汉玉石,下至宋元珍本、鲍校毛抄,无所不有,是读书人不可缺少的精神食粮。江南书院,崇轩敞楹,布列其间,有杨绳武、夏之蓉、钱大昕、卢文弨、姚鼐、程恩泽、胡培翚、任泰、缪荃孙、俞樾、冯桂芬等当世名流传授学问,江南学子享尽其福,得益良多。于是本地人虽远走他乡,犹时时回首,外地人虽相隔万里,也以漫游是地为乐事。在江南这一舒适的人间天堂里,文人学士优游自在,或寄情山水,或潜心学问,"或辩理诘义以资其学,或赓歌酬诗以通其志,或鼓琴瑟以宣埋滞之怀,或陈几筵以合宴乐之好"。钱谦益总结著名画家沈周的成器缘由道,"其产则中吴文物风土清嘉这地;其居则相城,有水有竹、菰芦虾菜之乡;其所事则宗臣元老,周文襄、王端毅之伦;其师友则伟望硕儒,东原、完庵、钦漠、原博、明古之属;其风流弘长则文人名士,伯虎、昌国、徵明之徒。有三吴、两浙、新安佳山水,以供其游览;有图书子史,充栋溢杼,以资其诵读;有金泵彝鼎、法书名画,以博其见闻;有春花秋月、名香佳茗,以陶写其神情"。这些其实也是一般明清江南学人皆具的生活和成长环境。

三、崇文重教的社会风气是江南文化名人辈出的社会原因

明清以科举取士,读书人一旦登第,便升以高官厚禄,诱使无数的人入其彀中。从而出现了"乡校间士人以举子业为事,或为古文词,众辄非笑之"的奇怪现象。自明中后期起,更以录取进士为荣,"士益向风,争相磨濯,攘袂以起"。然而关键的不是统治者的提倡,而是当地人的传统习俗。因为前者适用于全国各地,只有后者才是区别他地的决定因素。江南人读书喜文,有着悠久的传统和良好的习惯。士官缙绅之家不必说,他们希望家业不坠,仕途不绝,读书登第,以增加财富,以保妻子,以荣乡里,从而延师设塾,增加智力投资,无不皆然。归有光的祖母、母亲督课的情景尤为动人。即使非世宦或书香门第,也决不放过求学入仕的机会。甚至连一些寒素子弟也发奋读书,以期跻上层行列。母督子、妻励夫的例子俯拾皆是。如顾一清者,家甚贫,其母"乃脱簪珥资给之而躬督学"。而钱文通者,为诸生时,"游乡学,勤苦特甚,夫人昼夜纺织以资给之,得专意于学问。遂取高科入翰林,以文名于世"。苏州人莫旦夸张地形容苏州是"家家礼乐,人人诗书"。"家弦户诵",纺车声伴着读书声,其情景何等别致!一般百姓耳濡目染,见多识广,居然也会一二句《诗经》《论语》,读读《百家姓》,诵诵《千字文》。早在明朝宣德时期,巡抚周忱经过长期的观察后认为,"天下之民出其乡,则无所容其身;苏松之民出其乡,则足以售其巧"。周忱的话表明,苏松之人文化水准高,掌握知识多,所操技艺精。这除了经济、地理诸因素外,与长期的传统观念有关。归有光说:"吴为人材渊薮,文字之盛,甲于天下。其人耻为他业,自髫龀以上,皆能诵习举子,应主司之试。居庠校中,有白首不自己者,江以南,其俗尽然。"所谓文人"非得于师友之渊源,即得于家庭之传习"是也。正是在这种自幼诵习的风气熏陶下,显者世世相承,穷居者纷起效尤,友僚互相奥援,江南文才在相互提携、相互激励中拔地而起。

【学习情景2】　　　　江南主要文化名人

一、江南的科学家

（一）沈括

沈括（1031—1095），字存中，号梦溪丈人，浙江钱塘（今杭州）人。

23 岁之后，他先后在江苏、河南等地做过主簿、县令等小官。32 岁考中进士。34 岁时，被推荐到京师昭文馆编校书籍。在这里，他开始利用闲暇时间研究天文历算。熙宁五年（1072），兼提举司天监，主持修订新历。

元祐四年（1089），定居润州（今江苏省镇江市东面）梦溪园，认真总结自己一生的经历和科学活动，写出了科学巨著《梦溪笔谈》。《梦溪笔谈》包括《笔谈》《补笔谈》《续笔谈》三部分，共计 30 卷，内容涉及天文历法、地质、物理、化学、生物、农业、建筑等诸多领域。书中也记录了当时科学发展和生产技术的情况，如毕昇发明活字印刷术、金属冶炼的方法等。《梦溪笔谈》反映了我国古代特别是北宋时期自然科学取得的辉煌成就，被誉为"中国科学史上的坐标"。

（二）徐光启

徐光启（1562—1633），字子先，号玄扈，教名保禄。南直隶松江府上海县（今上海市）人。

万历三十二年（1604），43 岁的徐光启终于考中进士，成为翰林院庶吉士。徐光启跟利玛窦学习《欧几里得原本》等西方科学知识并翻译此书，书名译为《几何原本》。梁启超在《中国近三百年学术史》中评价说："字字精金美玉，是千古不朽之作。"徐光启曾先后撰写了多部农业著作，如《甘薯疏》《农遗杂疏》《北耕录》等，并与熊三拔合译了《泰西水法》。其代表作是《农政全书》。全书共 60 卷，约 50 万字，包括农业思想、农田水利、蚕桑养殖、备荒救荒等诸多内容，杂采众家而兼出独见。

（三）徐霞客

徐霞客（1587—1641），名弘祖，字振之，号霞客，南直隶江阴（今属江苏）人。

徐霞客从 22 岁开始，便踏上了旅行考察之途。此后 30 多年里，他完全依靠自己的双脚进行长距离旅行，足迹遍及相当于现在的江苏、浙江、山东、河北、山西、陕西、河南、安徽、江西、福建、广东、湖南、湖北、广西、贵州、云南和北京、天津、上海等地，曾经三次遇盗，四次绝粮。《徐霞客游记》全书约 60 万字，创造性地将游记和日记结合起来，成为一种独创的体裁。其中写有天台山、雁荡山、黄山、庐山等名山游记和《浙游日记》《江右游日记》《楚游日记》《粤西游日记》《黔游日记》《滇游日记》等，生动、准确、详细地记录了全国各地的自然资源和地理景观，为历史地理学的研究提供了极其珍贵的资料，开创了我国地理学史上实地考察并系统描述自然地理的先河。康熙时期文坛总盟主钱谦益赞之为"世间真文字，大文字，奇文字"。

二、江南文人

(一)白居易

白居易(772—846),字乐天,号香山居士。诗人虽生于河南,但十一二岁时,曾因战乱而迁居越中。长庆二年(822)七月,出任杭州刺史。白居易为杭州西湖水利建设作出了杰出贡献:"筑堤捍钱塘湖,钟泄其水,溉田千顷;复浚李泌六井,民赖其汲。"宝历元年(825),他又担任苏州刺史一年有余。流连江南数年,白居易深深地爱上了这片土地,并用文采斐然的诗笔歌颂赞美江南。

白居易在杭州任上三年,屡屡游览西湖,对西湖充满感情,自云:"未能抛得杭州去,一半勾留是此湖。"(白居易《春题湖上》)他写下 200 多首诗,向世人集中展现了西湖的魅力。

大和三年(829),58 岁的白居易因病卸任,回到洛阳。之后 12 年,白居易身在洛阳,神驰江南,抚今追昔,无限深情地追忆最难忘的江南往事,67 岁时,他写下了三首《忆江南》。

(二)柳永

柳永(约 987—约 1053),崇安(今福建武夷山市)人,算得上真正的江南文人。都市风光、湖山胜景成为他词作的主要内容。看他写城市里的繁华之景,写杭州"烟柳画桥,风帘翠幕,参差十万人家"(《望海潮》),写苏州"万井千闾富庶,雄压十三州。触处青蛾画舸,红粉朱楼"(《瑞鹧鸪》)。

作为地方官,柳永深谙地方百姓疾苦,说盐民们"周而复始无休息,官租未了私租逼。驱妻逐子课工程,虽作人形俱菜色"(《煮海歌》),忧民之情可感可触。

(三)汤显祖

汤显祖(1550—1616),字义仍,号若士、海若,别号清远道人,江西临川人。明万历十一年(1583)中进士,先后任南京太常寺博士、南京礼部主事。两年后,改为浙江遂昌县知县。万历二十六年(1598),汤显祖被迫辞官,归临川隐居玉茗堂,潜心著述。

10 年中,汤显祖游遍金陵名胜古迹,登三山,眺大江,写下了激情洋溢的《江东歌》。汤显祖不仅是著名的诗文作家,也是伟大的戏剧家。他创作的传奇《玉茗堂四梦》——《牡丹亭》《邯郸记》《南柯记》《紫钗记》,打动了无数读者。

(四)袁枚

袁枚(1716—1798),字子才,号简斋,一号存斋,浙江钱塘(今杭州)人。乾隆四年(1739)中进士,授翰林院庶吉士。乾隆七年(1742)外调做官,曾任沭阳、江宁、上元等地知县,政声颇佳。33 岁时,父亲亡故,遂辞官养母,在江宁(今南京)小仓山购园,名"随园",筑室定居,近 50 年不仕,世称随园先生。

袁枚作诗,主张任由性灵自由抒写,所以他的诗多抒发个人的闲情逸致,大抵随性而发,直抒胸臆,语言晓畅,富于情趣。袁枚的散文思想颖锐,情感真挚,清新自然,文笔生动。他的《黄生借书说》一直为世传颂。

袁枚也是一个是美食家。他著有《随园食单》,记载有黄鱼、班鱼、鲢鱼、鳅鱼等美食的做法。

（五）陆游

陆游（1125—1210），字务观，号放翁，越州山阴（今浙江绍兴）人。他很不幸，在出生的第二年，就碰上让大宋王朝一蹶不振的靖康之乱，国难当头，耳濡目染，年少的陆游发誓要"上马击狂胡，下马草军书"（《观大散关图有感》）。

陆游是名副其实的大诗人，流传至今的诗就有9400多首。他的词也留下了140多首。其中爱国的内容尤其突出，正如梁启超所说："诗界千年靡靡风，兵魂销尽国魂空。集中十九从军乐，亘古男儿一放翁。"（《读陆放翁集》之二）

（六）龚自珍

龚自珍（1792—1841），字璱人，号定盦，浙江仁和（今杭州）人。学识宏富，通经史、诸子、文字音韵及金石学，精研西北历史地理，晚年喜好天台宗佛学，并以诗、词、文著名，是清朝道光年间名重一时的文人，也是中国近代史发轫时期的一位思想家、文学家。龚自珍最早以词作在文坛崭露头角。他的词现存约100多首。这位愤世嫉俗的思想家，也有很多咏叹身世、儿女情长的诗作。他的诗现存有600多首，是诗人个性和激情的展现。

（七）吴敬梓

吴敬梓（1701—1754），字敏轩，一字文木，号粒民，清代小说家。生长在长江北岸安徽省全椒县一个名门望族。曾祖和祖父两辈官运亨通，在明清之际，50年"家门鼎盛"。吴敬梓13岁丧母，23岁丧父，本身既不热心功名，又轻视钱财，随意挥霍，慷慨仗义，上代留下的家产在几年之内被他挥霍得所剩无几，以致"田庐尽卖""奴逃仆散"，一时"乡里传为子弟戒"。加上考场失利，刺激甚重，"那得双眉时暂开"。回乡之后，由于不堪冷遇，于雍正十一年（1733）移家南京。从此时直到54岁在扬州逝世，主要靠卖文和朋友周济过活，也是在此期间完成了《儒林外史》这部鸿篇巨制。

三、江南画家

（一）米芾

米芾（1051—1107），字元章，号襄阳居士、海岳山人等，汉族，祖籍太原，后迁居湖北襄阳，长期居润州（今江苏镇江）。米芾仕途困顿，屡遭贬黜，郁郁不平、横亘于心，便转意于江南秀色，"多游江湖间，每卜居，必择山水明秀处"，画面"烟云掩映，树石不取细意"。令米芾最为心仪的是南唐画家董源的山水，称赞道："峰峦山没，云雾显晦，不装巧趣，皆得天真；岚色郁苍，枝干劲挺，咸有生意；溪桥渔浦，洲渚掩映，一片江南也。"这便是米氏云山的渊源。米芾将内心的情感化作了连绵云山，运笔龙蛇间完全背离了传统山水在动荡中追求均衡的阳刚之美，成就了一种宽和宁静、温婉纤媚的阴柔之美。

（二）黄公望

明王世贞《艺苑卮言》称："山水画至大小李一变也，荆关董巨又一变也，李成、范宽又一变也,刘李马夏又一变也,大痴黄鹤又一变也。"此"大痴"乃元四大家之一黄公望。

黄公望(1269—1354),中国元代画家、书法家,元四大家之一,全真派道士。本姓陆(有待考证),名坚,汉族,平江常熟人氏;后过继永嘉黄氏为义子,因改姓名,字子久,号一峰,后入"全真教",又叫大痴道人等。

黄公望为著名山水画家。晚年作品追求神采、气韵,将诗、书、画融为一体,不重形似,笔法简练精到,笔意深远苍茫,峰峦浑厚,气势雄秀。作品很多,尚存世的有51件,其中20余件流散在美国、日本、英国等地。其名作《富春山居图》一部分藏于浙江省博物馆,一部分藏于台北"故宫博物院"。

(三)沈周

出生在长洲(今江苏苏州)的沈周(1427—1509)是吴门画派的开创者,对该画派的形成及发展起到了十分关键的作用。长洲沈家系书香门第,但是祖上几代人都不愿为官,沈周的祖父沈澄、父亲沈恒皆钟情于诗画,过着隐居优游的闲适生活。从小受祖辈人生态度的濡染,沈周也以处士终其一生。于画,沈周集大成而自成一家。

沈周所绘多系江南湖光山色、田园风光,《东庄图册》更是以小见大,浅坡清溪、浮萍弱卉,尽显江南园林之自然和谐,相比倪云林之孤介,沈周更多了些许生命的活力。当时市面上,沈周的画作极受欢迎,赝品也随之到处可见,对此,沈周不去追究。有人为牟利,拿着伪作求题,沈周也欣然答应。恬淡幽闲的人文情怀使沈石田得大痴之意、山樵之力、梅花之韵、云林之神而素善诸家自成一体。

(四)文徵明

沈周的得意门生文徵明(1470—1559)是一位人品极高的艺术家。大器晚成的文徵明进京应试,授职翰林院待诏,但终因不惯于朝廷繁杂拘束的生活而三次上疏言志,请求准予告职还乡,终如愿。文徵明回乡后,自定书画"三不应",即不为藩王、宦官和外夷三种人作画。《文徵明年谱》记载:"徵明致仕后,凡部使者行部见过者,徵即于厅事拜谢,更不诣官衙。凡有馈遗,悉却不受。过客造请,亦向不至河下报谒。嵩曾过吴来访,徵明不为破例。"即便是当时的要官礼部尚书严嵩来访,文徵明也不卑躬屈膝。在达官显贵面前,文徵明可谓清高傲慢,不通人情,然而其对普通百姓和自己的学生却是随和亲切。

文徵明以其高尚的人格、秀雅的诗篇、清俊的书画深深影响着后辈,文彭、文嘉、文元善、文震孟等能书善画,陆师道、周天球、彭年、王稚登、沈大漠、钱谷等成就斐然,共同继承发展着吴门画派。"明经术以为根本,采诗赋以为英华,乘道谊以为坛宇,立风节以为藩垣。"这便是对文徵明一生最恰当的概括。文徵明"卒之时,方为人书志石,未完,乃置笔,端坐而逝",艺术家用自己的一生"悉力血战",不为金钱,不为权贵,只为那"春深高树绿成帏,遇雨寒泉半涟漪。浓雾不知山日落,回以空翠袭人衣"的江南梦境,只待得"扁舟牖听横塘雨,恰遇江南雁归时""天淡水平山月小,一人吹笛过江南"。

(五)唐寅

唐寅(1470—1523),字伯虎,一字子畏,号六如居士、桃花庵主、鲁国唐生、逃禅仙吏等,据传于明宪宗成化六年庚寅年寅月寅日寅时生,故名唐寅。吴县(今江苏苏州)人。他玩世不恭而又才气横溢,诗文擅名,与祝允明、文徵明、徐祯卿并称"江南四才子",画名更著,与沈周、文徵明、仇英并称"吴门四家"。

唐伯虎任逸与不羁,与当时的张灵、祝允明以风流自豪。后因仕途之变,曾意气风发的少年解元(科举时,乡试第一名称解元),饱尝世态之炎凉,人心之险恶,决意效楚囚作千里之游,慷慨当歌。从此唐伯虎便以"江南第一风流才子"自居,越加狂狷,开始了精神上的愤怒与反抗。一改早期萧疏、空灵的画风为大斧劈皴的激荡、险峻。晚年唐寅以"六如居士"自号,世间的一切喜怒哀乐在唐寅眼中皆"如梦幻泡影,如露亦如电"。唐寅一生坎坷,遭人陷构;寄情诗酒,流连丹青,实属无奈。然而后人出于对这位狷介疏狂、放任不羁的"狂生"的喜爱,又为他添上了"三笑""九美"的风流韵事,使他最终以风流倜傥,玩世不恭的形象留在了江南艺术世界的记忆里。

(六)扬州八怪

扬州八怪是中国清代中期活动于扬州地区一批风格相近的书画家总称,或称扬州画派。"扬州八怪"之说由来已久。但具体哪八人,其说互有出入。据李玉棻《瓯钵罗室书画过目考》中的记载,"八怪"为罗聘、李方膺、李鱓、金农、黄慎、郑燮、高翔和汪士慎。此外,各书列名"八怪"的,尚有高凤翰、华喦、闵贞、边寿民等,说法很不统一,今人取"八"之数,多从李玉棻说。

从康熙末年崛起,到嘉庆四年(1799)"八怪"中最年轻的画家罗聘去世,前后近百年。他们绘画作品为数之多,流传之广,无可计量。据今人所编《扬州八怪现存画目》记载,"八怪"作品为国内外 200 多个博物馆、美术馆及研究单位收藏的就有 8000 余幅。扬州八怪生前即声名远播。李鱓、李方膺、高凤翰、李勉,先后分别被康熙、雍正、乾隆三代皇帝召见,或试画,或授职。乾隆八年(1743),弘历见到郑燮所作《樱笋图》,即钤了"乾隆御览之宝"朱文椭圆玺。乾隆十三年(1748),弘历南巡时,封郑燮为"书画吏"。罗聘尝三游都下,"一时王公卿尹,西园下士,东阁延宾,王符在门,倒屣恐晚;孟公惊座,觌面可知"。他们作为中国画史上的杰出群体,已经闻名世界。

【学习情景 3】　　　　　江南文化名人故居

一、名人故居简介

(一)柳亚子故居

柳亚子故居位于江苏苏州吴江县黎里镇复兴中路 517 号。他于 1936—1940 年在此定居。抗战期间,上海沦陷后,柳亚子将其称为"活埋庵",意在国事危殆之时,无能为力,留居"孤岛",犹如活埋。现已挂牌,并不对外开放。

柳亚子,诗人、同盟会会员、南社社长,因反蒋介石被通缉逃往日本。1928 年回国,抗战时期从事民主活动。抗战胜利后,在香港从事革命活动,被国民党开除党籍。1949

年出任中国人民政治协商会议常务委员会委员。

（二）巴金故居

巴金故居位于上海武康路 113 号。在"文革"结束后，重回武康路 113 号的巴金老人写下了《随想录》。这是巴金在上海最后的寓所，也是巴金先生在上海居住得最长久的地方。这座小楼始建于 1923 年，曾为苏联商务代表处，从 1955 年起，巴金和女儿李小林一家就住在这幢三层小洋楼里，巴金在此楼居住了 40 多年。在这里，他写成了《创作回忆录》《往事与随想》《长夜》《一双美丽的眼睛》等译作及小说，被海内外思想界、知识界和文学界公认为"说真话的大书"。

（三）张元济故居

张元济故居位于上海徐汇区淮海中路 1285 弄上方花园 24 号，是西班牙风格的花园里弄住宅，曾由我国出版界先驱张元济先生居住了整整 20 年，度过了其事业上的鼎盛时期。张元济的孙辈张人凤和太太如今居住在 24 号的三楼。

淮海中路 1285 弄，最初有个好听的名字——沙发花园，它系英籍犹太人沙发的私人花园。1939 年，浙江兴业银行购下此园地，新建了 70 幢三层高的花园里弄住宅，住宅类别有独立式、两户联立式等。风格多是西班牙式建筑，砖木结构，栅门、窗栅、阳台、栏杆都用铸铁精制而成，各种生活设施一应俱全，是老上海中产阶层的理想家园。20 世纪 50 年代，这里改名为上方花园，寓有幽静美好之意，由我国著名出版家张元济题名书写。

（四）吴昌硕故居

吴昌硕故居位于上海闸北区山西北路 457 弄 12 号（近海宁路）。它是一代艺术大师、海派艺术创始人吴昌硕生命中最后 14 年的居住地。这是一幢石库门三间两厢的二层楼房。弄堂呈十字形、联排式，门框用花岗岩条石砌筑，两扇乌漆门上装有铜环，门顶上雕有花饰。主楼为砖木结构，两边有厢房。

吴昌硕集诗、书、画、印四绝于一身，在艺术创作中善于集百家之长，因而被誉为中国美术界海派艺术的创始人，其艺术风格对我国、日本及东南亚地区均有较大影响。他在 1913 年 69 岁时，携妻从苏州迁居上海，与儿子吴东迈同住山西路吉庆里 923 号，即今山西北路 457 弄 12 号，直到 1927 年 11 月 29 日因中风在这幢楼房中与世长辞。

故居主楼二楼是吴昌硕的画室，紧挨南窗放着一张特大的画案，画案前是一只下面有块踏板的高座椅，室内布置简朴、典雅。吴昌硕逝世前三天，还在此画室挥毫创作了他最后一幅画《兰花》，似乎象征着他艺术生命的清香幽远。二楼后侧是一个宽敞的阳台，种有花木盆景。东厢房二楼是吴昌硕的卧室兼书房。南窗下摆着一张长桌，案头供奉弥勒佛石像一尊。桌前有一张靠背椅，窗旁靠墙是一个放置二十四史的专用书橱。靠北墙放着一张铁床，帐幔上挂着一只葫芦和一把宝剑。写字台旁放着一张楠木沙发摇椅，是吴昌硕 75 岁生日时朋友送的礼物。室内还有一只保险柜和一面落地镜。西厢房二楼是吴东迈夫妇的居室。主楼底层及东厢房一楼均为客堂间，西厢房一楼曾是吴昌硕弟子王个簃的居室，王个簃 1925 年在吴家拜吴昌硕为师。后厢房是裱画室，旁边是厨房。前面天井是砖地,平时只放着一辆人力车,供主人外出时使用。据说,吴昌硕住在这里时,经常身穿道服,头顶挽个小发髻,两手交叉在背后,来回散步。

（五）徐光启故居

徐光启故居位于上海黄浦区乔家路234—244号,是一幢建于明代的住宅,徐光启出生的地方,历史上称为"九间楼"。

据史书记载,徐光启故居建于万历年间,又有说建于嘉靖四十一年(1562)。不论如何,徐氏故居已有400多年历史了。"宅邸东靠太卿坊,北临乔家浜(即今天的乔家路)"。宅西原有上海最早的天主教小教堂和教士住所,现早已不存。明代所建徐宅,原有100余间之多,为三进三出式住宅,宅内原有"后乐堂""尊训楼"等建筑。清顺治二年,即1645年秋,清军南下时,住宅遭到兵火,今天保留部分仅是当年徐宅最后一进"后乐堂"的一部分。该部分,原来因上下两层各9间,故被称为"九间楼"。又据《淞云闲话》一书记载,徐光启与意大利人龙华民、邓玉涵、罗雅谷、汤若望等一起修历法,因西洋人习惯于居住楼房而特建"九间楼"。万历三十六年(1608)意大利传教士郭居静受徐光启邀请来沪传教,就是寓居于此楼。徐光启辞官归故里后,也寓居于此楼,在这"九间楼"写出了中国历史上最有影响的《农政全书》。在抗战中,"九间楼"被毁去两间,因此现仅存留两层砖木结构楼房7间,建筑面积缩小至685平方米。

顺治初年,清政府为了缓解满汉民族矛盾,特给明朝东阁大学士徐光启建立牌坊,称为"阁老坊"。后来,阁老坊因妨碍交通和城市建设而被拆除。为了纪念徐光启,1933年,政府把当时的"县基路"改名为"光启路"。

（六）鲁迅故居

鲁迅故居位于浙江省绍兴市市区鲁迅中路,原为周家新台门的一部分,是鲁迅青少年时代生活、学习、工作的地方。1881年9月25日,鲁迅诞生在此,一直生活到18岁去南京求学,以后回故乡任教也基本上居住此地。

新台门整座屋宇是江南特有的深宅大院,它是老台门八世祖周熊占(1742—1821)在清朝嘉庆年间购地兴建的,同时建造的还有过桥台门。新台门位于东昌坊口西侧,是一座大型的台门建筑,其规模和结构与老台门基本相同,坐北朝南,青瓦粉墙,砖木结构,共分六进,共有大小房屋80余间,连同后面的百草园在内,共占地4000余平方米。当时,新台门内共居住着覆盆桥周氏中的六个房族,而鲁迅故居则位于新台门的西面。

鲁迅曾高祖一房移居新台门,世系绵延。到了清光绪、宣统年间,整个周氏房族逐渐衰落。1918年,经族人共议将这群屋宇连同屋后的百草园卖给了东邻朱家。房屋易主后,原屋大部分拆掉重建,但鲁迅家居住的地方主要部分幸得保存。新中国成立以后,人民政府多次拨款整修,已经恢复旧观,原来的家具也多数找回,并按原样陈列。

鲁迅故居占地4000平方米,坐北朝南,砖木结构,房舍多达百间。进门有小天井和厅堂,厅堂北面隔天井是5间楼房,为鲁迅早年的住处,鲁迅诞生于西梢间楼下。楼上东面一间是鲁迅与朱安的新房,楼下有鲁迅母亲鲁瑞及祖母蒋氏的房间。再往北是灶间,鲁迅在此认识章运水(即闰土)。最后面即为百草园,分大小园两部分,面积2000平方米,鲁迅以此为素材写下了散文《从百草园到三味书屋》。

复原后的周家新台门共分三进,由台门斗、大厅、香火堂、侧厢及杂屋等组成。台门斗内隐门正上方悬鲁迅祖父周福清"翰林"匾一块。第二进"德寿堂",为三开通间的大厅,是新台门整个房族公共活动的场所,以作喜庆、祝福、宴会宾客之用。厅堂正上方与周家各台门一样高悬一块"德寿堂"大匾,匾下挂"松鹤图"大堂画一幅,并配对联一副:"品节详明德性坚定,事理通达心气和平。"两旁柱子上有楹联二副:"虚能引和静能生悟,仰以察古俯以观今。""持其志无暴其气,敏于事而慎于言。"东西两侧则挂有红木嵌大理石"挂屏"。第三进"香火堂"为辅助陈列,内容分为三部分。第一部分为周氏房族兴衰。展览通过大量的实物和照片,展示了周氏(鲁迅)家史,揭示绍兴周氏发展、壮大、衍变、式微的轨迹,重点介绍鲁迅祖父周福清、祖母蒋氏、父亲周伯宜、母亲鲁瑞、元配夫人朱安等直系亲属的生平事略,及他们对鲁迅一生产生的深刻影响。第二部分鲁迅与周作人和第三部分鲁迅与周建人同样以图片为主,实物为辅的陈列方式,展示鲁迅与周作人、周建人的关系。周作人部分,突出其日本留学时期与鲁迅的关系,及五四新文学运动中的功绩。周建人部分,则重点介绍鲁迅对其关怀、培养,和其成为一个民主革命家的历程。

(七)吴梅故居

吴梅(1884—1939)这个名字,是和昆曲紧紧相连的。20世纪初,作为百戏之祖的昆曲已处于风雨飘摇之际。从十几岁起就开始收藏戏曲典籍的吴梅为拯救振兴昆曲所作的努力堪称他对中华文化最重要的贡献。

吴梅故居位于苏州蒲林巷35—1号,一座典型的苏州民居。吴梅老屋本在滚绣坊,后毁于太平天国战火。成年后的吴梅靠着"授徒东吴"的薪资购得蒲林巷厉氏破屋开始重建。1911年,新屋筑成。在吴锦(吴梅四子吴南青之次女)精心绘制的一张《吴梅先生故居平面示意图》上,这座坐北朝南、前后三进、占地535平方米的民宅旧时风貌依稀可见。

从蒲林巷的石库门走进老屋,墙门间北即是一个小天井,天井北的二层小楼东屋就是著名的奢摩他室——吴梅藏书楼。墙门间西又有一小天井,落地长窗后是大厅,厅上有楼,楼又分东西两厢。大厅北是中宅门,其上砖刻"乐居安天"四字系吴梅手书。中天井东西两面曾经有走廊,那是幼年的吴锦和兄弟姐妹们一起乘凉、数星星、听故事的好去处。穿过中天井,又是一排楼厅,一楼东屋是吴梅夫妇卧室,卧室西即是吴梅写作室,藏书楼的另一半百嘉室就在二楼东北端。

(八)胡雪岩故居

胡雪岩故居位于杭州市河坊街、大井巷历史文化保护区东部的元宝街,建于清同治十一年(1872)胡雪岩事业的巅峰时期,此豪宅工程历时3年,于1875年竣工。落成的故居是一座富有中国传统建筑特色又颇具西方建筑风格的美轮美奂的宅第,整个建筑南北长东西宽,占地面积7200平方米,建筑面积5815平方米。故居无论是建筑还是室内家具的陈设、用料,都堪称清末中国巨商第一豪宅。

故居内的花园芝园怪石嶙峋、巧夺天工,其中的假山为国内现存最大的人工溶洞。进入故居,那回旋的明廊暗弄、亭台楼阁、庭院天井、峭壁假山、小桥流水、朱扉紫牖、精雕门楼,使人仿佛进入一个大大的迷宫;而百狮楼、锁春院、怡夏院、洗秋院、融冬院、延碧堂、载福堂、和乐堂、清雅堂无处不奇;木雕、砖雕、石雕、堆塑、彩画则无品不精。故居内还有董其昌、郑板桥、唐伯虎、文徵明等名家的书法石刻作品。

(九)李叔同纪念馆

杭州李叔同纪念馆辟建于虎跑梦泉山林公园内,这里原先有定慧寺,是这位现代艺术家、爱国高僧出家修行之地。

李叔同是开创中国现代文化新时代的先行者之一,他曾率先参加"文明戏"(话剧)的演出,还为西湖山水创作了新歌曲,弟子中有丰子恺等杰出人物。如今,西泠印社藏有他的篆印和手书《阿弥陀佛经》经幢,虎跑泉池后建有弘一法师墓塔。

纪念馆共分三个展厅,正厅中央为一座高3米的李叔同铜质立像,两侧是《超脱》和《皈依佛门》两幅大型浮雕。展品介绍了李叔同的生平事迹及出家史,展示了他的艺术成就、佛学造诣与爱国主义精神。展柜内,还有李叔同撰写的词以及早已绝版的《清凉歌集》,李叔同孙女提供的数十张珍贵照片,李叔同临摹的书帖,用过的书籍、印章和手绢等实物。左厅,陈列着李叔同的墨宝,有手书石碑八块、木刻格言十幅;右厅为"书巢",挂有徐悲鸿的油画、丰子恺的木刻、费新我的弘一肖像、钱君匋的对联等书画作品。

(十)黄宾虹纪念馆

黄宾虹纪念馆位于杭州西湖栖霞岭31号,是著名画家黄宾虹的旧居。

黄宾虹自1948年秋移居此处,曾作西湖山水画多幅,自称"愿作西湖老画工"。1955年3月病逝后,家属将其先前作品及收藏的1万余件画作全部捐献国家。1959年9月,旧居辟为画家黄宾虹先生纪念室。纪念室系独门小院,庭院呈方形,园中央置黄宾虹全身汉白玉雕像一座,四周伴以松、竹、梅等林木。展览厅设在二层楼房内,楼下画室陈列画家用过的红木画桌、文房四宝、木质沙发等;楼上作品陈列室有165平方米,展出画家具有代表性的山水、花鸟画12幅。遗物陈列室展出画家年谱、著作、手稿等。

(十一)王国维故居

王国维故居坐落在海宁市盐官镇西门内周家兜,是近代国学大师王国维少年时代的住宅。庭院坐北朝南,建筑为木结构。前厅正中放置王国维半身铜像,陈列分三部分:第一部分介绍王国维故乡、家世及其生平;第二部分介绍王国维的主要学术成就,陈列王氏各种著作和手稿;第三部分为国内外专家、学者研究王国维的论著。陈列室开放以来,吸引了众多游人和学者前来瞻仰。

王国维(1877—1927),字静安,又字伯隅,号静观,海宁盐官人。自幼沉静好思。5岁进私塾背诵和学作诗文。9岁时父回乡奔祖父丧,以后便长居家中,教授他骈散文及古今诗词。王国维16岁中秀才,才华初露。清光绪十九年(1893)、二十四年(1898)两次应乡试未中。22岁进上海《时务报》,业余去东文学社学习外文及理化,开始接触西方文化。辛亥革命后,王氏随罗振玉东渡日本。此后主要从事中国古代史料、古器物、古文字学、音韵学的研究,尤其致力于甲骨文、金文、汉晋简牍和唐人写本的考释。王国维是新兴学科甲骨文、敦煌学的奠基人之一。所著《流沙坠简序》《殷墟书契考释序》《宋代金文著录表》《殷卜辞中所见先公先王考》《殷周制度论》等,均被称为划时代之作。其史学论文几乎篇篇皆有发明,后汇编成《观堂集林》20 卷。他的历史文献与出土资料密切参证的治史方法——两重证据法,受到国内外学术界推崇。

（十二）丰子恺故居

现代著名画家、文学家、美术教育家、音乐教育家丰子恺的故居位于桐乡县石门镇。民国 15 年(1926)丰子恺在上海请弘一法师为住所取名,弘一法师让丰子恺写一些字,团成纸团抓阄,两次都抓到"缘"字,因而取名"缘缘堂"。民国 22 年(1933)春,丰子恺亲自设计的颇具民族特色的宅院在石门镇建成,遂用缘缘堂命名,并请马一浮题额。缘缘堂建筑雅洁幽静,被称为"一件艺术品",丰氏在这里创作、生活。民国 27 年(1938)1 月,缘缘堂被侵华日军焚毁。2 月,流亡在江西萍乡的丰子恺得悉消息后,奋笔疾书《还我缘缘堂》《告缘缘堂在天之灵》《辞缘缘堂》等文章,愤怒斥责日本侵略军的残暴行径。抗日战争胜利后,丰子恺曾回故乡凭吊缘缘堂遗址。1975 年清明,丰子恺又重游石门,再一次专程凭吊缘缘堂遗址。1984 年,桐乡县人民政府在原址按原貌重建缘缘堂。

重建后的缘缘堂仍为砖木结构,保持原来高大、轩敞、明爽的特色,结构、布置乃至栽培的花木悉依原貌。青砖黑瓦,朱栏粉墙,具有深沉朴素之美。整个建筑由三楼三底的楼房和楼前小院及后院组成,总面积 510 平方米。从东边墙门进院,墙门里面上方"欣及旧栖"四个堆灰阳文大字,是根据当年丰子恺题书仿制复原,两大门百孔千洞,斑斑焦痕,这是从日军炮火中抢救出来的原缘缘堂留下的唯一遗物,也是日本侵略军侵华罪行的铁证。小院正中花坛里栽着丰子恺喜爱的牵牛花,右边墙角处种有芭蕉数株。红绿相衬,恬静和谐。缘缘堂正厅在院中面南,门楣上悬挂着叶圣陶书的"丰子恺故居"匾。

1933 年至 1937 年间,丰子恺间或往返于沪杭等地,大部分时间住在缘缘堂专事著译,完成近 20 部作品,这是他创作生涯的黄金时代。现故居中共有丰氏遗物 500 余件,遗作 180 幅,赵朴初、李可染、唐云、钱君匋赠的字画多件。楼后有三间平屋,为接待室和服务部,专售与丰子恺有关的图书和旅游纪念品。

（十三）沈曾植故居

沈曾植故居在嘉兴城内姚家埭 1 号。坐北朝南,系清末建筑四合院式三进两层楼住宅,砖木结构。内为走马堂楼,有厅堂、花园等。第一进五开间,中间是厅,两边有厢楼连接,和第二进形成走马堂楼。第二进五开间,中间是厅,两边各有两间。第三进为三开间楼房,东边有一水井。楼房后有五间平房。大门朝南,有门厅,大门之东有五间平房和一边门。沈曾植故居外形完整,除花园园址已建房外,基本保持原貌。

沈曾植(1850—1922),字子培,别字乙盦,晚号寐叟,初别号小长芦社人,晚称巽斋老人、东轩居士,又自号逊斋居士、癯禅、寐翁、姚埭老民、乙盫、余斋、轩、持卿、乙、李乡农、城西睡庵老人、乙僧、乙叟、睡翁、东轩支离叟等。王国维称赞他的成就足可与清代

著名学者顾亭林等人相传;其成就的深度超过龚自珍、魏源;其精处胜过戴震、钱大昕;称他为"学术所寄""邦家之光"。

（十四）茅盾故居

茅盾故居位于嘉兴乌镇观前街与新华路交接处,是国家级重点文物保护单位。故居是茅盾曾祖父沈焕于清光绪十一年(1885)前后在汉口经商时寄钱回家购置的,建筑面积650平方米,为清代江南民居。茅盾自1896年7月4日诞生至1910年春离乡求学,在此生活了13个春秋,以后数十年仍联系不绝。1934年茅盾亲自主持,翻建故居为三大间,东为储藏室,中为卧室及小客堂,西为书房及会客室。此后几年中茅盾曾数度住在这里写作、读书,并作为起居会客之所。1983年中共中央批准修复茅盾故居。1985年7月4日在茅盾诞辰89周年之际,乌镇茅盾故居隆重开放。1988年1月公布茅盾故居为全国重点文物保护单位。开放后相继增扩附属用房和陈列馆,现总建筑面积1731.5平方米,1994年8月更名为桐乡市茅盾纪念馆,设"茅盾故乡乌镇""茅盾走过的道路""茅盾故居（复原）"三个基本陈列室。

重修后的茅盾故居仍在前楼下最东一间设大门,高悬陈云亲笔题写的"茅盾故居"匾。大门内的通道改作陈列室序厅,安放茅盾铜像。前后楼上下各室器物均按当年格局布置,家具也有不少是当年旧物。前楼上是茅盾父母的卧室,房内陈设简易,有一张宁式雕花大床,边上放一张小床,一座衣橱,几叠衣箱,临窗有书桌放着文房四宝。茅盾在这里诞生、成长,接受母亲的启蒙教育,度过少年时代。楼下西边原为家塾的房内放着几张桌椅,茅盾幼年时期和几个堂兄弟在这里读书,由祖父沈思培教授。后园中的3间平房,南向有走廊,墙壁上挂着叶圣陶写的"茅盾故居"匾额。这所平房20世纪30年代经翻修后上筑天花板,下铺地板,南北两壁均装设西式玻璃长窗,窗明几净,环境幽静。东边一大间朝南开门,前半间为通向中室过道,后半间是储藏室。中室前半间客堂与后半间卧室之间隔以中式长窗,卧室中有一张铜床和桌椅等用具。西边一间中以茅盾亲自设计的大书橱隔成两间,外面起居室,放着茅盾当年从上海运来的一套沙发。内室是书房,北窗下放着一张茅盾当年定做的大写字台。民国24年(1935)秋,茅盾在这里完成了中篇小说《多角关系》的写作。平屋外面空地上植有不少花木。民国23年(1934)秋,茅盾在这里亲手种植了一棵棕榈和一丛天竹,现今棕榈的枝干已超过7米多高的院墙,天竹则郁郁葱葱、枝繁叶茂。茅盾故居建立后曾设7间陈列室,陈列茅盾的150幅照片和反映他的生平及业绩的实物。故居共有珍藏品276件,茅盾照片400余件,当代名家的书画200余件。近年已移至立志书院展出。

（十五）徐志摩故居

徐志摩故居位于海宁市硖石镇干河街40号,为海宁市重点文物保护单位。2002年10月,徐志摩故居被国家旅游局评定为AA级旅游景点。这幢西式两层楼建于1926年秋,共20余间,有冷热水管、电灯、浴室等。楼下的深黄印花地砖,是当年从德国进口的。1922年3月,徐氏与原配夫人张幼仪在德国柏林离婚,4年后和京华名媛陆小曼在北京结婚。诗人的"婚变",当时在内不为老父所容,在外不为一般社会舆论所谅。他于是萌生"归隐"之念,于1926年11月16日偕新婚的陆小曼返回故乡,打算在这里度过隐居著书的生涯。但不足一个月,军阀的争战击毁了诗人月下伴美的隐士梦,仓促走避沪上。新居终未能挽住这位中国济慈的诗笔,徒然给后人留下了一段美丽的遐想。

故居建筑面积600平方米,前后两进,主楼三间二层,前带东西厢楼。后楼亦三间,屋顶有露台,可登临。故居台门上方有诗人表弟金庸的手书"诗人徐志摩故居",正厅有匾曰"安雅堂",乃启功补书。主楼底层两侧有徐志摩家世、生平及思想和文学活动的陈列,展示诗人短暂而绚丽多彩的一生。正厅、卧室、书房布置复原陈列,再现诗人的家境和生活场所。

（十六）朱彝尊故居

清初著名学者朱彝尊故居位于现嘉兴市秀洲区王店镇广平路南端,占地6500平方米。园林原名"竹垞",曝书亭原是竹垞内的一座建筑物,因朱彝尊著作《曝书亭集》称名于世,后人遂以曝书亭作为园林名。园门向北,进门左侧为"娱老轩",坐北朝南,系三开间厅堂。其西为"醧舫"。楣额为清初书法家郑笆书。舫三面临水,曲桥波影,相映成趣。距醧舫数十步为"潜采堂",1963年修葺时将朱氏家祠中的朱彝尊石刻像移入嵌于壁中。原康熙御赐"研经博物"匾因家祠早毁而佚,现由人重新书写,悬于正厅。室内存有朱彝尊手书条幅,用过的端砚以及描绘当年"曝书亭"全景的画卷。轩、舫、堂环荷池而筑,粉壁砖地,素洁幽雅。在园中部,通过荷塘上曲折石桥至桥南,即为整个园林据以得名的建筑曝书亭。亭面北,两面石柱上镌有集杜甫诗句的楹联,原为汪揖书,重修时阮元据以摹写,联为:会须上番看成竹,何处老翁来赋诗。亭石柱上还刻有阮元重修曝书亭时,和朱彝尊词所作的《百字令》,及当时嘉兴知府满族诗人伊汤安的和作,书迹和词句都很精美。亭之东有假山,六峰亭翼然其上,"文革"前原悬有张宗祥书的匾额。六峰亭下有一方石铺甬道,长数十米,两旁古树敧侧,绿荫深秀。曝书亭质朴淡雅的艺术风格,疏密有致的结构布局,为国内园林建筑专家所重视。

二、名人故居的价值分析

（一）历 史 价 值

1. 历史纪念意义

名人故居因其主人或使用者而具有深刻的文化、历史内涵。它们往往是重要的历史事件的发生地,具有重要的历史纪念意义。例如,上海的中共一大会址、二大会址等。一些名人故居虽然在建筑外观上并没有特别的建筑价值可言,但是因为居住者所取得的成就、业绩或人格魅力、道德品质等方面的影响力和吸引力,从而赋予了原本平凡甚至破败的建筑强大的生命力,成为了人们了解和纪念名人居住者和历史事件的重要载体。游客在睹物思人的过程中感受名人生前的生活环境、相关的历史事迹、具有影响力的作品等,体会每个名人独有的人生故事、重要的精神,从而不断地得到激励。

2. 历史教育意义

名人故居因为它具有的文化、历史、美学的价值让其成为了一个具有教育性意义的人文景观,是人们了解历史、文化,得到知识的重要渠道之一。名人故居可以通过故居建筑向人们传递故居主人的风采和魅力,就像一部立体化的人物传记,展现历史中主人的生活状态、奋斗历程以及风采、魅力,人们从中可以增长知识,汲取精神营养,找到生活的榜样和目标。同时,人们也可以从一些反面人物的故居景点中获取教益。

（二）文化价值

1. 名人文化的载体

名人故居是有形的古迹和无形的思想文化兼而有之,其价值主要在于其文化性,而非房子本身。名人故居不仅具有纪念意义,更主要的是它本身所包含的文化价值。名人文化包括名人的影响力、名人的贡献、名人的人格魅力、名人的精神、名人的思想言论、名人文学作品的艺术感染力等,它是一个地方的历史、社会、文化特征的集中体现,也是地方文化、民族文化的精华部分,其丰富的文化内涵、生动的历史记载是城市弥足珍贵的资源。名人文化可以提高城市文化的品位,可以带来良好的经济效益。此外,由于名人文化可以跨越漫长的时空隧道,经过教育等特殊的传播途径来传播,所以具有广泛的接受群体,更具有深刻的感化教育作用。名人文化具有特殊的价值,却是非物化形态的东西。名人故居是名人文化的载体,是物化形态的名人文化,为人们与历史名人的"交流"提供了空间。它们能够直观地满足人们的视觉享受和缅怀名人、缅怀历史、抒发怀古之情、思古之幽的精神追求。历史名人文化犹如一面旗帜,引导着人们的思维,决定着人们的行为模式和生活方式,鼓舞人、激励人去热爱自己的国家,热爱自己的家园,并且尽力为其作出自己的贡献。所以,名人故居对于帮助人们树立人生观、价值观,具有重要的教育功能。保护好名人故居,发挥好名人故居的作用,有助于形成健康良好的文化氛围,影响和塑造人们的思想、情操和修养,这对于中华民族优秀文化的传承具有重大意义。

2. 城市文脉的载体

名人故居从建筑的载体中体现了一个城市的文脉历程,它是一个城市的个性和文化特色的重要方面。一个城市的文脉是由各种客观存在的历史文化遗迹和随着历史积淀下来的各种精神文明成果共同组成的。城市中的一定量的名人故居建筑在一定程度上代表了当地的地域建筑文化的发展。众多名人的集中居住和其创造出的文化财富在历史发展过程中成为了这个城市的个性和地域文化的组成部分,甚至是一个地方文化的标志和符号象征。例如,北京的名人故居大多是四合院,而上海的名人故居则是石库门式或者欧式的。上海的长宁区、静安区各类有特色的异国情调的名人故居建筑反映了上海特有的海派风格的地域文化。这些都是城市规划中,区域和街区风格的精华所在。

三、名人故居保护开发的原则

（一）寻求故居的历史价值、建筑本身的艺术价值和科学价值的统一

名人故居作为城市文化遗产的一种类型,具有唯一性;但是,当它们作为建筑遗产

蕴涵在历史城区的时空脉络之中时,就具有了多重性。名人故居的多重性除了体现在建筑自身的艺术价值和科学价值外,还在于它本身所具有的人文内涵,以及从中所显示出来的巨大的人文价值。以名人故居为代表的建筑文化,往往能从一个侧面鲜明地反映出了特定历史时代的社会文化和审美风尚的特征。名人故居在整个建筑布局和结构上,都非常注重突出人间秩序性与和谐性的特征。人居建筑中的屋顶、屋架、木柱、斗拱、墙壁、门窗、栏杆、砖瓦等都十分讲究,寄寓了人的一种审美情怀。同时,名人故居是一部记录着如何孕育名人和名人成长,以及反映着特定历史时代的社会文化发展变迁的史书。从对名人故居的考察上来看,人们可以从一个特殊的角度来解读积淀在其中的历史文化信息,感悟人世间变化发展的历史沧桑,体味蕴藉在其中的人文内涵和人文意蕴。因此,名人故居作为一种人文景观,其真正的内涵是在这种整体与细节的和谐统一当中,蕴含着一种人文的精神,人间的精神。

(二)将文化遗产的保护与都市文脉传承有机结合

各具风采的名人故居,是城市历史的结晶,也是城市的文脉。因此尽全力保护名人故居,既能让后人铭记历史,也能彰显出城市文化。各级政府必须高度重视,积极主动推进城市文化遗产的保护。保护的过程要注重有文化史家和民间力量的参与,提高他们的积极性,参与保护;同时注重利用名人自身活动所造成影响社会的事件以及个人产生新闻效应的生活逸闻。名人故宅作为文化遗产,更多的是因名人而出名;其承载着更多的民众的口承记忆。而这些口承记忆是建构地域文化不可缺失的一部分,这些也是重要的文化遗产——人类口头传承的非物质文化遗产。

【学习情景 4】   **江南的文化世家**

在中国历史上,数代不衰的大家族并不罕见,在一定时期或一定区域,还形成长盛不衰的文化世家。所谓文化世家,是指此世家的文化色彩比较浓厚,在家族血脉传承中带有强烈的文化传承的色彩。中国历史上这样的文化世家历代都有,魏晋南北朝时期的世家有王、谢、崔、卢、李、郑;宋代的文化世家有晁、韩、吕、宋等。一个家族从普通家族成长为文化世家需要一定的积累过程。

怎么样才算得上是文化世家呢?吴江薛凤昌《吴江叶氏诗录序》云:"一世其官,二世其科,三世其学。"这比较准确地把握了文化世家的特征:仕宦、科举、学术,这正是所谓文化世家的核心要素。当然文化世家不一定应试做官,但在明清科举极盛之际,科举实际上成了许多家族文人的"指挥棒",而及第入仕,就成为许多文人的人生轨迹。另一方面,在传统中国,"官""科""学"三位一体,所谓"学而优则仕",因此,文化世家、科举世家、官宦世家往往也是三位一体,没有哪个官宦世家不是得自科名,而科名之取得,必然攸关于学术文化。在世家的背景或环境中,所谓"学"自然也就带有"家学"之色彩;而所谓"家学",自然也只有依托于世家方才可能实现,也就是陈寅恪所说"学术文化与大族盛门不可分离"。

一个区域内的世家往往不是孤立的,而是彼此间存在着这样那样的联系,其中姻亲就是世家大族间的一层重要关系。世家间通过姻亲缔结了盘根错节的关系,一荣俱荣,一损俱损。他们的影响也因此超出了家族范围而辐射到社会,超出了姻亲关系而辐射到政治、经济、文化诸方面。因为这些望族都具有比较高的社会地位和文化水准,他们的婚姻集合体必然会使这些家族群体形成更加强大的力量。

世家高门为了追求文化层次,往往不会轻易与下层门第通婚,而是追求门当户对,使其家族通过婚姻行为固定在一定的社会层面上。外家的文化资源和人才资源可以互补共享。外家的资源如外祖父、舅舅等的藏书、学问、人脉等均对甥辈大有神益。因为他们大多是文化世家,家族间的联姻实际就是文化世家间的联姻,即文化上的强强联合,通过文化的联姻使其子弟的素质得以优化,使不同背景的家族文化得到碰撞、交融和提升。通过联姻,单个的文化世家就连接成文化世家网络。这样,一个家族既能在纵的方向上实现家族文化的传承和提升,又能在横的方向上实现家族利益的拓展以及家族文化间的沟通交融。

婚姻本来就是世家极其重视的内容,从魏晋至唐,曾长期盛行门第婚姻,如北方的崔、卢、李、郑,南方的朱、张、顾、陆等,世家大族之间的通婚成为普遍的现象乃至法则。通过联姻,世家的地位得到不断强化。史料表明,从三国两晋时期,吴中大姓如张、顾、陆、朱、孙之间即互相通婚,特别是张、顾、陆是通婚最频繁的三姓。潘光旦总结说:"同一地方的世家大族,因智能程度的相近,社会身份、经济地位、文化旨趣等的相同,总会彼此通婚,成为一种门第主义的婚姻。门第婚姻行之既久,势必发生血缘婚姻,生物学者叫做近婚。"不管是门第婚姻,还是血缘婚姻,在清代江南地区世家大族之间仍然是比较普遍的现象。如《红楼梦》中贾、史、王、薛四大家族的联姻,在明清江南其实并不鲜见。如宜兴储、陈、史、徐诸大姓之间的世代姻亲,常州庄氏与唐氏、董氏与张氏,无锡顾氏与杨氏,苏州潘氏与汪氏,吴江沈氏与叶氏,昆山许氏与叶氏,都是世为姻娅,非常著名。吴门"前明大家有丁、金、陆、顾、管、李六家,族繁名重,姻娅联络"。洞庭东山诸大姓,"婚姻相通,若朱陈之族"。世家大族互相通婚,而且世代相姻,从而形成极其繁复的亲戚网络,深刻地影响着社会文化诸方面。

知识链接

江南水乡地区文化世家一览表

朝代	世家名称	家庭代表人物	地理位置	家族特点
西晋	华亭陆氏世家	陆机、陆云	吴郡吴县华亭	文学
宋	姑苏范氏世家	范仲淹	江苏苏州	文学
元明	苏州沈氏世家	沈周	苏州	绘画
明清	松江董氏世家	董其昌	松江	绘画
明清	太仓王氏世家	王世贞、王世懋、王鉴	江苏省太仓市	诗文、绘画
明	昆山归氏世家	归有光	江苏昆山	文学

朝代	世家名称	家庭代表人物	地理位置	家族特点
明	无锡顾氏世家	顾宪成、顾允成	江苏无锡	创办东林书院
明清	武进孙氏世家	孙慎行、孙星衍	江苏武进	校勘古籍、藏书、目录学等
明	苏州冯氏世家	冯梦龙、冯梦桂、冯梦熊	江苏苏州	民歌、通俗小说、戏曲
明	松江夏氏父子	夏允彝、夏完淳	松江府华亭县	抗清英烈
明清	常熟钱氏世家	钱谦益、柳如是、钱曾	江苏常熟	文学
明清	昆山顾、徐氏世家	顾炎武、徐乾学	江苏昆山	经学、史学
明清	无锡顾氏世家	顾柔谦、顾祖禹	江苏无锡	地理学
明清	常熟汲古阁毛氏世家	毛晋	江苏常熟	汲古阁藏书楼
清	常熟瞿氏五代藏书世家	瞿镛、瞿秉渊等	江苏常熟	藏书
清	华亭王氏世家	王鸿绪、王顼龄、王九龄	松江府华亭县	雷石宦官、经学
清	华亭张氏世家	张照、张祥河	松江府华亭县	书法、绘画等
清	嘉定钱氏世家	钱大昕、钱大昭	嘉定	"嘉定"学派代表人物、历史学家
清、近代	常州洪氏世家	洪亮吉、洪深	常州	地理学、人口论,戏剧、电影
清	常州庄、刘世家	庄存与、刘逢禄、宋翔凤	常州	经学、公羊派
清	吴县惠氏世家	惠惕、惠士奇、惠栋	吴县市	经学
清	吴县江氏世家	江声、江沅	吴县市	经学、文字、音韵
晚清	苏州吴氏世家	吴大澂、吴湖帆	苏州	书画
晚清	常熟曾氏世家	曾朴	常熟	《孽海花》
近代	宜兴钱氏世家	钱绍起、钱松嵒	宜兴	办私塾、国画
近代	苏州钱氏世家	钱玄同、钱三强、钱仲联	苏州	音韵、原子、诗词
近代	江阴刘氏世家	刘半农、刘天华	江阴	文学、音乐
南朝	吴兴沈氏世家	沈约	吴兴	声律说
五代及以后	临安钱氏家族	钱镠	杭州临安	建立吴越国
宋	钱塘沈氏世家	沈括、沈遘、沈辽	杭州	科学家、《梦溪笔谈》
宋元明清	钱塘海盐张氏世家	张九成、张元济	海盐	古籍整理、图书出版
元	湖州赵氏世家	赵孟頫、管道昇、赵雍	湖州	书画
明	钱塘于氏世家	于谦	杭州	政治家、诗文
明清	海宁查氏世家	查继佐、查慎行、查嗣庭	海宁	文史、音律、书画
明清	崇德吕氏家族	吕留良、吕愿良	桐乡崇福镇	反清,文学、医学

模块六　江南文化名人

朝代	世家名称	家庭代表人物	地理位置	家族特点
清	秀水朱氏世家	朱彝尊	嘉兴王店	浙派诗
清	钱塘袁氏世家	袁枚	杭州	性灵说
清	仁和龚氏世家	龚自珍	杭州	文学
清	钱塘丁氏世家	丁申、丁丙	杭州	藏书、抢补《四库全书》
清	钱塘徐氏世家	徐潮、徐本、徐新六等	杭州	"浙右大族"、科举、诗文等
清	钱塘许氏世家	许乃普、许彭寿等	杭州	科举
清末民初	湖州刘氏世家	刘镛、刘承干	湖州	藏书
民国	余杭章氏世家	章太炎	余杭	国学
民国	富阳郁氏世家	郁达夫、郁曼陀	富阳	文学、法学
魏晋	余姚虞氏经学世家	虞翻、虞喜、虞预	余姚	儒学
南朝至唐	余姚虞氏文学世家	虞荔、虞寄、虞世基、虞世南	余姚	书学、文学、史学
宋	鄞县王氏世家	王应麟	宁波鄞县	文献学
宋	鄞县楼氏世家	楼郁、楼钥	宁波鄞县	教学、藏书
宋	鄞县史氏世家	史浩、史弥远、史嵩之	宁波鄞县	宰相
宋元明清	清涧鄞县李氏世家	李显忠、李守真	宁波鄞县	将领、经学、藏书
明	余姚王氏世家	王阳明、王华	余姚	哲学、经学、教育
明	鄞县张氏家族	张邦奇、张时彻	宁波鄞县	诗文、书法
明清	鄞县范氏世家	范钦、范大澈、范汝梓	宁波鄞县	天一阁藏书
明	鄞县镜川杨氏世家	杨守陈、杨守址	宁波鄞县	官至尚书,理学、经学
明清	余姚黄氏世家	黄素尊、黄宗羲、黄宗炎、黄宗会	余姚	经史
明清	宁波万氏世家	万泰、万斯同	宁波甬城	经史
明	姚江烛湖孙氏世家	孙燧、孙镶	余姚	文学
明清	鄞县全氏世家	全祖望	宁波鄞县	文学、史学
明清	慈溪鹳浦郑氏世家	郑溱、郑梁、郑性	慈溪	文学
清	余姚邵氏世家	邵廷采、邵向荣、邵晋涵	余姚	史学
近代	鄞县张氏父子	张嘉禄、张寿镛	宁波鄞县	汉学、西学
东晋	山阴王氏世家	王羲之、王凝之、王献之	绍兴	书法
东晋	山阴贺氏世家	贺循、贺玚	绍兴	文学
宋	山阴陆氏世家	陆佃、陆游	绍兴	文学

江南水乡文化

朝代	世家名称	家庭代表人物	地理位置	家族特点
元	诸暨杨氏兄弟	杨维桢、杨维翰	诸暨	书法、诗文
宋	新昌石氏世家	石渝、石待旦等	新昌	科举
明	山阴刘氏世家	刘宗周、刘茂林	绍兴	理学
明	会稽陶氏世家	陶承学、陶望龄、陶奭龄	绍兴	文学
明	山阴张氏世家	张岱	绍兴	文学
明	山阴祁氏世家	祁承爜、祁彪佳	绍兴	淡生堂藏书
清	会稽章氏世家	章镳、章学诚	绍兴	史学、方志学、哲学、文学
清	诸暨陈氏父子	陈老莲、陈小莲	诸暨	绘画
近现代	绍兴许氏世家	许寿裳、许世瑛	绍兴	教育
现代	绍兴周氏世家	周树人、周作人、周建人	绍兴	文学
唐	义乌骆氏家族	骆宾王	义乌	诗文
宋	衢州赵氏家族	赵抃	衢州	文化
宋	金华吕氏世家	吕祖谦	金华	婺学
南宋	永康陈氏世家	陈亮	永康	永康学派
南宋	金华唐氏世家	唐仲友	金华	经制之学
宋元	东阳许氏家族	许谦	东阳	秉承朱学、教育家
宋元	浦江方氏家族	方凤	浦江	"四世大夫"世家
宋元明清	浦江郑氏家族	郑德璋、郑文融等	浦江	九世同居
宋至近代	金华何氏家族	何基、何炳松	金华	金华朱学、史学
明	金华宋氏世家	宋濂	金华	金华朱学
明	兰溪胡氏家族	胡应麟	兰溪	"一代诗宗"
明清	兰溪李氏世家	李渔	兰溪	戏曲
清末民初	东阳邵氏家族	邵飘萍	东阳	新闻
近现代	龙游余氏家族	余绍宋	龙游	方志、书画
南宋至民国	衢州孔氏世家	孔端友、孔传	衢州	儒学
宋	温岭戴氏世家	戴复古	温岭	江湖派诗人
宋	永嘉薛氏世家	薛季宣、薛叔似	永嘉	永嘉学派
宋	庆元吴氏家族	吴毅、吴崇熙	庆元	"进士村"
南宋	缙云赵氏世家	赵顺孙	缙云	进士之家
明	椒江何氏世家	何宠、何宽	椒江	诗文

朝代	世家名称	家庭代表人物	地理位置	家族特点
明	临海王氏家族	王宗沐、王士性	临海	文学
明	青田刘氏家族	刘基、刘琏、刘璟	青田	文学、地理等
清末	瑞安黄氏家族	黄体芳、黄绍箕、黄邵第	瑞安	教育
清	瑞安孙氏家族	孙诒让、孙衣言、孙锵鸣	瑞安	经学
清	三门吴氏家族	吴应鳌、叶素娘、吴蕙芳、吴茜云	三门	诗文
清	天台齐氏家族	齐召南、齐周华	天台	文学
民国	平阳蔡氏家族	蔡英、蔡笑秋、蔡墨笑	平阳	绘画

第三单元　相关链接

【学习情景 1】　　　　　文酒风流二千年

柯　灵

　　史书与方志,在中国文化结构中有悠久的传统,祖述源流,检点山河,二者各有町畦,而又骈枝连理,《四库全书》的门类区分,方志即归入史部。浙江素称文物之邦,历代修纂的志书,据专家统计,为数当在千数以上。方志著作,门类繁多。通志以外,舆地、博物、名胜、古迹等,各有专志,艺文志正是一个重要的品种。

　　浙江的文明曙光,深入鸿蒙,直追远古。史称"古有三圣,越占其二",舜培佳谷,使人免于茹毛饮血;禹治洪水,使人免于为鱼鳖。古代杭州,不过是一片汪洋中的无名小洲,"谁谓河广,一苇杭之",传说大禹巡狩至此,舍航登陆,始有杭州之名。良渚与河姆渡遗址先后发掘,更把历史推前至七千年。筚路蓝缕,爝火不熄,使不毛之地变为膏腴的厚土。先民的智慧勤劳,日久天长,蔚然成风。春秋吴越争霸,勾践卧薪尝胆,复国兴邦,史迹彪炳,成为中华民族创基立业的精神支柱。诗人讽咏,诉说传奇,舞台搬演,至今绵延不绝。

　　古代华夏政治中心,一直在黄河流域,争战逐鹿,治乱无常。浙江地处东南沿海,远离京畿,在举世嚣嚣中赢得相对的太平,给文化的挈乳繁衍创造了适宜的土壤。苏轼在《表忠观碑》,就赞叹"其民老死不知兵事,四时嬉游,歌鼓之声相闻"。两晋扰攘,北方战火连天,腥风匝地,田园荒芜,城郭为墟。随着晋室东迁,大批移民涌向江南,高门大族,更把浙东当做避世的桃源。五代天下大乱,十国各霸一方。吴越国崛起草莽的钱镠,实行保境安民,乱中求治,竟把两浙调理得江山雕丽,阡陌如绣,闾阎相望,鸡犬可闻。南宋偏安,杭州(临安)一跃而升格为皇室行都,"市列珠玑,户盈罗绮",加上一泓西湖,"三秋桂子,十里荷花",已俨然是地上天堂。那时徽钦二帝被金人所掳,在东北荒寒的五国城里,过着极度悲惨屈辱的囚徒生活,而高宗赵构,却守着钱塘江的小朝廷,画栋雕梁,笙箫歌舞,"直把杭州作汴州"。中原流离失所的百姓,潮水似的流迁东南,宋代辛苦经营的经济和文化积累,竟在赵家陵阙的西风残照中,汇为临安的一代繁华。

浙江得天独厚,山多名山,水多胜水。白云缭绕之巅,烟波浩渺之区,林泉丘谷之间,到处是斑斓的古迹、神话和民间传说。例如,夏禹会盟封禅、死后长眠会稽山,嬴政登临望海、勒石纪功的秦望山,昭明太子编《文选》的天目山,李白魂牵梦萦的天姥山。钱塘江上的滚滚怒潮,原来是伍员怨气冲天的素车白马。白塔洋边古代伶官的幽灵,向嵇康传授了东市绝响的《广陵散》。水碧于天的富春江上有伍员亡命的渡口,严子陵遁世的钓台。天台山刘阮遇仙,烂柯山樵夫观弈。西湖三生石、油壁车,直至家喻户晓的白蛇传和梁祝故事,哀感顽艳,扣人心弦。而且诗眉画眼,俯拾即是。晋人顾恺之的"千山竞秀,万壑争流",王献之的"草木朦胧,山川映发",南朝丘迟的"暮春三月,江南草长,杂花生树,群莺乱飞",唐人张志和的"西塞山前白鹭飞,桃花流水鳜鱼肥",就是一幅幅活色生香的有声画,无声诗。王羲之定居山阴,谢安息影上虞,东晋名士胜流,一时风从云集。兰亭一序,茂林修竹,曲水流觞,书香墨韵,文酒风流,传为千古美谈。唐宋两代的诗坛领袖,词苑班头,纷来寻幽探胜,寄情抒怀,络绎不绝。当代浙江学人,把浙东名胜之区称为"唐诗之路",从有唐一代浩瀚如海的诗作中寻踪觅迹,其中就有李白、杜甫、孟浩然、刘长卿、崔颢等等,总计不下 400 人(见邹志方《浙江唐诗之路》)。特别值得一提的,是白居易、元稹、范仲淹、王安石、苏轼、辛弃疾这样的学士文豪,都当过杭州、越州(绍兴)、明州(宁波)、湖州的地方官,耕耘风雅,播种斯文,流风遗韵,一脉相延,至今袅袅不断。

历史条件、社会条件、自然条件的辐辏融融,钟灵毓秀,济济多士,纵横儒林,驰骋文坛,使浙江成为郁郁乎文学之乡。试加豹窥,略具数端。

诗人词客,各有千秋。谢灵运开山水诗先河,表达了人类情操与自然品格的亲和力。沈约倡"四声八病",赋诗歌艺术以格律性与音乐感。骆宾王称"初唐四杰"之一。贺知章贵为太子贵宾,是李白的文字知己,誉之为"谪仙",对李白的成名有很大的帮助。孟郊以苦吟著名,为韩愈所激赏。罗隐愤世嫉俗,诗文如玫瑰多刺。陆游诗词兼工,不愧为一流大家,他的爱国精神尤为感人。"池塘生春草,明月照积雪""西路蝉声唱,南冠客思深""少小离家老大回,乡音无改鬓毛衰""慈母手中线,游子身上衣""何如学取孙供奉,一笑君王便着绯""死去原知万事空,但悲不见九州同"……名诗名句,流传千古,几乎识字人都能背诵。张先以"云破月来花弄影"得名张三影,贺铸以"梅子黄时雨"雅号贺梅子。周邦彦(清真)的"并刀如水,吴盐胜雪";吴文英(梦窗)的"何处合成愁,离人心上秋",清词丽句,脍炙人口。宋人称道词苑俊彦,"前有清真,后有梦窗",是"四海公言",但也有人批评梦窗词"如七宝楼台,碎拆下来,不成片段",而且有词献贾似道,为盛名之累。

学海汪洋，博学多才之伦，以学术成就和思想光芒照耀一代，影响后世。早在儒学独尊的汉代，王充反虚妄、反迷信，善于独立思考，富于批判精神，认为俯仰随人的是"鹦鹉能言"。他的名著《论衡》，至今备受注目。南宋民族危机深重，士人思想活跃，形成各种学派。如金华学派的代表人物吕祖谦，博洽通融，为东南三贤之一。永康学派的陈亮，永嘉学派的叶适，坚持抗金，猛烈抨击理学的顽固堡垒，震烁一时。明代的王阳明，清初的黄宗羲，清末的龚自珍，近代的章太炎、王国维，都是名垂宇宙的学术巨人，而且才藻清华，文章诗词，并负盛名。此外如沈括的胸罗万象，目光遍及人情物理、人文地貌，记录了中国古代科技发明的珍贵史料；张岱的笔致清隽，卷舒自如，寄沉痛于悠闲；袁枚的离经叛道，标举性灵，都能别开生面，独树一帜。

小说戏剧，成就辉煌。唐代的传奇作者中，就有沈亚之崭露头角，李贺称之为"吴兴人才""工为情语"；李商隐也对他深表赞许。南宋偏安，一面是举国沸腾，士流奔走号呼，抗金救亡；一面是官商云集临安，纸醉金迷，城开不夜，西湖有"销金窝儿"之称，应运而生的勾栏瓦舍、歌台茶馆，有如雨后春笋。酒绿灯红，管急弦繁，民间艺人舌粲莲花，说盛衰兴亡之感，悲欢离合之情。这些口头文学，蜕化为纸上的"讲本""讲史"，开创了白话小说的新局面，为"五四"白话文学摇启先声，"三言""二拍"可为证明。罗贯中的《三国演义》，施耐庵、罗贯中合作的《水浒传》，已成为中国古典长篇小说不朽的丰碑。俞曲园整理修订《忠烈侠义传》，改名《七侠五义》，民间流布广远。20世纪30年代，海派京剧据以编为连台本戏《狸猫换太子》，轰动一时。近年上海京剧院加工重演，依然受到观众热烈欢迎。中国古典戏曲的历史，杂剧产生于晋冀一带，南戏产生于宋代温州，"渊源所自，或反古于元杂剧"（王国维《宋元戏曲考》）。高则诚的南戏剧作《琵琶记》，洪升的传奇《长生殿》（由南戏发展而来），前后辉映，可称双璧。徐渭诗文书画兼擅，杂剧《四声猿》名重一时，还著有《南词叙录》，钩稽源流，考订作者胆作品，是一部研讨南戏的重要著作。对戏剧艺术上最出色当行的，要数李渔，有优秀的创作，系统的理论，《笠翁十种曲》和《闲情偶记》，都称得上传世之作。钟嗣成的《录鬼簿》，王德骥的《曲律》，吕天成的《曲品》，姚燮的《今乐考证》，平步青的《小楼霞室说稗提要》，都是研究中国戏曲的珍贵史料。到了50年代，浙江昆剧团演出《十五贯》，使日趋衰竭的昆曲重现生机，获得"一出戏救活了一个剧种"的美誉。

浙江多美女。西施之美，尽人皆知。与项羽生死相契的虞美人，也是越中的村姑，据说虞姬故里，至今流传一种风俗：姑娘取名讳用翠字，因为翠字从"羽"从"卒"，是不祥之兆。更有不少秀外慧中的才女，为湖山生色。东晋谢安的侄女谢道韫，是女诗人，原有诗集已经湮灭，"咏絮才"的美名，却长留后世，耳熟能详。唐代李治，刘长卿称之为"女中豪杰"，而遭遇极其不幸。稚年咏蔷薇，有"经时未却架，心绪乱纵横"这样的诗句，显示她的早慧与早熟，却因此失欢于迂腐的父亲，认为她成年后必定"失行"，后来竟得了"性荡"的恶名，只好出家当女道士。曾应召入宫，最后为宫廷政变所牵连，惨遭杀身之祸。李治的一生，足以代表古代才女的悲剧性命运。写《断肠词》的朱淑真，词如其人，反映了她的断肠身世。李清照垂老丧乱频仍，金兵席卷中原，她颠沛流离，辗转越州、台州、温州、衢州、嵊县、黄岩、金华，足迹踏遍了大半个浙江，最后在杭州度过凄凉的残年。她的词作婉约清新，举世无双，她的诗作却不乏阳刚之气，如"南来尚怯无江冷，北狩应悲易水寒""南渡衣冠思王导，北来消息少刘锟"，清楚地反映出她忧国伤时的忿激心情。南宋偏安，依然穷奢极欲，醉死梦生。理宗选嫔妃，入选的民女中，张淑芳美貌出众，被贾似道隐匿霸占。张淑芳生性敏慧，也能填词。后来贾被革职放逐，她因为早有准备，就此削发为尼。看来旧时婉转娥眉的求生之路，不是遁入空门，就是沦落欢场。南齐时钱塘名妓苏小小，油壁香车的故事，长期播传人口，深入人心，张佑、李贺、温庭筠都为她写过诗，白居易的"涛声夜入伍员庙，柳色深藏苏小家"，把英雄美人并付咏诗。西泠桥边原有苏小小墓，"湖山此地曾埋玉，花月其人可铸金"，成为有名的西湖一景，直到"文化大革命"前一年，才被平了坟。那是一次西湖的"大扫除"，由北京一位掌管意识形态的权威人士亲自督导，在一个严寒的冬夜，把苏小小的墓连同隐士林和靖、烈士徐锡麟、秋瑾的墓一举夷平。诗妓琴操和苏轼参禅悟道的掌故也很著名，郁达夫曾和林语堂、潘光旦联袂访过琴操墓，有诗寄慨："山既玲珑水既清，东坡曾此访云英。如何八卷临安志，不忘琴操一段情？"出生在嘉兴鸳鸯湖畔的柳如是，大名士钱谦益的红颜知己，不但才气横溢，有诗词行世，生当明、清易代之际，身坠风尘而不损志行高洁，与钱谦益的屈节降清大异其趣。陈寅恪暮年著书，为她立传，誉为"女侠名姝"，"婉娈倚门之少女，绸缪鼓瑟之小妇"，为她洗雪污蔑。和曹雪芹同一时代，浙江出了一位才女陈端生，弹词《再生缘》的作者。这部杰作的诞生，完全可以说是血泪的结晶。作者因为丈夫在一次科场案中受到连累，获罪流放，她为了排遣苦闷，消磨时间，开始写作《再生缘》，并决心要写到丈夫回家才完篇。全书20卷，长达60万言。她从18岁构思动笔，到34岁，才写到第17卷，丈夫获释，还未到家，她已经憔悴支离，泪枯血尽，等不到夫妻团圆了。（弹词后三卷，是由梁德绳续成的。）《再生缘》的成就，郑振铎推毂于前郭沫若颂扬于后，陈寅恪更给予了极高的评价。以《再生缘》女主角孟丽君命名的戏剧曲艺流行民间，妇孺皆知，近顷孙道临、王文娟伉俪合作，还拍摄了电视剧《孟丽君》。但得鱼忘筌，原作早被淡忘，记得陈端生其人的，似乎更少了。

应该大书特书的，是文人风骨峻嶒，特重气节，为此慷慨献身者指不胜屈。嵇康身处乱世，傲世轻时，"上不臣天子，下不事诸侯"，终以身殉。方孝孺一生刚正，以圣贤自期。学识渊博，又是文章高手，被尊为"明学之祖"。明成祖以武力夺取帝位，方孝孺拒不称臣，授官不就，获罪下狱。要他起草即位诏书，他又坚决拒绝。应召上朝时，面斥朱棣非法篡位，受到残酷的刑罚，朱棣威胁要用最高刑罚灭他的九族。他声称灭十族也不愿草诏，结果被凌迟处死，家眷亲戚等九族以外，加上朋党弟子，凑足十族，惨遭屠杀，一案牵连，多到八百余口的骇人数字。南明覆亡，清兵长驱直入，为保持民族气节绝食而死的有称为"千秋绝学"的宿儒刘宗周（黄宗羲即出其门下）；以诗文名重一时的王思任，他的名言"吾越为报仇雪耻之国，非藏垢纳污之地"，300年后，鲁迅还一再引用。写过《远山堂曲品、剧品》的祁彪佳，投水自尽殉国。朱舜水矢志抗清复明，万里投荒，辗转浙闽海域。郑成功、张煌言会师北伐，进军长江，他参与战斗，亲临阵列，不幸以失败告终。（张煌言后因抗清兵败，被俘就义，是又一名垂青史的爱国志士。）朱舜水在长达15年的苦战中,二度亡命天涯,漂泊越南、暹罗,3次到日本请求借兵。眼看复明无望,最后流亡日本,讲学授徒,直到老死,不改明代衣冠,不忘中原父老。他的博学广识和人格力量,深受日本人崇敬,优礼有加。梁启超热烈赞扬他"才气倜傥而意志坚强",为他写了年谱。李大钊尊之为"旷世哲儒",对他的孤忠劲节深表仰慕,认为异族能够统治中国300年,是知识分子志节荡然、人心颓丧造成的恶果。辛亥革命终于使中国封建统治的漫漫长夜开始破晓,孙中山动员群众的口号,正是"驱除鞑虏,恢复中华",而高举的旗帜是"五族共和"。在这场革命中,徐锡麟在安徽起事,杀身成仁。女诗人秋瑾,更是一位惊天动地的巾帼英雄,中国妇女为祖国献出头颅的第一人。她的从容就义使举世震动,由此敲响了清王朝的丧钟。徐、秋的动人事迹,当时演为传奇杂剧的,就有9种之多,以后又不止一次搬上舞台银幕。在30年代,夏衍写了话剧《秋瑾传》,到80年代,黄宗江和谢晋还据以改编为电影,叶文玲最近为秋瑾写了传记。

"五四"标志着漫长的中国历史和文学史翻开了新的一页,现代世界文明和古老的华夏文明在激烈的矛盾冲突中开始接轨。新文学运动的发祥地在北京,和浙江却有很大的关系。当时北京大学的校长是蔡元培,而北大正是"五四"的摇篮。蔡元培,这位清末的翰林公,辛亥革命的战士,又担当了中国启蒙运动先驱的角色。提出"思想自由,兼容并包"的是他,高呼"劳工神圣"的是他,把新思潮比作洪水,镇压爱国学生的军阀比作野兽,指出中国正处于洪水与猛兽相搏斗的时代的,是他(见《洪水与猛兽》一文),迎击林琴南挑战白话文的,也是他。他是中国新旧文化接力赛中承前启后的巨人。抗战爆发,蔡元培因病流寓香港。1940年3月5日逝世,举殡时全港商店学校为他下半旗致哀。再过47年,美国和香港学人周策纵、余光中、黄国彬寻寻觅觅,到香港远离闹市的荒山中凭吊遗冢,吟诗致敬。卢玮銮在《香港文学散步》一书中有文详记其事。那时香港还在英国统治之下,现在已经回归祖国,在举国欢庆中,不知还有多少人想到那岛上一丘寂寞的荒坟?在新文学运动的前驱人物中,鲁迅不愧为伟大的一员。他铿锵的文笔掷地有声,深邃的思想力透纸背,锋利而不失幽默感。他光明、刚直、峻切、无畏,大气凛然。他是旧世界的叛逆,如瞿秋白所说,是吃野兽的奶汁长大的。但他也是中国传统文化精神的继承人,并且经他涵陶扬弃而发扬光大了。蔡元培认为,为中国旧文学殿军的是李越缦,为新文学开山的是鲁迅。周作人也有很大的贡献,可惜为德不卒,在抗战中自己毁灭了自己。在一些重要的新文学流派和社团中,都有浙籍作家积极参与,如《新青年》的周氏兄弟、钱玄同、沈尹默;文学研究会的茅盾、胡愈之、夏丏尊;创造社的郁达夫;新月派的徐志摩、梁实秋,直至《现代杂志》的施蛰存。1920年,早于中国共产党诞生前一年,研究修辞学的陈望道翻译出版了《共产党宣言》,左翼文化运动勃兴,湖畔诗人冯雪峰和鲁迅的公谊私交,使鲁迅成为地下党在文化战线上一面公开的旗子。夏衍是中国左翼作家联盟的重要分子,王任叔、楼适夷、魏金枝、徐懋庸都是盟员。那正是中国风雨飘摇的时代,东邻虎视眈眈,咄咄逼人;红军正在艰苦的征途中,成败未卜,左翼作家义不容辞地担当起历史赋予的任务。新文学本来就是社会变革和文学变革的混血儿,至此不但文学政治混为一谈,而且喧宾夺主,纸上烟云的心灵活动,一变而成为冷冰冰的齿轮和螺丝钉。手无寸铁的亭子间作家,除了清贫自守,还得经受严重的白色恐怖,无数人为此坐牢流血,南京雨花台和上海龙华,成了革命的祭坛。左联五烈士中,就有两位浙籍少年,象山的殷夫殉难时才 22 岁(1909—1931),宁海的柔石不过 29 岁(1902—1931)。为了崇高的理想,为了国家和人民,这种牺牲是神圣而又必不可少的,但革命胜利后还要经历一番红色风暴,特别是十年浩劫中,当年的左联战士无一幸免,左联的组织者夏衍,几乎坐穿了秦城监狱的牢底,冯雪峰、王任叔的结局都很悲惨,那就太不可理解了。试一回顾,笼罩中国历史天空的文字狱阴影,沉重而长久,完全称得上世界之最。值得我们虔诚赞美的是,尽管江湖多风波,忠于文学的作家依然坚守岗位,作出了相当出色的贡献。试分门别类,略加标举:以新诗名世的,有刘大白、徐志摩、戴望舒、艾青、徐迟。鲁迅以《呐喊》《彷徨》为新小说树立了榜样,并赋予杂文这一文体以旺盛的生命力,使之进入高雅的文学殿堂。郁达夫以《沉沦》欹动一时,小说与游记创作都卓有建树,最后在抗战结束时以生命奉献于祖国。茅盾是现实主义大师,坚守"文学为人生"的壁垒,他的小说都可以看作是时代的镜子,反映 30 年代上海民族资产阶级生活的长篇力作《子夜》,其艺术成就和社会影响都不容忽视。散文家有周氏兄弟、朱自清、俞平伯、夏丏尊、丰子恺,直至陆蠡——这位淡泊宁静、出生于山乡天台的作家,在上海沦陷期间,为日本宪兵所杀害,终年 34 岁。戏剧家有宋春舫、夏衍、濮舜卿、石华父(陈麟瑞)、顾仲彝、应云卫、焦菊隐。翻译家有经鲁迅一手提掖的《译文》编者黄源,两位莎士比亚全集的译者:朱生豪与曹未风。辛未艾翻译了卷帙浩繁的车尔尼雪夫斯基文学理论。在"十年一梦"中蒙难谢世的巴金夫人萧珊译过普希金和屠格涅夫的小说《别尔金小说集》《初恋》《阿霞》《奇怪的故事》等。此外我们还应该因风寄意,叙一叙飘泊海外的浙籍作家文学劳绩。在台湾,有已到百岁高龄的苏雪林,最近还写了自传在大陆出版,有散文家琦君,小说家卜乃夫(又名卜宁,笔名无名氏)。在香港,刘以鬯在这商业城市的文学栈道上仆仆风尘,以追求小说艺术和意蕴的创新获得成功,并长期坚持沟通世界华文文学交流的业绩而驰名中外。金庸的新武侠小说改变了社会对这类小说的旧观念,征服了众多读者,声名遍及于香港、台湾、澳门和大陆本土。以小说创作知名的,还有倪匡、亦舒。曹聚仁身寄南天,心关北阙,还曾为祖国的统一大业穿针引线,出过一番力。远在美国的於梨华,《又见棕榈,又见棕榈》的作者,似乎怀乡情切,近年多次重游故土,根据大陆见闻,写了《中国的新女性》和中篇小说《三人行》。最后还该提到一个非常特殊的人物:李叔同。他以翩翩俗世佳公子的身份,在文学艺术上有多方面的成就,对中国早期话剧运动与艺术教育,都作过创发性的贡献。但正当五四前夜,却在西湖虎跑寺出了家,那就是著名的有道高僧弘一法师。1942 年农历九月初四,在福建泉州圆寂前,遗书他的挚友夏丏尊,自报丧讯,并书赠二偈:

君子之交　其淡如水　执象而求　咫尺千里
问余何适　廓尔亡言　华枝春满　天心月圆

　　弘一是教育家、艺术家、哲学家,又是虔诚的佛教信徒,他戏剧性的一生,最后的偈语,给我们留下了广大的思索空间。

　　浙江文学源远流长,一脉相承,香火不断。浙人重视历史,东汉初年,会稽人袁康、吴平著述的《越绝书》,最早记述了吴越史实,公认为地方志鼻祖,也可以看作是中国传记文学的滥觞。相继问世的是山阴人赵晔的《吴越春秋》。两书忠实地歌颂了越王勾践的雄才大略,也不讳避他可以共患难而不可以共安乐的阴鸷品性。"狡兔死,走狗烹;高鸟尽,良弓藏",这种惨痛的历史教训,怵目惊心,足为千秋鉴戒。清末史学家章学诚,肯定了方志学的学术地位和重要作用。最近新编的《浙江省文学志》,贯通今古,缕述本省文学发展的眉目风神脉息,天缘地缘人缘,既是中国文学面貌的局部透视,又是民族文化传统的踪迹追踪。现在这项巨大工程大功告成,生为浙人,敬以瓣香之诚,感念乡土鞠育之恩,为本省文明建设日新月异之祝。

1997 年 12 月 21 日　是年八十又九

学生讲坛

1.夸夸我的家乡。说说自己家乡的文化名人,介绍他们的生平及成就。

2.到自己的家乡做个小调查,调查自己家乡有哪些名人故居及其现状,对这些故居的保护与开发提出一些建议。

3.以任意一个(或几个)名人故居为例,以"名人故居保护性旅游开发"为主题,写一篇小论文。

模块七

江南水乡风情

学习目标

1. 掌握江南水乡运河文化、潮文化、桥文化和船文化知识；
2. 熟悉江南的著名古桥和观潮文化；
3. 能够熟练设计江南水乡风情主题文化旅游线路。

第一单元 模块任务导入

一、作业背景

大运河沿岸某市政协会议上，有多位政协委员联名提交了《打造我市大运河文化之旅》的提案。提案承办单位为了落实委员提案，决定对本市的大运河及文化旅游资源进行调研，并赴大运河沿途的江南城市进行考察。提案承办单位向你所在的旅行社提出了考察要求，并要求提交考察线路、城市和主要内容。旅行社经过研究，决定将接待任务交给了你，请你制订《旅游接待计划书》并准备导游词。

二、工作任务与要求

1. 利用图书馆、网络以及实地调查了解、收集大运河（主要是江南段）的相关知识；
2. 针对政协委员提案的考察点，组织设计游览线路，编写导游词。

三、教学方式与步骤

1. 教师讲解基本知识；
2. 分组查找资料、安排线路、准备导游词；
3. 模拟演练；
4. 教师点评。

第二单元　背景知识

【学习情景 1】　　　江南的运河文化——以杭州为例

一、江南运河概况

元代定都大都（今北京）后，要从江浙一带运粮到大都，于是在前朝运河的基础上裁弯取直，修建了一条由杭州直达北京的运河，史称"京杭大运河"。京杭大运河全长1794 公里，北起北京（涿郡），南到杭州（余杭），经北京、天津两市及河北、山东、江苏、浙江四省，贯通海河、黄河、淮河、长江、钱塘江五大水系。

京杭大运河镇江至杭州段称为江南运河。这段运河所流经的区域，在地质上属于长江三角洲冲积平原，自古水系众多、河网密布。这个水网密布、地势稍有起伏的区域十分适合人类生活，满足江南文明生成与发展的基本地理条件。于是，治水、理水、以水乡为聚落、以水网为通途就是早期江南人开展环境整治的主题，随着社会经济的发展，覆盖全境的自然水系逐渐被改造，一个与江南文明共生的庞大、复杂、多变的人工化水网系统由是而兴。

二、运河与杭州

大运河的贯通，极大地促进了整个运河区域自然、生态、生产环境的改善。运河水系犹如丝丝血脉，滋润着杭州这座城市，奠定了古代杭州的优势地位，成就了"钱塘自古繁华"的兴盛景象。

（一）大运河：杭州的开放之河

大运河的开通，为实现杭州与太湖流域、黄河流域乃至海外各国的联系与交流，架起了江海黄金大通道，使杭州成为开放性、多元化的大都市。

1. 江南水运的枢纽城市

水运是古代中国的主要交通形式，江南地区本来就是一个"以舟当车，以楫当马"的水乡泽国。江南运河的开凿，使太湖流域众多的自然河港、湖泊串联成网，纳入了运河水系，沟通了太湖、苕溪、西湖和钱塘江四大水系，使杭州成为"咽喉吴越，势雄江海"的东南水运枢纽，加强了杭州与苏州、两浙城市间的交往与联系。

2. 南北交流的开放城市

大运河的贯通，使杭州"水居江海之会，陆介江浙之间"，区位优势十分突出。南宋的杭州，可借助南北大运河，直接通达中原地区和黄河流域。依托浙东运河，则可与海运相接，通达福建、两广地区；通过富春江、新安江天然河道，可通达安徽、江西转至两湖地区。以此形成了以临安为中心枢纽的规模最大、组织最为完善的发达运河水网。大运河实际上成了杭州与全国开放交流的主通道,不仅使杭州融入了南北经济文化的大循环之中,而且使杭州成为了全国南北经济大流通、民族大融合、文化大交流的大平台。

3. 中外交流的国际城市

杭州自隋唐起就是重要的对外贸易港口。南宋时,杭州、扬州已成为大运河的商埠口岸,开辟了通往世界的新丝绸之路。当时杭州跨海北上可达高丽、日本,南下可通越南、印度,使中国与海外的世界各国联系起来。

（二）大运河:杭州的繁荣之河

1. "市列珠玑,户盈罗绮"的三吴都会

唐时,南北方的物资越来越多地汇集于大运河,大运河称得上是"半天下之财,系经此路而进"的黄金水道。杭州倚重通江达海的大运河,与广州、扬州并称"古代中国三大通商口岸"。当时,武林门一带是货物的集散之地,江干一带是对外贸易的商埠码头,运河两岸商铺众多,河上商船云集。杭州成了航运城市和商业中心城市,并被誉为"鱼米之乡""丝绸之府"。

2. "商贾骈集,物价辐萃"的华贵之城

南宋时期,江南漕运鼎盛,杭州上接江南运河,南跨浙东运河,西连富春江,东出杭州湾。发达的水运交通,促进了杭州经济的大繁荣、大发展。杭州城内,四通八达的水运网连接千家万户,大街小巷店铺林立,以舟当车,以船代步,以埠为库,以岸为市,运河两岸"四方之所聚,百货之所交,物盛人众,为一都会",出现了"东门菜、西门水、南门柴、北门米"的繁华景象。南宋的杭州,丝织业、印刷业、制瓷业等手工业空前繁荣,已是当时全国第一大经济工商业都市,被马可·波罗誉为是"世界上最美丽、华贵的天城"。

3. "天下粮仓,丝绸之府"的江南名城

近代大运河的漕运,虽因现代交通工具的出现而逐步衰退,但江南运河依然繁忙。明清至民国时的杭州仍是东南货物的集散中心,当时运河岸边的珠儿潭、米市巷一带已成为杭嘉湖地区的大米集散地,官办粮仓在运河湖墅一带应运而生。如仓基上和大浒路等粮仓,已有"天下粮仓"的盛誉。由于杭嘉湖一带盛产桑、蚕、丝、绸、麻等工业原料,明时起,杭州就是全国丝织业中心,曾出现了"秦晋燕周大贾,不远数千里而求罗、绮、缯布者,必走浙之东也"的景象。大运河是昔日杭州经济繁荣的象征,是杭州经济的发展之河,兴盛之河。

（三）大运河:杭州的风韵之河

大运河的开通,融汇了南北中国各地的特色物产、饮食服饰、风情民俗、官民礼仪等,形成了绚丽多彩的运河文化。如果说西湖文化体现了精致、和谐、典雅的文化特色,那么运河文化则具有开放、兼容、庶俗的文化特征。一是运河的物产文化。南宋时期,临安居民饮食既有南方习俗,又具北方特色,"集四海之珍奇""会寰区之异味",生活消费品十分丰富。杭州素有"鱼米之乡"之美誉,盛产鱼虾。明清时各地渔船都从运河源源不断地进入城北,开设多家菜馆。杭州又有"丝绸之府"之称,民国初年,丝织机达一

万台以上,杭州织锦、丝绸伞等产品行销全国各地。在运河流域,杭剪、杭扇、杭粉、杭线、杭烟"五杭"产品和茶叶、山货、炒货等杭产名品的交易规模相当可观,形成了杭州的运河物产文化。二是运河的水景文化。千年运河形成了杭州"运河水乡处处河,东南西北步步桥"的独特水乡风韵。运河不仅留下了广济桥、拱宸桥等千年古桥,而且沿河地段也因桥而名,丁桥、斜桥、拱宸桥、祥符桥、卖鱼桥、德胜桥,等等,形成了杭州重要的地域文化。同时,运河还给杭州留下了许多独特的运河水景,当年外地游客就是从水路入城,观赏运河景色,因此运河两岸形成了"湖墅八景"。三是运河的戏曲文化。运河两岸的茶楼曲艺、百戏杂剧和运河水上的"欢歌渔唱",在杭州城北形成了独特的运河都市文化带。南宋迁都杭州后,因袭汴京旧制,沿运河两岸设瓦子多处,供老百姓看戏。至近代,拱宸桥边还有独具风韵的阳春茶园、天仙茶园、荣华茶园等卖茶兼演戏的茶园。表演剧种多种多样,表演形式融贯南北,除正剧外,杂艺、曲艺、杂技、魔术、皮影等一应俱全。四是运河的庙会集市文化。明清时,运河一带的庙会盛极一时,其中规模较大的,就是草营巷的温元帅庙会,民间称之为运河神庙。每年庙会之祭日,市民拥至运河两岸,形成了集祭神、游乐、贸易于一体的民间盛会。

三、运河申遗

京杭大运河是中国2000多年历史的见证,是保护中国古代丰富文化的历史长廊、"博物馆"和"百科全书"。大运河凝聚着古代中国的政治、经济、文化、水利、科学、教育等多个领域的庞大信息,是一条历史之河、文化之河,完全具备申报世界文化遗产的基本要素。千百年来,在运河(杭州段)沿岸汇聚了丰富多彩的茶艺文化、饮食文化、桑蚕丝绸文化、地方戏曲、民间曲艺;积淀了古典园林、藏书楼阁、桥梁古塔,形成了运河沿岸著名的"湖墅八景"等人文景观。所有这些,既是运河文化丰富内涵的体现,也是运河申报世界文化遗产的宝贵资源。京杭大运河流经6省(市),涉及18个城市,而运河(杭州段)是目前保存较完整的区段之一,杭州应该在京杭大运河申报世界文化遗产中发挥特殊作用,争取走在全国前列。在运河(杭州段)综合整治与保护开发中,必须高度重视运河遗产的真实性、完整性、连续性和可识别性。用发展、创新的理念,按照自然景观、物质文化和非物质文化"三位一体"的要求,来审视运河保护、治理和开发的内容,为运河申报世界文化遗产奠定坚实的基础。

【学习情景2】　　　江南的潮文化

"八月涛声吼地来,头高数丈触山回。须臾却入海门去,卷起沙堆似雪堆。"天下奇观的海宁潮自古有之,也是世界一大自然奇观。

一、钱塘潮

海宁潮又名钱塘潮,被人们称为"怒潮"。这是外海潮汐传至杭州湾进入钱塘江而产生的自然涌潮现象。由于杭州湾至钱塘江口外宽内窄,呈喇叭口状,出海口宽度达

100公里,江潮以每秒10米的流速向前推进。此时涌潮受到两岸急剧收缩的影响,水体涌积,夺路叠进,潮波不断增高,潮头便形如立墙,势若冲天,举世闻名的海宁潮由此而成。海宁潮一日两次,昼夜间隔12小时。每月农历初一至初五,十五至二十,均为大潮日,故一年有120天的观潮佳日。每年的农历八月十八为传统的"观潮节",民间奉为"潮神"生日,人们按照传统习俗,祭奠"潮神"。

二、钱塘潮的历史典故

千百年来,天下奇观——海宁潮倾倒了无数的仁人志士。乾隆皇帝六下江南曾四巡海宁;历代文人墨客,从庄子、司马迁、白居易到王国维、鲁迅、郭沫若等,一睹天下奇观的雄姿后,留下不朽的咏潮佳作;南宋词人周密说:"浙江之潮,天下之伟观也","方其远出海门,仅如银线;既而渐近,则玉城雪岭际天而来,大声如雷霆,震撼激射,吞天沃日,势极雄豪"。历史伟人毛泽东也有感而发,写下著名的诗文:"千里波涛滚滚来,雪花飞向钓鱼台。人山纷赞阵容阔,铁马从容杀敌回。"

海宁观潮习俗已沿袭千年,经久不衰,发展至今已形成"一潮三看四景"的特色旅游,即大缺口观"碰头潮"、盐官观"一线潮"、老盐仓观"回头潮",在夜间观"半夜潮"。

(一)八月十八潮

"八月十八潮,壮观天下无。"相传八月十八日是潮神生日。这天潮头最高,水势凶猛无比,潮神骑着白马,在潮头上来回奔驰。唐诗人刘禹锡诗曰:"八月涛声吼地来,头高数丈触山回。须臾却入海门去,卷起沙堆似雪堆。"

周密《武林旧事》中记载,南宋时把八月十八日定为检阅水师之日:"吴儿善泅者数百,皆披发文身,手持十幅大彩旗,争先鼓勇,溯迎而上,出没于鲸波万仞中,腾身百变,而旗尾略不沾湿,以此夸能。"

《钱塘观潮记》的作者吴儆亦云:"八月既望,观者特盛。弄潮之人,率常先一月,立帜通衢,书其名氏以自表。市井之人相与裒金帛张饮,甚至观潮日会江上,视登潮之高下者,次第给与之。潮至海门,与山争势,其声震地。弄潮之人,解衣露体,各执其物,搴旗张盖,吹笛鸣钲,若无所挟持,徒手而附者,以次成列。潮益近,声益震,前驱如山,绝江而上,观者震掉不自禁。弄潮之人,方且贾勇争进。有一跃而登,出乎众人之上者;有随波逐流,与之上下者,潮退策勋。"

宋朝以后,人们以海宁县盐官镇东南一段海塘为观潮胜地。此处江面阔4.5千米,潮势至此,齐列一线,于是,又有"海宁宝塔一线潮"之称。

此外,民间还有涨、退二潮神的传说。有一年,钱塘潮在海宁盐官镇外面改换了方向,直扑绍兴龙山而去。这是为什么呢?春秋时代,吴越争雄,吴国大臣伍子胥因屡次进谏,被吴王夫差赐死,其尸首被扔进江里。谁知潮水顿时白浪翻滚,有如万马奔腾。从此,人们便称伍子胥为"涨潮神"。

越王勾践灭吴雪耻后,以"久蓄异心"的借口,把功臣文种也杀了,把他葬在绍兴的龙山上。

伍子胥活着时,最恨文种,认为吴亡越兴,都是文种的计谋。文种一死,伍子胥借八月十八的大潮,卷走了龙山上文种的尸骨。于是两人站在潮头上,展开了激烈分辩。最后,伍子胥明白了"自古忠魂都含冤",两人遂讲和。文种便开始主司退潮,人们称他为"退潮神"。

(二)六和古塔镇海潮

六和古塔,又名六合塔,耸立在钱塘江畔的月轮山上。背负连绵青山,面对浩瀚钱江,巍峨挺拔,是西湖景观中不可缺少的组成部分。

关于六和塔的来历,民间流传着许多美丽的传说。一说,古时钱塘住一龙王,性情暴躁,喜怒无常,常使潮水泛滥,两岸人民深受其苦。后来,一位名叫六和的小伙子,率众搬石填江,制服了龙王。从此,人们过上了安居乐业的生活。后人便在六和当年填江的地方,建起了这座以其名字命名的塔。另一说,春秋时,群雄纷争。当时,秦国势力最强。纵横家苏秦游说于燕赵韩魏齐楚诸国间,使这六国和好结盟。据说月轮山便是六国当年结盟之地。后人特建塔,以纪念六国联合之事,故称塔为"六和塔"。

史籍记载,六和塔始建于北宋开宝三年(970),吴越王钱俶为镇江潮而建。六和,指"戒和同修,见和同解,身和同住,利和同均,口和无争,意和同悦"。而六合,则取佛家天、地、东、西、南、北六合之意。

六和塔初建时有九级。宋徽宗宣和年间,塔身毁于兵燹。南宋绍兴二十三年(1153)重建,前后花了 11 年时间方竣工。现存的七层砖结构塔身,就是南宋重修的建筑。外廊木檐则是清光绪年间加工改建的。

据传,参加六和塔设计的有北宋建筑名匠喻皓。喻皓著有《木经》,《木经》是中国古代著名的建筑著作。六和塔就是按照《木经》的建筑方式建造的。它多层密檐,全为砖木结构。塔平面为角形,塔高近 60 米,内层塔身为 7 级,外层木檐为 13 级。每层檐角都挂有铁马(铃),每遇微风,铃作响,传来悦耳的声音。清乾隆十六年(1751),乾隆皇帝来此登塔时,每层都题了匾额,各为"初地坚固""二谛俱融""三明净域""四天宝网""五云覆盖""六鳌负载""七宝庄严"。

旧时六和塔内,曾绘有鲁智深和武松的画像。据《水浒传》载,鲁智深随宋江南征,驻六和寺。在此"听潮而圆"。武松也在此出家。年至 80 善终。据说有人曾在江浒挖得一碑,上刻"武松之墓"。

六和塔是纵目钱塘江水的好地方。古代文人学士在此登高赋诗,留下了不少名篇。元朝诗人白廷玉诗云:"烂烂沧海开,落落云气悬。群峰可俯拾,背阅黄鹤骞。"清代林则徐巡视钱塘江防务时,也曾作《六和塔》:"浮屠矗立俯江流,暮色苍茫四望收。落日背人沉野树,晚潮催月上沙洲。千家灯火城南寺,数点帆归海外舟。莫讶山僧苦留客,有情江水也回头。"

三、钱塘观潮文化

钱塘观潮风俗最迟开始于东晋。杭州曾流传"葛洪观潮"的传说,顾恺之写有《观涛赋》。唐代观潮风俗极盛,"每年八月十八日,数百里士女共观,舟人、渔子溯涛触浪,谓之弄潮。"唐代不少诗人写有观潮诗,留下脍炙人口的诗句,如白居易《咏潮》诗有"早潮才落晚潮来,一月周流六十回。不独光阴朝复暮,杭州老去被人催"的名句。李益《江南曲》有"早知潮有信,嫁与弄潮儿"的名句。唐代的观潮诗还有姚合的《钱塘观潮》、罗隐的《钱塘江潮》等。唐代潮汐学家也有把自己的潮汐学专篇写成赋的形式,如卢肇的《海潮赋》有很高的文学价值。唐代还有观潮画,目前可考的最早观潮画是唐代李琼的作品。

宋代钱塘观潮之风更盛,八月十六至十八日,杭州人"倾城而出","自庙子头直到六和塔,家家楼屋,尽为贵戚内侍等雇赁作看位观潮"。宋代不少文学家观过钱塘怒潮,写有不少作品。如北宋范仲淹的观潮诗、蔡襄的《和浙江口观潮》、米芾的《海潮诗》、陈师道的《十七日观潮》等;南宋时朱中有写过《潮颂》文,周密《武林旧事》和吴自牧《梦粱录》中均有《观潮》文。已知现存最早的潮汐画是南宋李嵩的《钱塘观潮图》《夜潮图》,夏珪的《钱塘观潮图》,赵伯驹的《夜潮图》等。宋代观潮,还有水军演阵、祭祀潮神和弄潮等活动。弄潮相当危险,常有人被怒潮吞没。蔡襄任杭州知府时,就禁止弄潮,为此写了《戒约弄潮文》,规定"军人百姓,辄敢弄佑,必行科罚"。北宋时两浙察访使李承之也奏请禁弄潮,但均没有收效。

明清时钱江观潮风俗经久不衰。有关的诗、词、赋、画等文学艺术作品更是层出不穷,其中不少收集于《海塘录》和杭州、海宁等地的方志中。当代海宁观潮风俗更盛,已举办多次国际观潮节,观潮搭台,经贸唱戏,有力地促进了地区经济的发展。

知识链接

有关钱塘潮的名诗佳句

海面雷霆聚,江心瀑布横。[范仲淹 《和运使舍人观潮(两首)》]

天地暗惨忽异色,波涛万顷堆琉璃。(杜甫 《美陂行》)

海阔天空浪若雷,钱塘潮涌自天来。(王在晋 《望江台》)

一千里色中秋月,十万军声半夜潮。(李廓 《忆钱塘》)

八月涛声吼地来,头高数丈触山回。须臾却入海门去,卷起沙堆似雪堆。(刘禹锡《浪淘沙》)

百里闻雷震,鸣弦暂辍弹。府中连骑出,江上待潮观。照日秋空迥,浮天渤解宽。惊涛来似雪,一座凌生寒。(孟浩然 《与颜钱塘登樟亭望潮作》)

海神东过恶风回,浪打天门石壁开。浙江八月何如此,涛如连山喷雪来。(李白《横江词》)

浙江悠悠海西绿,惊涛日夜两翻覆。钱塘郭里看潮人,直至白头看不足。(苏轼《观浙江涛》)

千里波涛滚滚来,雪花飞向钓鱼台。人山纷赞阵容阔,铁马从容杀敌回。(毛泽东《七绝——观潮》)

【学习情景3】　　　　　江南的桥文化

一、江南古桥概述

江南水多,相应地桥也多。江南的河流大多比较狭窄,仅供两船往来相交。这样,对于行船或许不够畅快,但便于人们在市河上构筑桥梁,将两岸街市连成一体。历来人们对江南桥梁的描写,往往是风格别致的"小桥",而非高大雄伟的"大桥"。正如同里镇吉利桥南侧楹联所示:"浅渚波光云影,小桥流水江村。"

桥梁是江南小镇的一个象征物。在江南小镇,市河上的桥梁所在区域往往成为闹市中心。在人口聚居的市镇区,桥梁的密度自然相应提高。一般的市镇,有数十座桥梁是十分平常的现象;略大一点的镇区甚至拥有上百座桥梁。如枫泾镇,横跨市河的桥梁就有11座,整个镇区桥梁总数则多达56座;同里镇镇区在清代共有46座桥。其他各镇的桥梁数量,也大致如此。

由于桥梁是联结市镇内部各区的关键,市镇居民习惯上常以桥梁表示道路的起讫点与区域的分界线。众多的桥梁也使市镇成了反映中国传统桥梁技术的聚焦点。镇区的小桥、流水、人家,相映成趣,构成了最为独特的传统人文景观。一些历史悠久、造型独特的桥梁常常成为江南市镇的标志。江南古镇的桥梁,保存下来的大都是石桥。这些石桥不但造型优美,而且桥上往往刻有楹联,记述史实,状物抒情,意趣盎然。古时的桥,往往是民间集资建造的,所以桥的横梁或桥联上刻有建桥原因或资助者姓名,以标榜前人,激励后人。如同里镇的长庆桥上的楹联:"共解囊金成利济,如留柱石待标榜。"说明此桥是众人捐钱修筑的。

江南市镇的桥梁,大多建于明清,而年代比较久远的大约是宋代桥梁。像绍兴太平桥就建于宋代,两端踏级,呈八字形,俗称八字桥。

江南桥梁的造型,最常见的有这样几种。一是拱桥,桥洞呈圆拱形,便于船只穿越行驶。其中拱桥还可分为单拱石桥、双拱石桥、三拱石桥,甚至有五拱石桥。二是平桥,即桥面平直,桥孔成方形。梁桥、廊桥都属于平桥。梁桥是桥面像一道梁横在桥孔上;廊桥的桥上架有遮阳避雨的廊房。三是折桥,折桥的桥面则呈一字形横跨过河。如西塘古镇的万安桥——好莱坞大片《谍中谍3》的最后场景拍摄地,极具水乡浪漫色彩。

二、江南著名古桥

(一)苏州古桥

苏州河网密布,自然桥梁栉比。唐代诗人刘禹锡有"春城三百七十桥,两岸朱楼夹柳条"的诗句。清末苏州有桥梁310座,当时苏城面积210平方公里,平均每平方公里约有桥1.5座。当时苏州近郊还有649座桥。苏桥风格多变,其无论密度、数量还是种类皆曾为世界之最。

苏州建桥历史悠久,可惜唐以前的桥梁均已不存,现存最古老的桥为宋代所建。据载,唐时所建桥梁以木质为主,配以朱红桥栏。宋代始改成以石为基的拱式环洞弧形桥。今寻觅宋桥遗迹,可见桥体巨石经风沐雨、斑驳陆离,偶有几枝古藤青蔓爬绕桥栏,随风飘拂。城东第三直河上的寿星桥,为宋淳熙五年(1178)始建,明清复修,原桥栏毁后,将另一宋代百狮子桥上的狮子嬉戏浮雕石栏移砌于此桥,使之仍留宋桥遗风。葑门内第三横河上宋代建造的善教桥,今称新造桥,桥拱如虹临水,尚留有初建时插置拱架立柱的成排方形卯孔。

古称"银胥门"的城门口,宋时建有一座横跨运河、沟通城乡的紫石五孔大拱桥,但在明嘉靖年间被官府拆毁,石料转用于当朝宰相严嵩的相府花园。清乾隆四年(1739),巡抚汪德馨采纳众议,几经筹措,用一年多时间重建了一座新桥,代替胥门摆渡,便利苏州商业繁荣。此桥题名"万年桥",桥塊牌坊题书"三吴第一桥"。

苏州现存单孔石拱桥中雄伟壮观且结构轻巧者,为偏居城东南隅、横跨京杭大运河的觅渡桥。此桥始建于元大德二年(1298),跨径近20米,拱券厚度30厘米,体现了精巧的建桥工艺。桥建成后,改变了昔时横渡运河难的状况,故时称"灭渡桥"。此桥地理位置重要,不仅便利交通,且为苏州门户。明万历二十九年(1601)以织工葛成为首的抗税斗争爆发于此。清同治二年(1863)太平军保卫苏州,在此与清军及洋枪队发生激战,阻击洋人火轮侵城。1895年的"五口通商"丧权辱国条约,使此桥沦为租界要津,有"洋关"之称。

盘门外运河流泻,迎门建有水关桥。而号称"苏州第一高桥"的吴门桥,也凌波高架于运河之上,左侧是盘门,右侧是瑞光塔;桥东南有扼运河与大龙江交汇处急流的兴隆桥。

苏桥,大有大的雄伟,小有小的美巧。在众多的小桥中,虎丘东南麓环跨山河的一座单孔石拱桥最富韵味。此桥形如弯月,势若飞虹;桥身玲珑精美,桥柱蹲狮石刻奇巧。伫立桥头,山光塔影倒映水中,故名"塔影桥"。桥东有楹联云:"横波留塔影,跨岸接山光。"

苏州的袖珍小桥可称"袖珍"者,当属坐落于网师园小山丛桂轩东侧的引静桥。该桥长2.4米,宽1米,由花岗石砌架,桥头石阶,桥侧石栏,组成如虹飞跨溪涧的微型桥梁,与流水、山石、庭林、轩室巧妙构合,布局紧凑、尺度合理,为江南园林桥中珍品。

苏桥不仅建筑美,而且题名也美,更有动人的诗句和美丽的传说为其增色添彩。唐代张继一首《枫桥夜泊》,使枫桥伴随寒山寺名播南北。白居易的清词丽句,引人与之同寻"乌鹊桥红带夕阳"以及"扬州驿里梦苏州,梦里花桥水阁头"的美景。苏桥常以自然景物命名,有花桥、虹桥、日晖桥、苹花桥、凤凰桥、蒂赐莲桥等,不胜枚举。有人将若干桥名相连,构成佳联:"青山·绿水·百花·苑,聚龙·醒狮·万年·城。"此外,亦有与史实、传说相关的桥,耐人回味。如皋桥,因汉隐士梁鸿和皋伯通的故事以及与戏曲况钟审案的《十五贯》故事发生的地点有关而为人熟知;觅渡桥、白蚬桥、金狮子桥、广化寺桥因与织工斗争有关而闻名于世;吉利桥、张香桥、渡僧桥因白娘子和许仙等传说而引人遐想。

特别值得一提的是,苏城东南葑门外3公里的吴县长桥乡大运河畔澹台湖口,建有一座宝带桥,又名连拱桥。宝带桥既是"挽舟(拉纤)之路",又是苏州通往杭、嘉、湖等地的驿道咽喉;既是宣泄诸水入海的通道,又是水乡一处奇景。桥始建于唐元和元年(806),重建于南宋绍定五年(1232),清道光十一年(1831)由林则徐主持再次修建。宝带桥之名,来历有二:其一,桥状如玉带横延,故名宝带;其二,因唐元和十一年(816)由苏州刺史王仲舒鬻卖所束官服宝带助资建桥而得名。桥身全长近 317 米,宽 4.1 米,桥下有 53 孔连缀,为我国现存最长的一座古建多孔石拱桥。每逢月明之夜,银盘似的月影洒在湖面,遥望 53 孔桥洞,一串月影荡漾其中,呈现出"串月"奇景。古人有诗句描绘此景:"瑶台失落凤头钗,玉带卧水映碧苔。待看中秋月明夜,五十三孔照影来。"宝带桥为我国十大古桥之一,与赵州安济桥、北京卢沟桥齐名。

(二)杭州古桥

拱宸桥,是杭州城区古桥中最高最长的石拱桥。古代,"宸"指帝王居住的地方,"拱"即拱手,两手相合表示敬意。每当帝王南巡,这座高高的石拱桥,象征对帝王的相迎和敬意,"拱宸桥"之名由此而来。拱宸桥东西横跨大运河,是古老的京杭大运河到达杭州的终点标志。明清时期,拱宸桥一带被称为"北关夜市",因为运河便利的交通,米行、木行、土特产行、材炭行等都在这里沿河开店。这里既是粮、盐、丝、茶等的集散地,又是迎送大量商旅的客运地,市井风情浓厚。

忠义桥东西横跨西溪河,是杭州唯一的宋代桥梁原物,也是杭州现存最早的古代石桥。这座桥于南宋嘉定戊寅年间由孙侯始建,因兄弟卫国尽忠尽义而名忠义桥。桥面由近 2 米长的青石板铺就,东西有 10 多级台阶。由弧形条石砌成的拱券构筑非常别致,可见当时的建造工艺。

广济桥,又名通济桥,俗称长桥。位于杭州市余杭区塘栖镇西北,南北向架于京杭大运河上,为古运河上仅存的一座七孔石拱桥,明弘治二年(1489)建。此桥造型秀丽,拱券采用纵联并列分节砌置法,水平全长 78.7 米,宽 6.12 米,矢高 7.75 米。

祥符桥,始建年代不详,在南宋《咸淳临安志》《淳祐临安志》中对该桥已有记载。现桥为明代建筑,五孔石梁桥,南北向横跨宦塘河,长 28 米,宽 3.6 米。桥栏板有素面和须弥座两种形式,望柱头雕饰覆莲或石狮。桥梁上有明嘉靖二十二年(1543)的重建铭文,桥北下方有资助者姓名的石刻残碑。

断桥,今位于白堤东端。在西湖古今诸多大小桥梁中,名气最大。据说,早在唐朝,断桥就已建成。断桥残雪是著名的西湖十景之一。由于断桥背城面山,正处于外湖和北里湖的分水点上,视野开阔,是冬天观赏西湖雪景最佳处所。每当瑞雪初晴,如站在宝石山上眺望,桥的阳面已冰消雪化,所以向阳面望去,"雪残桥断",而桥的阴面却还是白雪皑皑,故从阴面望去,"断桥不断"。

(三)南京古桥

朱雀桥在孙吴时期称南津桥或南津大航桥。东晋成帝咸康二年(336)重建,因其位置处于宫城之南,且与朱雀桥门相对应,故曰朱雀桥、朱雀航,又称南航、大航。朱雀桥自孙吴时期便是一座"浮桥"(浮航)。浮桥的特点是联舟为桥、断舟成流,可防不虞之患。东晋咸康年间重修的朱雀桥,采用"浮桥法","由都水使者王逊立"。桥长90步,宽6丈,冬夏随水位高低而浮动,相沿至南朝的陈代。朱雀桥是六朝时期分布在石头城至青溪之间秦淮河上24座浮航中最大、最主要的一座。当时秦淮河水面宽阔,是建康城南的天然险阻。因此,朱雀桥便成为交通要津。

赛虹桥位于集庆门西南长虹路上,跨秦淮河支流。曾名赛工桥、赛公桥。赛虹桥始建于明洪武年间,当时正对着南京城的驯象门,为三拱大石桥,清康熙年间重建。桥宽50余米,分水桥墩长60余米,拱矢高8.95米,至今仍能负载8吨。其宽度在南京古桥史上罕见。

武定桥始建于南宋淳熙年间,位于长乐路中段内秦淮河上。当时名嘉瑞浮桥,因位于长乐路上,又称上浮桥。《至正金陵新志》载:"武定桥在镇淮桥东北,淳熙中建。景定二年,马光祖重建,自书榜。旧名嘉瑞浮桥,又曰上浮桥,时长乐渡为下浮桥也。"明初,中山王徐达住宅后门正对着桥,徐达谥武宁,遂改称为武宁桥。清朝,因道光皇帝名字叫旻宁,为避"宁"字名讳,又改名武定桥。武定桥本身名气大,武定桥头又走出两位状元,使它更加出名,因此也被称为状元之桥。

淮青桥位于今建康路,它是青溪河下游最大的桥,因处于内秦淮河与青溪河会合处而得名。只是今人往往把淮青桥的"青"写作"清",这大概是人们认为古代青溪治理后水清澈的缘故。《同治上江两县志》载,"淮青桥西南有江令宅、诸葛恪宅,东有豫章王薿宅、郗鉴宅、檀道济宅等",故有"南朝鼎族,多夹青溪"之说。可见,六朝时淮青桥一带即为达官贵人的住宅区。大名鼎鼎的小说家吴敬梓故居也位于淮青桥南面,紧挨着吴敬梓故居的就是桃叶渡。

(四)绍兴古桥

绍兴的石桥甚多,历史悠久,式样齐全,风格迥异,素有"中国古桥博物馆"之美称。

灵氾桥相传早在越王勾践时就已建造,该桥位于绍兴府城东2里处。唐朝诗人李绅写有《灵氾桥》:"灵氾桥边多感伤,水分湖派达回塘。岸花前石闻幽鸟,湖月高低映绿杨。能促岁华惟白发,巧乘风马是春光。何须化鹤归华表,却数凋零念越乡。"根据历史记载,汉顺帝永和五年(140)会稽郡太守马臻在主持筑鉴湖湖堤时,建造了"三大斗门",把水闸与桥结合在一起,这是我国最早的闸桥。

八字桥可以说是中国现存的最古的城市立交桥,距今已有700多年历史。八字桥建于三条河与三条路交错在一起的位置上,"二水合流当户过,一山分影入楼来",地理环境十分复杂。然而,古代建筑师经过精心设计,居然使桥的结构安排得非常恰当:桥东端紧沿主河道由南北两个方向落坡,桥西端又从西南两个方向落坡,西端南面的坡道下还建一小孔,跨越小河。桥高5米,桥面条石并列,微微拱起,桥下设有纤道。这样的布置,适应南去五云,北通泗门,从水陆两方面把城府和农村联结在一起的需要;而且在桥梁的建设过程中做到不拆房屋,不改街道。桥布局巧妙,造型美观,历经7个多世纪的风雨侵蚀,依然坚如磐石。

广宁桥始建于南宋时期,是一种七边形的石桥。桥全长60米,宽5米,两边各有20级石级,桥上共有8根石柱,柱端分别雕有石狮和荷花。桥心正对大善寺塔,为极好

的"水上"风景。自南宋以来,广宁桥一直是纳凉、观景、聚谈佳处。

太平桥是拱桥和高低石梁桥相结合的多跨桥梁的代表。该桥始建于明万历四十八年(1620),清咸丰八年(1858)重修。南北向,横跨古运河。桥头原有石碑坊等附属建筑,今已毁圮。桥由一孔净跨 10 米的石拱桥和九孔净跨径 3—4 米的石梁桥组成。拱桥供大船航行,纤道沿拱脚贯穿而过;靠拱桥的三孔石梁桥较高大,可通较大的木船;低的石梁桥可供脚蹬手划的乌篷船通行。这种桥工料较省,既可排洪,又能使众多船只通行。桥边还设有船码头,便于水运和陆运较好地衔接起来,周围颇具浓厚的江南水乡特色。

在萧绍运河上,还有一种因地而筑的带形长桥,原为船夫拉纤所用,亦称"纤道桥"。这种长桥,用整齐的条石和石板铺筑,船身贴近水面,与河流平行。其中,绍兴的百孔官塘最为著名。它始建于清同治年间,全长 386.2 米,共有 115 跨,每跨径 2 米左右,有"白玉长堤"之称。

在绍兴市北 15 公里,还有桥闸两用的"三江闸"。它始建于唐大和七年(833 年),于明嘉靖十六年(1537)重建。全闸长 108 米、顶宽 9.16 米,共有闸门 28 孔,用 28 星宿的名称来编号,所以又叫应宿闸,闸上有石桥,石桥可通行。

还有一种多桥型组合互通式桥。在丁字、丫字或十字形交叉的河道上,修建一种互通式的三接桥、四接桥,可以使一座桥跨越三段或四段河道,原来要造三四座桥的地方,造一座桥就可以了。绍兴县城昌安门外和栖凫均有一座这种互通式的三接桥,昌安门外的那座,在修筑公路时已被拆除。

三、桥文化解读

江南古镇多河,因而桥也多,而且建造年代悠久。许多是明清时代建造的古桥,也有元代的古桥,饱经沧桑,幸运地留存了下来。多姿多彩的石桥连接着一个个水上村镇,桥作为水陆交通联系的纽带,不仅是重要的交通设施,更是江南水乡的景观要素。江南水乡地区,家家临水枕河,户户近桥通舟。迥然不同的桥梁,大大增加了古镇聚落可识别性。桥拱隆起,环洞圆润,打破了单调的平坦空间,将远山近水衬托得调和优美,将水面和陆地紧密相连。桥的平面布局,形式繁多,以桥为生活中心,在桥上建庙、建屋、建亭、建廊,使得桥的功能和形式千变万化。

(一)桥与民俗文化

江南古镇的桥不仅仅具有满足实际交通的作用,很多同时具有民俗文化功能,现在有些甚至在交通上已经不具有多少意义,只是为了满足民俗文化活动的需求而存在。过去在古镇,造桥是最大的德行,桥名基本上都是以"仁""德""功""慈""济"之类的字眼来命名。在这里,桥的引渡的意思变成了生活实际的功能,于是,家常里面,就有了哲学的意味。河与桥的交错,意味着更为复杂的空间和文化场所的形成,不同地方、不同民族及不同文化的人们创造了各自关于桥的民俗和文化。江南古镇形成了当地民间喜事花轿过桥取吉利的风俗,俗称"过桥"。这是因为江南的桥,每一座都有故事,故事要把人世沧桑留予后世,古桥则是这人世沧桑的留影和形式。过桥成为一种"渡"的体验,人

江南水乡文化

生如渡,世事如渡。人的一生充满艰难坎坷,也不乏走上通途的希望和机遇,桥正是人生戏剧种种转折中最富有特征的装置。

（二）桥与民风民尚

江南古镇自古乡风淳朴、民风纯正,尤其是兴学之风极盛。古镇的民风在桥文化中多有体现,桥文化也成为古镇民风的象征,成为古镇人民心灵的写照。譬如著名的思本桥,桥名反映了"国以民为本,民以食为天"的思想。思本即思民。江南历代做官的人不少,思民、爱民之风一直沿袭下来。江南古镇历代读书之风极盛,以耕读为荣,文人雅士辈出。这种兴学之风,在桥文化中也有所反映。南浔,在明代有所谓"九里三阁老""十里两尚书"之美誉。建于明代的东溪桥,又称读书桥,桥上有联"一泓月色含规影,两岸书声接榜歌。"这副桥联生动地记录了桥河两旁荧窗夜读、书声琅琅的景象,反映了古镇浓郁的兴学民风。

（三）桥与建筑艺术

江南古镇的桥是一种注重细节的建造艺术,代表着"精、细、雅、洁"的价值取向:古朴逸秀的桥梁形式,传神精致的石刻桥栏,句式严格工整的桥对。因地制宜,就地取材,因材致用,是江南小桥的营造特色。水是自然的,桥是文化的,而河道、水景则是自然与人工的共同创作。作为一种生活情趣、一种文化景观,江南古镇的桥确实很有特色,而且意蕴深长,情味无限,有其独特的魅力。其中最为人所称道的当属周庄双桥,双桥始建于明万历年间,位于南北市河与银子浜的交叉处。聪明的工匠们别出心裁,跨两河建双桥,一横一竖,紧紧相连。河面较宽的南北市河上是拱桥,河面窄的银子浜上是平板石桥,桥洞一圆一方,相映成趣,形成独有的风格。又因其形体恰似古老的钥匙,俗称"钥匙桥"。桥也体现了古镇人民在建设自己家园的历史进程中,遵循"天人合一"的思想,使桥融入了自然环境之中,与环境协调统一,与古镇相映成趣。应该说,桥是江南古镇的神韵,桥也是江南古镇的精华,桥把江南古镇的河、街、巷、岛、宅、园、店等联结在一起,形成了独树一帜的江南水乡古镇的布局。

（四）桥与文学价值

江南古镇的桥不仅在桥的造型上造诣精深,更是将建筑工艺与文学艺术相结合,这一点特别体现在众多的桥联上。桥联记述史实,描绘景色,借景抒情,寓意深刻,令人额手称颂。如苏州吉利桥南联是"浅渚波光云影,小桥流水江村";北联是"吉利桥横形半月,太平桥峙映双虹"。苏州原渡船桥的南联是"一线晴光通越水,半帆寒影带吴云";北联是"春入船唇流水绿,人归渡口夕阳红"。这些桥联耐人寻味,是古镇桥文化的亮点。

古人通过这种方式,将文学语言巧妙地糅入桥梁建筑环境中,为人们提供了鉴赏指引。比如,苏州古桥中寒山寺畔的枫桥,本是城中常见的一座普通单孔石拱桥,跨径不大,但有了唐诗人张继的《枫桥夜泊》后便享有盛名。此外,这种方式深化了桥这一景物的文化意蕴,这是江南古镇桥文化的一大特色。再者就是融桥梁美与书法美、工艺美于一体。古桥上的碑词和楹联文字书法大多出自名家手笔。

古镇的桥名也具有很高的文学品位,同时又具有深刻的寓意,富有情趣。其中,大

多数桥名表示人们吉祥、平安的愿望。如普安桥、长庆桥、富安桥、泰来桥、永寿桥以及太平桥、吉利桥、升平桥等,都表现了人们期盼太平、安宁、幸福的美好心愿。古老的思本桥告诫为官者不能忘民忘本,富有哲理,警示后人。独步桥、三曲桥、天桥等,以其形态而得名,形象生动,栩栩如生。另外,渡船桥、乌金桥、赌气桥等众多的桥名,都有一段传说故事,使人回味,令人叫绝。

【学习情景 4】　　　　　　江南的船文化

一、船在江南居民生活中的作用

在漫长的历史时期里,江南每一个村落的人们充分利用便捷的水运系统,与周边或更远的地方进行着多方面的交往。特别在生产活动中,乡村民众参与田间劳动,收割成熟的作物,以及谷物的碾磨,粮食的外销,棉花、桑蚕等经济作物的贸易,都要借助大型的负载工具,这些工具就是各式各样的船。所谓"南船北马"的说法,正是体现了中国南北水乡与陆地交通的本质差异,也显示了舟船在江南交通中的重要地位。明末徐霞客在江南游历时,就是通过这些地区的水路,坐船由无锡经过青浦、嘉善、桐乡等地,前往杭州。所经之地,在他看来,大多仍属泽国圣地,而且许多水网交织的市镇都十分繁华。水上交通的最大依赖,只能是船。嘉兴府境东北的嘉善县,北部多湖荡,河港如网,舟船往来如织。

二、江南舟船的类型

早在南宋时期,太湖平原舟船繁盛,这可以轻易地在当时文人的著述中找到许多例证。吴自牧就曾说过,杭州风光绮丽,地理上是"左江右湖",西湖之中,有大小船只不下数百舫,大的可容百人,小一点的能容纳 20 至 50 人不等;至于各个河道里的船只,当时总称为"落脚头船",主要用来载运游客和香货杂色物件;杭州城中停泊的大滩船,则是专门从湖州过来,搬运铺米、跨浦桥柴碳、下塘砖瓦灰泥等;此外,还有大量的运盐船,装载粮食、垃圾与粪土的船只,也为数不少。在乾隆初年编排的明清两代关税变革的说明中,有一连串关于各种船只的提名,而且这些船都被纳入了国家正常的收税范畴,至于船只大小,也有细致的记录。主要船只种类有:长船、剥船、赣船、河船、焦湖船、浆船、沙船、航船、川船、乌船等。同样是有关收税典制的记载,在《大清会典则例》中,显得更加丰富了。以杭州府城西北面北新关的收税名目来看,除了上面提到的所有船只名称外,还有驳船、边江船、罗子头船、落脚头船、王巷船、太湖船、宜兴船、马口船、划子船、扁子船、滩船、摇罗船、尖船、脚船、摇船、划船、阔头船等。

这么多种类的船只,在功能分派上自然可以有许多区分,但许多貌似不同的功能,在本质上都是有交叉的。一般而言,舟船的功能,在江南水乡地区,基本上属于交通与运输的工具,根据具体功能的不同来说,就包容住宿、娱乐、休闲、争斗等作用,但不涉及官船和军用战舰。

（一）水乡的船

江南水乡的船根据用途、大小、速度分很多种类，总的有帆船和航船之分。帆船主要用来运送货物，大吨位的帆船有七八枝桅杆，比较有名的如江汉客船、东浙西安船、三吴浪船。航船主要用于客运或客货两用，如船头设戏楼的楼船、用来婚礼迎亲的迎船、收租用的账船、农家的田装船、渔家的渔船，其他还有浆船、笼子船、芦墟船、倒撑船等。

早先江南水乡的船都是木头做的，动力来自风力和人力。19世纪60年代开始出现轮船和汽油船，水乡于是有了来往于各地的快船，这对传统的船运影响巨大，船的种类逐渐减少。今天我们看到的水乡货运船全部是机动的，船身用钢铁或钢筋混凝土制造，木船只剩下载游客的乌篷船。

说水乡，不得不说坐船；说坐船，不得不说乌篷船。这儿借用周作人先生的文字来描写一下乌篷船："我要说的是一种很有趣的东西，这便是船。你在家乡平常总坐人力车，电车，或是汽车，但在我的故乡那里这些都没有，除了在城内或山上是用轿子以外，普通代步都是用船。船有两种，普通坐的都是乌篷船，白篷的大抵作航船用，坐夜航船到西陵去也有特别的风趣，但是你总不便坐，所以我就可以不说了。乌篷船大的为四明瓦（Symenngoa），小的为脚划船（划读 uoa）亦称小船。但是最适用的还是在这中间的'三道'，亦即三明瓦。篷是半圆形的，用竹片编成，中夹竹箬，上涂黑油，在两扇'定篷'之间放着一扇遮阳，也是半圆的，木作格子，嵌着一片片的小鱼鳞，径约一寸，颇有点透明，略似玻璃而坚韧耐用，这就称为明瓦。三明瓦者，谓其中舱有两道，后舱有一道明瓦也。船尾用橹，大抵两支，船首有竹篙，用以定船。船头着眉目，状如老虎，但似在微笑，颇滑稽而不可怕，唯白篷船则无之。三道船篷之高大约可以使你直立，舱宽可以放下一顶方桌，四个人坐着打麻将——这个恐怕你也已学会了罢？小船则真的是一叶扁舟，你坐在船底席上，篷顶离你头有两三寸，你的两手可以搁在左右的舷上，还把手都露出在外边。在这种船里仿佛是在水面上坐着，靠近田岸去时泥土便和你的眼鼻接近，而且遇有风浪，或是坐稍不小心，就会船底朝天，发生危险，但是也颇有趣味，是水乡的一种特色。不过你总可以不必去做，最好还是坐那三道船罢"。

乌篷船在江南是比较常见的一种船，船尾有单橹也有双橹的，用脚划动；船头有竹篙一枝，可以撑船，也可以插入船头甲板孔中停泊定船。船可以遮阳避雨，夜泊的船上人家可将全部竹帘拉上，安然入睡。周作人的《乌篷船》让世人了解了江南水乡特有的一种生存状态，由此可以联想到意大利水城威尼斯。水乡的船不仅仅是交通工具，也是文化的载体，社会交往的重要介质。

到江南一定要坐坐水乡的船，否则你难以体验到水乡的诗意。

木船作为中国古老的、沿用最久的水上交通工具，曾在"郑和下西洋"的时代辉煌到了极致。不同的民族，不同的地域，船的形式不同，坐船的感受也不同。

而在江南水乡坐船则完全是另一幅场景，如鲁迅《好的故事》描写的那样："我仿佛记得曾坐小船经过山阴道，两岸边的乌柏，新禾，野花，鸡，狗，丛树和枯树，茅屋，塔，伽蓝，农夫和村妇，村女，晒着的衣裳，和尚，蓑笠，天，云，竹……都倒影在澄碧的小河中，随着每一打桨，各各夹带了闪烁的日光，并水里的萍藻游鱼，一同荡漾。诸影诸物，无不

解散,并且摇动,扩大,互相融合;刚一融和,却又退缩,复近于原形。边缘都参差如夏云头,镶着日光,发出水银色焰。"

（二）竹木水筏

浙江南部多山,由新安江流域经富春江流域直至钱塘江流域,地势逐渐平缓。山区多木材、竹子,大量整根的木材、竹子,砍伐后要运到杭嘉湖平原,若走陆路运输,非常困难,就是用当今的汽车运输,也必须用专门的加长卡车,而且道路要足够的宽。最好的办法就是走水路:省时、方便、快捷。

浙江人聪明,很早就知道通过水路运输大量的竹木。传说杭州净慈寺济公和尚,为皇上重建净慈寺,要在三天内将木头从四川运到钱塘江上,再运到寺里,济公用神力将木头通过"醒心井"地下水路运输,至今净慈寺还保留着"运木古井",成为著名景观。传说虽然不可信,但古人知道通过水路运输木头既快又省力。

杭嘉湖的竹木除了本地区的供应外,主要来自浙江山区和浙江周边地区,通过江河运输,到达钱塘江,再进入市河,或通过大运河运往别处。长长的树木、竹子要想通过水路运输必须扎成筏片:视木头的粗细,七八根或十几根木头排成一排,用细木棍、铁钉横向钉在木头上,至少木筏的两头都要钉住、固定。有的粗大木头,就用铁扒钉将其相互固定成筏,片筏之间用多股铁丝绑扎、拉接(有点像火车厢之间的连接器),要便于筏片的转动(绑扎竹筏的道理是一样的,不同的是用竹篾)。前后连接的筏片少则十几片,多则几十片,在水中逶迤行走,颇为壮观。

长长的筏片在水中行走并非易事,第一片和最后一片筏上的筏工不仅要用篙撑,还必须掌握方向,中间几个筏工撑篙并随时保证筏片走正,几个人同心协力,将筏片顺利撑向前进。有时遇到弯道,一不小心就会将某段筏片卡在驳岸边或桥洞边,这就麻烦了,后面的筏片依着惯性继续向前推进,结果堆成一堆,动弹不得。这情景有点像高速公路上的连环撞车,遇到此事,几个筏工只得慢慢将挤在一起的筏片一个个地弄开,将所有的筏片重新排好,再继续前进。

现在有不少地区搞漂流运动,用竹筏或木筏进行急流漂行。这种运动只适合单只片筏,长长的筏队决不能采取这种漂流方式,筏队适应在水流缓慢、没有跌落式高差的江河运行。新安江、富春江、钱塘江、大运河非常适合木头、竹子片筏式的运输,自古就有。

水运竹木,最大的问题就是材料的腐烂,如将木头由新安江运到杭州,水路起码走十天半个月,到达目的地后还要等待陆地运输。长期浸泡的木材,难免开始腐烂(竹子更经不起水泡),材料损耗较大,长期浸泡过的木材又需要很长时间的晾干,影响木材质量。虽然水运筏片经济、环保、节能,但由于运输过程的致命缺点,今天已经看不见了。

三、船上人家

"船上人家"是指以船为家的人,中国自古就有。江南沿海的渔民以船为家,可以理解。渔民一出海打鱼常常十天半个月的,一年四季在船上的时间长,靠海为生。海上作业的渔船体积庞大,能抵御风浪,也能居家生活。

水乡的船只通常较小，又不远途航行，一家人挤在一起吃喝拉撒睡有诸多的不便，何以能长久？这些"船上人家"估计早先也是有家的，只是在他乡，只身一人外出打工，租只小船跑运输，时间一长，必然娶妻生子。状况好的人家就自己买船、造船，逐渐以船为家了，当儿女大了，再婚嫁、生子，只得另寻船只生活（船太小，无法三代同船）。这样的生存状态在江南慢慢形成了一种风俗、一种文化、一种风景，一直延续到政府分给他们永久居住的房子。

"船上人家"的船是一幢流动的建筑。船上空间的划分与建筑空间的划分大同小异，船头甲板处是起居室、客厅、餐厅，是家人白天主要活动的地方；船的中舱是船家的卧室、储藏室、卫生间（仍用马桶），是家人休息、更衣、就寝的地方；船的后部是货舱，装卸货物处。船家的用水主要取自河水，如河水不洁净，就随时上岸讨些井水做饮用水。

船家夜晚停航宿夜，用篙插入水中锚定船只，再用缆绳拴在"船鼻子"（拴缆绳的石孔）或石栏杆上，将船篷拉上，一家人安然入睡，如同睡在摇篮里。

第三单元 相关链接

【学习情景】　　　　　运河过嘉兴（节选）

王剑冰

嘉兴所在的江南大地，河汊如网，银波漫漶，从高处望去，会看到叶脉一般的莹绿碧蓝。这里分布着上塘河、钱塘江河口等四大水系的 57 条主干河道，相连着 140 多个大小湖荡，直把嘉兴润泽成一片锦绣。而贯穿其一的，就是大运河。

一

终于看见了那条不同于细水河汊的河流。它不张扬，不凶猛，也并不宽阔，并不流急，并不清晰。但它舒缓，它和畅，它大气；它秀美，它淳厚，它沉静。

在单位面积中，它比任何一条河流都更善于容纳，那是少见的"繁忙"，非是水流的繁忙，是船只的繁忙，聚如鸭、行如鲫的繁忙。总能见到一只一只的船首尾相连，成排成串地来往穿梭。并不是很窄的河面，常常是三排相交而又互不相扰。

船只这么近又这么悠闲地通过水面，只有在运河能够看见。如是大江大河，早早就互相鸣着警笛，小心翼翼远远躲避了。大海上的航行两船躲闪的紧张度更不用说。独大运河给予了航运这般宽厚的待遇。这也像极了江南舒缓柔静的特性。我不止一次地看到一只只满载得不能再满的船只，水波已经漫上了舱板，而船还在平稳地穿行。如遇大浪，它会随时沉没于水面。似乎行船人太了解了大运河的秉性。

这就是大运河,一条古老的而又承载丰厚的母亲河。

700年前,意大利旅行家马可·波罗没有忘记在他的游记中写上对运河的赞赏:"这条交通线是由许多河流、湖泊以及一条又宽又深的运河组成的,这条运河是根据大汗的旨意挖掘的,其目的,在于使船只能够从一条大河转入另一条大河,以便从蛮子省(浙江)直达汗八里(北京),不必取道海上。这样宏伟的工程,是十分值得赞美的。然而,值得赞美的,不完全在于这条运河把南北国土贯通起来,或者它的长度那么惊人,而在于它为沿岸的许多城市的人民,造福无穷。"

马可·波罗没有想到,他所称的蛮子省,早已成为人们向往的人间天堂。水,给了这块土地丰沛的养分。它润泽了这里的一切。

沿着杭州到嘉兴的这段最江南的运河走,让人感觉不仅是一种地理的探询,也是人文的探询。多少年前,我偶尔去了一趟苏州,就激动得要命。而在这里,随便自哪个码头上岸,都会见到苏州的小景。

那种小桥,拱身的、平搭的或直角相依的;那种回廊,遮雨也遮阳的,有的廊边还有美人靠,不定哪个女子斜倚着歪头看着什么风景;那种木格子的窗子,一扇扇的全开或半开着,挑起的横竿上,是表示着现在生活状态的各种色彩的衣裳;那种白白的墙灰灰的瓦,瓦上常会有一阵急雨弹跳,在晨阳中闪现着珠光;更多的是花,将各家门前或台阶打扮得十分艳丽;更多的是绿,树的绿,竹的绿,将江南的美掩掩映映。

江南巷子多,窄窄的巷子要么临水,让桥或廊挤得弯曲;要么临家,在楼上可对窗说话,接书传信。巷道多石板,被岁月磨得凸凹不平,亮光闪闪。而江南的雨也如这巷子,总是细细长长地淋来。也就总见有各式各样的伞,给这江南添景加色。

不断地穿过一个个石拱桥,桥有些年头了,很多都建于宋明两代,至清又加,形成壮观的景致。名字也叫得好:望仙高桥、司马高桥、青阳桥、青云桥……先自远处看,总为高扬的风帆担心,怕过不了桥孔。到了近前,才看出这桥修得实在是高峻雄伟,大都有十米的孔高,七八米高的帆篷可直竖而过。于桥下仰望这石构建筑,似有横空出世之感,至远了回望,又似长虹卧波。圆的桥洞,方的石块,弧的桥背,和谐优美的曲线,与长河相映成趣,形成江南繁盛而恬静的独特风光。

塘岸与河也相衬成景,塘路又称纤路,当巨舶行河,除风帆外全靠人工背纤。一条载重十几吨的货船,就有一二十丈的纤索,由数人背拉前行。那个时候,河中舟楫穿梭,纤塘上也就纤索交错相接,热闹而繁忙。如遇拱桥呢?那桥洞下早修了纤盘石,拉纤人可直接钻桥洞而过,省去了收纤换缆的麻烦。现在运河航船早已是机器带动,拉纤的影子只有在幻觉中想象了。

塘岸又是一条得天独厚的官道,自嘉兴可直达杭州。因而这道上就越修越出彩,不仅有各式各样的亭子,各式各样的驿站,还建起了崇尚节烈、旌表嘉德懿行的石牌坊。岸上的景物装点了日夜流淌的古运河,并为其披上了一层典雅肃穆的庄重感。遗憾的是,我只是在古旧的图表上看到了这些。

一溜的船披红挂绿、张灯结彩地过来。原来是船家娶亲,一对新人笑立船头,向两边船只和岸上观者不停地招手,也就有人叫着笑着起哄,鞭炮和鼓乐响起来,构成独特的运河风情。

二

大运河穿嘉兴城而过,并以一个90度的几何形体将南湖揽在怀中。南湖是大运河丝带上的明珠。唯此南湖,早已名闻天下。明代胜时,"湖多精舫,美人航之,载书画茶酒与期于烟雨楼"。湖、画舫、美人、烟雨楼,可谓风光无限。

有水就有荷,荷是高洁之物,人人喜爱。于是便有了荷花生日,是农历的六月二十四。那天,会有四面八方的船客汇聚南湖,将自家做的花灯置于湖面,让它载着一片美好的祈愿悠悠远去。那可真是诗一般的妙景,让每一个人都有一种不同的妙想。漂漂而去的花灯,更像湖边少女们的心事,在夜风的吹拂下,忽明忽晦,渐渐地不知消逝在何方。

每逢清明和中秋,在嘉兴的连泗荡,总会举行各种各样的祭祀活动,让水乡的百姓有了一个结亲交游的机会。人们把这叫网船会。网船,是江南渔船的一种。我在南湖登上"南湖红船"时,不经意间看到了"网船"二字。原来网船还有这么讲究的内部,设计是如此地精巧。

更有嘉兴的船歌,在月上柳梢、风平浪静的时候这里那里地唱起,把人引入一种迷梦般的境地:

> 月儿弯弯照嘉禾,扁舟湖上荡清波。
>
> 有心开口唱一曲,不知哪条船上和。
>
> …………

这歌声浸入幽雅的吴乡越境,让荡漾的水波更显得生动。难怪元朝大书法家赵孟頫到此有句:"秀州人家知几多,郎君儿女唱山歌。"写这首诗时,他的笔下一定波光闪烁,情绪高扬。到了明代,来了一个戏剧家汤显祖,"不知何处唱歌好,东栅平湖日夜船"。他许是来采风的吧,想找一处能对歌的地方,促一促自己的灵感。轮到了乾隆下江南,更是把嘉禾当成必须踏访的所在。当大运河上的龙舟经过的时候,他专意让拉纤者放慢了脚步,要听那时隐时现的吴侬船歌。

> 徐牵锦缆过嘉禾,隐隐时闻欸乃歌。

运河两岸本就是鱼米之乡,大运河开通,稻花飘香的嘉兴更是成了国库粮仓,清雍正《浙江通志》记载有通过运河漕运的纳粮情况:杭州府辖九县,交纳漕粮14.38万多石;嘉兴府辖七县,交纳漕粮41.79万多石。嘉兴的突出可见一斑。

大运河两岸,不只是鱼米丰乡,还有两个字更让人关注,那就是"丝绸"。桐乡的罗家角文化遗址中,竟然找出了7000多年前的桑孢粉遗存。这说明这里很早就有了蚕桑丝织。整个中国,杭嘉湖地区就是江南著名的丝绸之府。李白有诗:"越王勾践破吴归,义士还家尽锦衣。"可见在嘉兴这个吴越竞争之地,胜者是穿着丝质的花衣凯旋的。就因为有了江南丝绸,才有了水上和陆上的丝绸之路。想象不到,驼铃叮当的大漠孤旅中,一条丝线竟然是由这里串起。

有了丝绸业的兴盛,才有了蚕花风俗。蚕花歌,蚕花戏,蚕花灯,还要选蚕花姑。赶庙会那一天,姑娘们盛装打扮,头上扎着蚕花,身上带着蚕花,一个个脸儿激动成一朵羞羞的蚕花。不定在这一天,会有多少小伙子从中寻到自己的所爱。

柔美的水和丝光的绸,把江南人养成了和善温雅的好性情,他们连亮嗓呼喊、连拌嘴、连笑声都是动听得很哩。

三

20世纪70年代,一列由上海开出的火车驶入了嘉兴的一个小站。

一位步履蹒跚而面容俊朗的老者走出站台,接过随从递过来的小瓶黄酒,又从怀里掏出一包马粪纸包着的花生豆,静静地坐在站口的台阶上。

乡里接站的人来了。老者终于又看到了大运河。他被扶上一条小船,而后顺着大运河缓缓前行。这还是用手扶拖拉机上拆下来的柴油机做动力的船。单缸做功的声音很大,直把人的耳朵灌满。老者却依然显得兴奋,眼里有了一层泪花。他知道,大运河拐道90度弯的时候,就到了他的石门。

30年代,他将两坛黄酒搬上一条小船,就是从石门沿运河而下,开始了一位艺术大师的漂泊之旅。这次回故乡,该是最后一次了。他是要了断一种思乡的情结。不久,这位老人溘然长逝。他,就是丰子恺,嘉兴众多值得说道的其中一个。

呆呆地望着这雨中的巷子,不定哪一个巷子里,便会走出一个人物来。嘉兴的名人可谓多矣。怀着渴望追求《雪花的快乐》的徐志摩出自海宁硖石镇;穿着长衫寻觅于《子夜》的茅盾从桐乡的乌镇走出;揣着《观堂集林》的国学大师王国维生于海宁的双仁巷;自《书剑恩仇录》成为大侠的金庸,故乡是海宁袁花;还有沈钧儒,还有李叔同,还有李善兰……有人说,中国现代文学史的领军人物,浙江籍的占了一半以上,而嘉兴籍的又占了浙江的一半以上。

这些人物出生在大运河边,又借助大运河走向四方。许就是这样一种摸索人生把握社会的模式,把他们铸造得格外与众不同。为此,他们难以割舍心中的一片乡情,总是要在生命的重要阶段走回大运河边的家乡来。徐志摩15岁外出求学,与陆小曼伉俪新婚,度蜜月的地方还是选定在了家乡,那是对妻子的一种幸福的显摆。

无论是写一部运河史还是江南史,嘉兴段都会是中国历史典籍中厚重的一章。

翻开介绍嘉兴的文字,有一句话说得好,万里长城与京杭大运河像一撇一捺,正构成中华版图上一个巨大的"人"字。现在看来,长城的一撇,更多地成为了某种观赏物;而京杭大运河,却是造福至今的利民利国的一捺。

说起来这个"人"字,应该是由秦始皇开笔。人们只知道秦始皇修筑长城,对他的开凿江南河道却知之甚少。一个人能把两件历史上的大事担于一身,不能不说其有过人之处。秦始皇统一六国后,曾数次东巡。唐《元和郡县志》称:秦始皇东巡时到丹徒县,"初,秦以为地有王气,始皇遣赭衣三千人破长陇,故名丹徒"。无独有偶,当秦始皇出巡到吴越之地的嘉兴,又听说此地有天子气,而调出囚徒数万,开凿人工河,以再次掘断天子气。这种做法,使长江与钱塘江水上渠道的沟通在秦代基本形成,由此奠定了江南运河的走向。秦始皇开凿运河乘舟东巡的政绩,不可被防备造反的说法所遮蔽。

接下来,京杭大运河引出了隋炀帝的登场,这位始终有着争议的帝王以他的孔武与残暴,同时也以他的政治家的智慧与谋略,将被称为蛮夷之地的江南变成了隋王朝的金腰带。嘉兴从此与大运河紧紧相连,成为江南的膏腴之地。

传说中的隋炀帝贪恋江南的繁华富庶,运河巡游极尽奢华,不仅带有大批的嫔妃、扈从,还异想天开地让上千美女与数千嫩羊沿河拉纤。这简直就是一种想当然的儿科行为,或可是后人对其厌恶而成的一种笔误。隋炀帝出游江南的场面,《资治通鉴》有记:"龙舟四重,高四十五尺,长二百尺。上重有正殿、内殿、东西朝堂,中二重有百二十房,皆饰以金玉,下重内侍处之。"极富张扬的隋炀帝,恨不能将整个朝廷都搬运到龙舟之上。可以想见,在中国乃至世界的河流上,没有一条河能像大运河这样繁闹过。舳舻相接,百里绵延,旌旗蔽空,鼓乐喧天。在长长的历史画卷中,沉寂的江南一次次会被当权者的兴致搅醒。当然,从积极的角度看,这也给江南带来了活力,带来了发展。

历史走到了乾隆时期。这位风流皇帝对大运河表现出的兴趣更不同于一般,他的行踪也更让人关注。六次下江南,四次他都住在陈阁老家的安澜园,并御笔题匾、作诗,"名园陈氏业,题额曰安澜。至止缘观海,居停暂解鞍"。乾隆就此颇感安逸地住下了,他住得十分舒心,有走运河的舒心,有观海潮的舒心,或可也有归家的一种舒心吧。

有传闻道,其父雍正为皇子时,与陈家的关系甚好。"会两家各生子,其岁月时皆同。雍正闻悉,乃大喜,命抱以来,久之始送归。则竟非己子。且易男为女矣。陈氏殊镇怖,顾不敢剖辨,遂力秘之。"《清朝野史》记载,乾隆帝乃陈阁老(元龙)之子,雍正帝以女调包。雍正即位后,对陈家十分宠眷。到乾隆时期,待陈家就愈加优厚。陈家也就有"一门三阁老"、"六部五尚书"之誉。那么乾隆的江南之行,无非成了一次次地拜望。当然这只是一种传说,得不到什么证实。好笑的是乾隆后来又下旨将安澜园绘成图带回北京,仿建于圆明园中,亦称"安澜园",不能不说他对此园的情有独钟。其还赋诗曰:

安澜易旧名,重驻跸之清。御苑近传迹,海疆遥系情。来观自亲切,指示泊分明。行水缅神禹,惟云尽我诚。

诗中流露出的情感灼灼可见,那是一种何样的牵系,只有乾隆爷知晓了。正史对此总不好直面。也许只有大运河清楚乾隆下江南,是因为割舍不下大运河独特的魅力。

宫里园里待久了,享受这般自在与辽阔如何不心内翻波澜。乾隆的母亲贵为当朝太后,随乾隆游历了一次大运河,竟还痴迷万分,向皇帝要求说:"大运河归我。"在自然永恒的规律中,活不了 100 年的皇后,好笑地把这条美丽的河流视作了自家宝贝。

然而,秦始皇挖掘后的威仪远去了,隋炀帝的豪奢远去了,乾隆六下江南的浮华远去了。纤夫们低沉的号子、宫女们辛酸的香汗也随着水流远去了。而大运河仍在,星月斜照,水波翻涌,时光永恒。

一个嘉兴,不长的一段运河水系滋润的土地,早已让我沉迷万分。它的底蕴太深厚,在有限的时间里,我不知道该先看何处。从桐乡丰子恺故居出来,我才知道,乌镇也是桐乡的,我想提议去乌镇,但同行的说,就半天的时间了。还有海宁呢?那时我尚不知海宁有那么多的去处,那么多的说头。最后我连走马观花的时间都没有了,只好留下许多的遗憾。

我只是打开了江南这部大书的封面，而嘉兴这一段运河，只是这书的一张窄窄的书签。

学生讲坛

以"寻运河脉搏 探江南文化"为主题，设计一条三日游的江南运河旅游线路。

模块八

江南文化之旅

学习目标

1.掌握收集江南主要城市(杭州、苏州、南京、上海)旅游文化资源的方法;

2.能够综合运用所学知识,针对游客的关注点和江南水乡旅游资源特点设计文化旅游线路。

第一单元　模块任务导入

一、作业背景

某旅行社接待了一批来自北京某公司的游客,共30人。他们想在江南一带做6日的江南文化深度体验之旅。假设你是该旅行社的工作人员,请为他们设计旅游线路,并对一些景点做讲解。

二、工作任务与要求

1.利用图书馆、网络以及实地调查,了解、收集、整合江南主要城市(杭州、苏州、南京、上海)有关的旅游文化资源;

2.针对江南水乡文化的状况和北京游客的兴趣爱好、关注点,设计不同的文化旅游线路。

三、教学方式与步骤

1.教师讲解基本知识;

2.分组查找资料、安排导游线路、准备导游词;

3.模拟演练;

4.教师点评。

第二单元　背景知识

【学习情景 1】　　　　　　　　杭州文化之旅

杭州,别称武林,是中国七大古都之一。杭州的"杭"字有多层含义。《郡国志》载:"夏禹东去,舍舟航登陆于此,故名。"《西湖游览志余》载:"杭,方舟也,殆今这浮桥。禹至此造桥以渡。越人思之,且传其制,遂名余杭。"也有人认为,"杭者,渡也,盖古代浙东西之渡口在此,即以杭名"。杭州地处钱塘江北岸,京杭大运河南端,市区面积为 430 平方公里,有众多山丘、湖泊、江水与城市相依。

"上有天堂,下有苏杭",杭州素以风景的秀丽和物产的丰美著称。

一、西子倩影

7000 多年前,西湖为钱塘江的一个浅海湾。南面的吴山和北面的宝石山相对,是环抱这个海湾的两具岬角。由于长江、钱塘江和附近群山中的溪流带来了许多泥沙,不断堆积,塞住湾口,使沙洲增长,最后连接成陆地,其内侧便形成了一个潟湖,始称武林水,后称明圣湖,又因"湖有金牛",而名金牛湖。唐代,因湖在钱塘县境内,更名钱塘湖。隋时筑杭州城,因湖在城之西,遂名西湖。因苏轼有"欲把西湖比西子,淡妆浓抹总相宜"句,又称"西子湖"。

西子湖中有小瀛洲、湖心亭、阮公墩,人称"蓬莱三岛"。

小瀛洲,是人工堆积而成的小岛。北宋元祐四年(1089),苏轼任杭州知县时,疏浚西湖,筑成苏堤,又在湖面上立三座石塔,名为三潭,禁止从苏堤到这里的水上植菱种茭,以防湖水淤积。但此三塔后被捣毁。明时,钱塘县令聂心汤仿苏轼募民浚湖之举,取淤泥在湖中堆积一岛,又在岛外筑一环状堤埂,成为"湖中之湖",在岛上建一湖心寺,为了恢复三潭旧迹,又在堤南湖中,重建了三塔,远望似倒覆石香炉的三只巨足。民间据此而有"鲁班兄妹造石香炉、镇压湖中黑鱼精"的传说。三潭印月的景致,即由三个石塔和小瀛洲两部分组成。

小瀛洲上,原有清朝显臣彭玉麟所筑的退省庵。彭死后,改作彭公祠。辛亥革命后,又改为先贤祠,祀明末清初吕留良、杭世骏、黄宗羲、齐周华四学者。他们皆具强烈的民族意识,故被尊为先贤。后又废祠而改为敞轩,由赵朴初题额"小瀛洲"。

在康熙所题的"三潭印月"石碑前,有"我心相印亭"。亭正对三潭印月之石塔。"我心相印"系禅语,即"不必言说,彼此意会"之意。

"碧天清影下澄潭,万顷金波镜里看。"三潭印月,古来以赏月胜地著称。《西湖志》云:"月光映潭,分塔为三,故有三潭印月之目。"画家也绘三石塔,各悬一月影于中。而

《湖壖杂记》则载："顺治王辰春,偶同王子古直登教场山绝顶,下盼湖中有三大圆晕见于放生池之左侧。询之山僧,僧曰:'此所谓三潭印月也。'因悟印月之说,谓其似月而非真月,向之画工大误矣。"

三潭印月北面是湖心亭。据说此处即苏轼所立三塔中北塔的旧址。明朝张岱《西湖梦寻》云:"游人望之如海市蜃楼,烟云吞吐,恐滕王阁、岳阳楼无其伟观也。"此岛在明嘉靖年间堆土而成,岛上建振鹭亭。因处全湖最中心,人们称之为湖心亭。康熙曾亲临岛上题"静观万类""天然图画"。湖心亭上有对联云:"四季笙歌,尚有穷民悲夜月;六桥花柳,浑无隙地种桑麻。"

阮公墩是阮元用疏浚西湖的淤泥堆积而成的。阮元(1764—1849),字伯元,号芸台,又号公达,江苏仪征人,是清代的著名学者,被后人称为"才通六艺"的"一代经师"。阮元曾先后任浙江学政和巡抚。在这期间,他不仅修缮名胜古迹,疏浚西湖,而且提倡汉学,创办诂经精舍,创设浙江最早的公立图书馆"灵隐书藏",并编纂《经籍纂诂》《畴人传》。他诗文并茂,留下了不少吟咏杭州西湖的诗文。后人曾在吴山重阳庵旧址建造阮公祠,并将此处称为阮公墩。100多年来,不少人想在上面建造楼台别墅,但均因土质松软而未果。清道光年间彭玉麟退居杭州,想在阮公墩上建一"闲放台"。他与儿女亲家俞樾同到阮公墩勘察址基,以竹竿戳地,竿即入土中。两人大笑:"阮公墩,真软公墩也。"后只好将"闲放台"筑在小瀛洲。

阮公墩的诞生,使西湖上形成三岛鼎足而立的布局。因此可以说阮元是"蓬莱三岛"园林布局的最后完成者。

知识链接

西湖十景

南宋十景:

苏堤春晓、曲院风荷、平湖秋月、断桥残雪、柳浪闻莺、花港观鱼、雷峰夕照、双峰插云、南屏晚钟、三潭印月。

元代"钱塘十景"

六桥烟柳、九里云松、灵石樵歌、冷泉猿啸、葛岭朝暾、孤山霁雪、北关夜市、浙江秋涛、两峰白云、西湖夜月(其中两峰白云、西湖夜月两景与南宋西湖十景中的双峰插云、平湖秋月意思相同,所以后人常称"钱塘八景")。

清雍正"西湖十八景"

湖山春社、功德崇坊、玉带晴虹、海霞西爽、梅林归鹤、鱼沼秋蓉、莲池松舍、宝石凤亭、亭湾骑射、蕉石鸣琴、玉泉鱼跃、凤岭松涛、湖心平眺、吴山大观、天竺香市、云栖梵径、韬光观海、西溪探梅。

清乾隆"西湖二十四景"

清乾隆后期,因乾隆皇帝南巡杭州游览时常有品题赋诗而列成杭州二十四景。景目取雍正间西湖十八景中之十三景点,另加十一景点而成。景名分四字、三字两类。

湖山春社、宝石凤亭、玉带晴虹、吴山大观、梅林归鹤、湖心平眺、蕉石鸣琴、玉泉鱼跃、凤岭松涛、天竺香市、韬光观海、云栖梵径、西溪探梅(原西湖十三景)。

黄龙积翠、六和塔、小有天园、游园湖亭、留余山居、篁岭卷阿、吟香别业、瑞石古洞、香台普观、澄观台、述古堂(另增十一景)。

新西湖十景(1985年确定)

云栖竹径、满陇桂雨、虎跑梦泉、龙井问茶、九溪烟树、吴山天风、阮墩环碧、黄龙吐翠、玉皇飞云、宝石流霞。

西湖新十景(2007年确定)

灵隐禅踪、六和听涛、岳墓栖霞、湖滨晴雨、钱祠表忠、万松书缘、杨堤景行、三台云水、梅坞春早、北街梦寻。

二、西泠印社

"涛声听东浙,印学话西泠。"西泠印社,是我国金石篆刻的胜地,人称"湖山最胜处"。

西泠印社,坐落在孤山西端。此处既有清幽的环境,秀丽的风景,更有仰贤亭、宝印山房、山川雨露图书室、凉堂、四照阁、观乐楼、三老石室、遁庵、题襟馆、还朴精庐、华严经塔等建筑物及规印崖、小盘谷、印泉、闲泉、岁青岩、缶龛、潜泉、小龙泓洞等名胜。

西泠印社内,有一小巧玲珑的建筑,是一坐西朝东的竹阁。始建于唐朝,后曾多次毁建。相传白居易任杭州刺史时,常来此偃卧憩息。白居易《宿竹阁》诗云:"晚坐松檐下,宵眠竹阁间。清虚当服药,幽独抵归山。巧未能生拙,忙应不及闲。无劳别修道,即此是玄关。"

竹阁东侧,有柏堂。据说南北朝时,有人植柏树于此,及至宋时,柏已枯萎,但质如金石,扣之有声。一位叫志铨的和尚就在其侧建了此堂。苏轼曾为柏堂赋诗:"此柏未枯君记取,灰心聊伴小乘禅。"

凉堂中原有四幅精美绝伦的巨型壁画,均出自宋朝画家萧照之手。《四朝闻见录》载:"孤山凉堂,西湖奇绝处也。植梅数百株,堂中素壁,四堵萧照画。"传说萧照作画时,宋高宗赵构特赐御酒四斗。入夜,萧照每闻一遍更鼓,则饮酒一斗。待落四鼓,酒尽,画亦完成。高宗叹赏不已。

三、岳飞墓

岳飞墓在栖霞岭下岳王庙西侧。墓前建有墓阙,阙前有照壁,上嵌"精忠报国"四字。墓左为其子岳云墓。岳飞墓四周古柏森森,有石栏围护。石栏正面望柱上刻着"正邪自古同冰炭,毁誉于今判伪真"的对联。秦桧、王氏(秦妻)、万俟卨、张俊四个罪人的铁像,跪在墓阙之下。墓阙上有楹联:"青山有幸埋忠骨,白铁无辜铸佞臣。"

宋绍兴十一年(1141)十二月二十九日,岳飞在风波亭遇害,同时被害的还有岳云和部将张宪。临刑前,岳飞无限痛心地在狱案上写:"天日昭昭!天日昭昭!"

岳庙正殿西面是精忠柏亭,这里陈列着古柏的化石。据说岳飞被害后,风波亭边的这棵柏树竟也随即枯死,但仍坚挺似铁。1923年移此,并命名为"精忠柏"。

为了表达对陷害岳飞的奸臣贼子的愤恨,后人铸造了四具铁像,让秦桧、王氏(秦妻)、万俟卨、张俊缚手跪在岳坟前。相传铁像曾数次被窃,其中一次是一位姓秦的抚台所为。这位抚台看见秦桧下跪的丑态,觉得很让姓秦的人丢脸,半夜里命人将秦桧及王氏的铁像丢进了西湖。翌日清晨,百姓见铁像少了两具,就齐到抚台衙门告状。胆战心惊的抚台随众人来到岳坟,却见西湖水不停地向上翻腾,发出阵阵奇臭,不一会,铁像便自湖底泛起,直向抚台漂来。这位秦姓后裔吓得魂飞胆丧,当夜便羞愧交加地溜出了杭州城。翰林陆军修撰秦涧泉乃明公安派领袖袁宏道的门生,一日与友人同游西湖,在岳王墓题联:"人从宋后少名桧,我在墓前愧姓秦。"

四、苏小小墓

西泠桥畔,原有一座红柱翘角的慕才亭,亭中有苏小小的墓。

苏小小,文学故事人物,传为六朝南齐钱塘著名才女、歌妓。传说有一日,苏小小乘车出游,在西湖边遇到一位骑马缓缓而来的英俊少年阮郁,两人一见倾心。她即兴为诗:"妾乘油壁车,郎乘青骢马。何处结同心,西陵松柏下。"此即《乐府诗集》中的《苏小小歌》。后两人结为百年之好,如胶似漆,顷刻不离。但不久阮郁被父亲催逼回乡,一去不返。苏小小游戏于青楼红尘之间,看破人生,郁闷成疾,竟奄然而逝。"生于西泠,死于西泠,埋骨于西泠,庶不负我苏小小山水之癖。"遂葬于西泠桥下。

明代学者袁宏道云:"西陵桥一名西泠。或曰即苏小小结同心处。"苏小小那首诗一直流传了下来,这一则爱情故事也已成为千古佳话。白居易诗云:"若解多情寻小小,绿杨深处是苏家。"张祜诗曰:"夜月人何待,春风鸟为吟。不知谁共穴,徒愿结同心。"

五、灵隐寺

灵隐寺,又名云林禅寺,位于西湖之西,是江南一所著名的古寺,我国佛教十刹之一。该寺从东晋咸和元年(326)创始至今,已有1600多年历史。苏轼咏灵隐"高堂会食罗千夫,撞钟击鼓喧朝哺",足见其盛。史料载,灵隐最繁盛时,有9楼18阁,72殿堂,3000余僧众。

宝坊阅千载常新,桂阁喜重开,依旧前台花发,清夜钟闻,东涧流水,南山云起;

胜境数西湖第一,林泉称极美,试看驼岘凤高,鹫峰石峙,龙泓月印,猿洞苔斑。

灵隐寺大雄宝殿中的这副对联,是灵隐寺历史的写照。

《灵隐寺志》载:东晋咸和元年(326),天竺高僧慧理云游到此,他惊愕于此地山峦,竟与释迦牟尼修行的灵鹫山如此相似,认定"此天竺灵鹫山小岭,不知何年飞来?佛在世日,多为仙灵所隐",遂在此建寺,取名"灵隐"。

飞来峰,又名灵鹫峰。这是一座石灰岩侵蚀残留下来的孤峰。山高209米,怪石嶙峋,林木苍郁。飞来峰的得名,源于印度僧人慧理的一句感叹:"此天竺灵鹫山小岭,不知何年飞来?"但民间的传说则认为此峰原在四川峨眉山上,后踪迹不定,到处飘移,最后落在了此地。

在飞来峰的悬崖峭壁上,有五代至元代的大小石窟造像380余尊。其中笑容满目、袒腹踞坐的弥勒佛最大,也最生动,是宋代造像的代表作。元代造像数目最多,保存完整。南端青林洞右侧崖岩上的三尊佛像,是五代广顺元年(951)的作品,可算是这里年代最久的石刻造像。

飞来峰与灵隐寺之间有一山溪,溪水"粹冷柔滑",可涤"眼耳之尘,心舌之垢",因此称冷泉。唐代最先发现冷泉,并为之建造了一亭,名冷泉亭。白居易《冷泉亭记》载:"东南山水,余杭郡为最;就郡言,灵隐寺为尤;由寺观,冷泉亭为甲。""亭在山下水中央,寺西南隅,高不倍寻,广不累丈。""山树为幄,岩石为屏,云从栋生,水与阶平,坐而观之者,可濯足于床下,卧而狎之者,可垂钓于枕上。"

冷泉亭原在冷泉池中,后毁于山洪。明万历年间在岸上重建。亭内原有一匾额,"冷泉"二字为白居易手书,"亭"字为苏轼续写。此匾现已不存。另尚有对联:"雷不惊人,在壑原非真霹雳;泉能泽物,出山更有热心肠。"

六、良渚文化遗址

杭嘉湖平原还闪耀着一颗新石器时代考古皇冠上的明珠——良渚文化。

良渚文化发现于浙江余杭良渚镇,渊源于距今7000年的马家浜文化,承袭了崧泽文化,主要分布在长江下游的太湖流域,包括江苏南部、上海和浙江北部的广大地区,距今大约4200—5300年。

良渚镇历史上就以出土古玉而闻名于世。民间传说清朝末年这一带曾掘出几担玉器。民国初年,日本和欧美一些国家都有人购买过良渚玉器。20世纪30年代初,良渚镇及附近安溪、长命桥等地的村民们还挖到过璧、琮、钺等大批玉器。

从1936年施昕更第一次对良渚遗址发掘至今,考古工作者已经对100多处良渚遗址进行了发掘,尤其是20世纪90年代在良渚镇西约5千米处的莫角山,发现了总面积达30余万平方米的大型礼仪建筑群遗址,推测这可能是一个中心城址,是良渚文化五国政治、经济、宗教、文化的中心。

在良渚文化时期,农业已进入犁耕稻作时代;住房以干栏式为主;手工业有蚕丝和麻纺织、竹器编制,器物外表髹漆,琢玉尤为发达,大型玉器揭开了中国礼制社会的序幕,贵族墓葬和平民小墓显示出社会分化的加剧。良渚文化器物上很多神秘刻画可能是中国文字的前奏。著名考古学家严文明说"中国文明的曙光从良渚升起"。

良渚文化进一步证明了长江流域在中国文明形成过程中的重要地位,长江流域在新石器时代曾经大放异彩,尤其是良渚文化的玉器,精美绝伦,神秘诡谲,令后人唏嘘不已。

【学习情景2】　　　　　　　苏州文化之旅

苏州位于江苏省东南部,全境依山傍水。西部高平,河川纵横;西南多山,有狮子山、天平山、灵岩山、阳山、横山、七子山、洞庭东山、洞庭西山等,邓尉山、穹窿山诸岭濒临太湖;东部低洼多湖,有金鸡湖、独墅湖、黄天荡、沙湖、澄湖;东北部有阳澄湖;南部有石湖、澹台湖等。隋时开凿的京杭大运河,由无锡北来,经苏州西南部,流向浙江省域。苏州自古以来便凭借着得天独厚的地理位置造就的肥沃土壤,孕育出了灿烂的民族文化之花,为文明财富的聚集之地、文化精华的荟萃之所。无怪乎古人云"上有天堂,下有苏杭"。苏州坐落在水网之中,荡泊星罗、泉潭棋布、川渠错综。漫步水城,情趣盎然;河道纵横,密如蛛网;小桥千姿,如虹卧波;巷坊民居,临水而设。"小桥、流水、人家",乃苏州水乡风情最好的概括,也是这座具有出水芙蓉般魅力的"东方威尼斯"水城的生动写照。13世纪意大利旅行家马可·波罗在他的《东方见闻录》游记中这样描绘苏州:"是一颇名贵之大城,居民……持商工为活。产丝甚饶……其城基大,周围有六十里,人烟稠密。""此城有桥六千,皆周石建,桥甚高,其下可行船,甚至两船可以并行。"从此,苏州便以"东方威尼斯"的美名传扬天下。

一、昆剧"一枝花"

我国古老戏曲剧种之一的昆剧,原名昆曲,亦曰昆腔。它集中了我国汉民族戏曲的精华,在明清两代曾独领剧坛风骚,唱红大江南北。

昆剧于元末明初流行于苏州昆山、太仓一带。明嘉靖年间,经戏曲家魏良辅等发掘、整理、创新,遂流传各地,统领剧坛200余年,逐渐形成北昆、川昆、徽昆、湘昆、甬昆、温州昆、金华昆等各具风土特色的流派。昆剧集宋、元南戏和金、元杂剧等中国古典戏曲艺术之大成,经名角艺人精研细琢,形成唱腔典雅、婉转、悠扬、细腻的艺术风格。清乾隆时昆剧院戏班有40多个,为鼎盛之期,艺人云集苏州。有词云:"苏州好,戏曲协宫商;院本爱看新乐章,舞衣不数旧霓裳,昆调出吴阊。"清道光后,昆曲虽有衰落,但亦出过声望很高的"集秀班""高天小班""聚福班"等。民国初年,苏城桃花坞庙园开办"昆曲传习所",学员以"传"字排行,"传"字之后又分四角取名:小生演员取玉字旁,旦角演员用草字头,花脸、老生扮演者取金旁,丑角演员用三点水旁。20世纪50年代,地方政府组织整理改编了《十五贯》等传统剧目,救活了这个濒临绝境的剧种。

苏州早年专供昆剧艺人一展歌喉、一亮身段的地方是城中郡庙附近戏馆。戏馆常演唱《浣沙记》《荆钗记》《琵琶记》《牡丹亭》《长生殿》等传奇性历史剧目。表演上舞蹈性强,开场即闻笛、箫、笙、鼓、板、锣、琵琶之声,把人称"水磨腔"的昆曲烘托得细致入微。苏州民间有拍曲鼓簧之习。清时,被奉为戏曲正宗的昆剧为文人雅士所欣赏、品谈,缙绅子弟和读书人喜欢即兴拍曲。每逢"爷台会串"(即"清客会串"),城乡轰动,万头攒动。往往大宅闺阁飘出莺啼笛鸣,水巷帆舟传扬悠悠曲声,巷坊深处应和曲折唱腔。

二、桃花坞木刻年画

桃花坞,为苏城西北隅阊门内沿水巷的一条长街。古时,此处植梅遍野,春日姹紫嫣红,曲水舒缓流泻,极富桃花源意境,故名桃花坞。这条街之所以名噪四方,系因明代此地出了有名的一人一物。这人,乃为慕桃花坞之名,迁居于此潜心作画的名画家——唐伯虎;这物,却是争艳竞美于桃花柳绿自然风光中的独开奇葩——年画,人称"桃花坞年画",因其早年为木刻翻版印制成画,故又称"桃花坞木刻年画"。

桃花坞年画,起源于宋代;流行于明代,明末形成独特风格,被称为"姑苏版"年画;全盛于清代雍正、乾隆年间。清时画铺作坊多达50余家,分设在桃花坞、山塘街、北寺塔一带。据说年产达百万幅以上,不仅各地乡邑的门户、中堂多见。而且东渡日本、南涉南洋,颇受海外人士欢迎,对各地年画及日本"浮士绘"画派风格均有影响。

桃花坞年画与山东潍坊年画、天津杨柳青年画,同为中国三大年画盛地。它还与天津杨柳青以"南桃北柳"并称。早年,苏州画铺作坊均为名画师、雕版艺人、木刻行家汇集之所。桃花坞年画品类繁多,制作刻印精细入微,题材甚广。主要有郎歌仕女、风物农事、戏文杂技、传说历史、神佛福寿、吉祥喜庆、鱼鸟虫兽、花卉芳草、亭台楼阁等内容。它采用木版套印,构图均衡丰满,色彩鲜美光润,主题鲜明突出,线条明快洗练,形象质朴生动,动静结合,雅俗兼具,体现了装饰美的艺术特点及超自然的浪漫艺术风格。桃花坞年画自古为姑苏民间所喜爱,家舍门厅竞相张挂,为吴中文化艺术一个门类的缩影。可惜清咸丰十年(1860)山塘街年画铺坊毁于兵火。后来由木版年画发展派生出铜版、胶版、石印年画,但木刻年画仍不失其古朴风雅之风姿。

三、寒山寺

坐落于苏州城阊门外西3.5公里,枫桥镇运河畔,枫江北岸枫桥和江村桥之间的寒山寺,创建于南北朝梁天监年间(502—519),原名妙利普明塔院。唐贞观年间著名诗僧寒山、拾得二人从浙江天台山国清寺来此住持,后希迁禅师在此建伽蓝,题额"寒山寺"。寺屡焚屡修,现有大殿、藏经楼、碑廊、山门等建筑,为清光绪二十二年(1896)至宣统三年(1911)陆续重建。寺外溪流淙淙,石桥高跨;寺内黄墙绿瓦,曲槛回廊,自有"曲径通幽处,禅房花木深"之意境,既具寺院庙宇的古朴,又兼艺术殿堂的风雅。

寒山寺的大殿座旁立有清画家罗聘、郑大焯所刻寒山、拾得与其师丰干石像。右殿有手持净瓶、举莲花的寒山、拾得木雕塑像,这使人想起他们为文殊、普贤菩萨化身,其真身被人识破而乘鹤高飞以及和合二仙的传说。

寒山寺古钟是庙中一宝。据《寒山寺志》载:"唐钟冶炼超精,云雷奇石,波磔飞动,扣之有棱。"但它历经沧桑早已失传。明嘉靖年间僧人本寂曾重铸一钟,建钟楼悬之,钟鸣音播数里。不过,此钟后亦流失。一说于明末流入日本;一说"后遇倭变,销为炮"。现寺中六角形钟楼内高悬一钟,为光绪三十年(1904)江苏巡抚陈夔龙重修寒山寺时所铸。

寒山寺大雄宝殿内亦有钟一座。传说梁启超曾向日方提出明钟流落日本一事,中日双方派员寻访佚钟未得。日方友人募捐,于1906年由小林诚义等匠人铸造一式二钟。一钟悬于日本馆山寺,一钟赠予寒山寺,即今大雄宝殿之钟。钟铭诗:"姑苏非吴城,有路传钟声。勿说盛衰迹,结灯灭又明。"

月落乌啼霜满天,江枫渔火对愁眠。姑苏城外寒山寺,夜半钟声到客船。

自唐代张继《枫桥夜泊》问世以来,先前仅为一禅院的妙利普明塔院便名扬海内外。

四、吴越遗迹

游览虎丘，处处都能见到当年吴越争斗的遗迹。

(一)试剑石

虎丘山断梁殿山道左侧，有一正中似刀砍剑劈的椭圆形巨石，旁竖一石，刻有宋绍圣年间吕升卿所题、王宝文所书"试剑石"三字。石旁还刻有元代顾瑛题诗："剑试一痕秋，崖倾水断流。如何百年后，不斩赵高头？"

相传吴王阖闾为争霸天下，令铸剑能手干将、莫邪夫妇按期铸出利剑，逾期则治杀头之罪。他俩昼夜劳苦，采五山之铁精，六合之金英，在苏州相门外搭坊、点炉，呼唤童男童女鼓风加料，又投入毛发指甲，呕心沥血。经千锤百炼，终于铸成两柄寒光闪闪的雌雄宝剑。干将料定献出双剑后必遭杀身之祸，便藏起雄剑，让莫邪携子连夜逃出苏州城。正在虎丘山阅兵的吴王闻干将献上的雌剑，胜过越国欧冶子所造的鱼肠剑、湛卢剑，遂举剑击石，将身旁的巨石截为两半。此石即为"试剑石"。

(二)剑池

剑池为虎丘最神奇的古迹，在千人石之北，广约60多步，深约2丈。南宽北窄，如一把平置的宝剑，池水不涸，冷气袭人。宋代张栻《剑池赞》曰："湛乎渊渟，其静养也。卓乎壁立，其自守也。历四时而无亏，其有常也。上汲而不穷，其川不胶也。"以喻君子之德。史载池下阖闾之墓，"铜椁三重，倾水银为池，黄金珍玉为凫雁"。筑墓时，征调十万民工，以大象运石，穿土凿，积壤为丘，历时三年方建成。因阖闾爱剑，下葬时以鱼肠等三千剑殉葬，故名剑池。

1955年，疏浚剑池，发现池东岩壁有明代长洲县令等官人及唐寅、王鏊石刻二方，记有明正德六年(1511)，剑池水干现出吴王墓门一事。经发掘，池底北端有一上锐下宽的石缝，内穴可容五人，穴北青石迭砌，与春秋战国时期洞室墓地形制相仿，故疑为墓门。为保护虎丘塔基，剑池这一千古之谜尚未揭秘。

(三)千人石

在虎丘的中心，剑池外侧山道尽头，有一块由南向北倾斜的暗紫色平坦大磐石，广达一二亩。传说吴王阖闾墓筑成后，夫差与佞臣伯嚭唯恐工匠返归故里后泄露墓中暗道机关，在"斟酌桥"边舟船中密谋杀人灭口之计。吴王夫差邀请筑墓工匠在巨石上饮酒看鹤舞为名，将1000多人全部残杀在巨石上。这千人之血浸涌于石，日久不褪，故有石质色泽暗紫源于千人血染之说。此后，石面出现几处突起，凡行走于石上者，无不跌下巨石身亡。后人便在附近筑起金刚石石亭、弥陀经石亭以超度亡灵。

千人石呈斑状细小结构，石质为长石、石英石，含微量铁、镁元素，为典型的流纹岩，故色泽殷红。又据考查，苏州地区在距今一亿五千万年前曾发生多次岩浆侵喷，虎丘为一座火山丘，千人石为火山熔冷凝而成。

【学习情景3】 　　　　　　南京文化之旅

　　南京,古称金陵,现为江苏省省会。南京是一座山城,又是一座江城。万里长江滚滚而来,穿城东去;群山环抱,形若蛟龙。城西有座石头山,三国时东吴在此凭险修筑了"石头城",南京因此有了石头城的别称。三国时蜀相诸葛亮观南京山川形势时叹曰:"钟山龙蟠,石城虎踞,真乃帝王之都也。"由于有此地形,自东吴,东晋和南朝的宋、齐、梁、陈,五代南唐,明初及太平天国、民国都在此建都,因此,史称"六朝金粉地,金陵帝王州",为我国七大古都之一。

一、明城墙

　　元朝末年,朱元璋攻下时名集庆的南京,并改名庆天府。他听取谋士朱升"高筑墙、广积粮、缓称王"的进言,没有急于称王,先筹备建筑高大的城垣。明城墙自1366年起,历时二十一年建成。洪武元年(1368),朱元璋在应天登上皇帝宝座,称明太祖,应天成为明朝都城。明成祖迁都北京后,把应天称作"南京",一直持续整个明代。明时南京城,东面临近钟山西麓(燕雀湖填平作皇城),北面至玄武湖滨,西北到长江边的狮子山,西南为南唐、宋、元以来秦淮河畔旧址。全城周围共长33.5公里,城内南北长达10公里,东西长达5.5公里,是当时世界最大的一座都城。皇城在都城东面原燕雀湖(前湖)旧址上。当年,刘伯温等人勘定,燕雀湖位于钟山"龙头"之前,风水最好,宜以此地为宫址。朱元璋便调集几十万民工填湖。相传,填湖时曾把湖畔一位名叫田德满的老汉活活垫入湖底,以作"填得满"吉兆,后又封其为神。皇城作四方形,辟午门及东安、西安、北安数门,列奉天、华盖、谨身三大殿,设乾清、坤宁诸宫等,雄伟崇宏,蔚为壮观。北京故宫即仿此格局。明亡后,皇城毁于战火。

　　当年应天城共有13个门,以聚宝、三山和通济三门最雄伟,其中又以聚宝门(现中华门)最为壮丽。它呈长方形,南北长128米,宽118.5米,瓮城结构,有城门四道。引人注目的是,墙北建有"藏军洞"27个,每洞能藏兵百余,共可藏兵3000多,故有"藏兵三千不见影"之说。藏军洞还可储存粮食、军械、礌石、滚木等。相传,当年筑城时,因城下有水怪挖窟,城屡建屡倒。明太祖朱元璋听说金陵首富沈万三家里有个聚宝盆,以物投其内立刻就满,便向沈万三借此盆:"尔家有盆,能聚宝,亦能聚土乎?"借来后,将盆埋在城基之下,南门果然建成。于是,称此城门为"聚宝门"。据说中华门为我国现存最大的城门。

二、明孝陵

　　明孝陵位于南京市东郊紫金山南麓独龙阜玩珠峰下,为明太祖朱元璋与马皇后的合葬陵墓。陵墓自洪武九年(1376)筹建,到永乐十一年(1413)明成祖朱棣为其父立"大明孝陵神功圣德碑"止,历时38年。

　　据说洪武九年(1376)朱元璋48岁时,就开始为自己筹建陵墓。他与刘伯温、徐达、汤和等人商议陵址,约定各人预先将自己看好的陵址写在一张纸条上,届时再一同展示出来,结果,大家写的都是"独龙阜玩珠峰"。独龙阜玩珠峰在钟山南坡,人们认为吉祥之风自南而来,故皇帝皆面南而坐,宫门面南而开,帝王陵墓也以坐北朝南为上。当时独龙阜上有一座梁代古寺蒋山寺,朱元璋动用五万禁军将其迁于钟山东麓,改名灵谷寺,并开始营建陵墓。马皇后谥"孝慈",陵墓也名"孝陵"。洪武三十一年(1398),明太祖朱元璋死后葬入孝陵,殉葬宫人10余名,从葬嫔妃46人。

明孝陵相当宏伟,护墙长22.5公里,纵横2.5公里多,享殿庄严,楼阁壮丽,植松10万,并曾养鹿千头,鹿颈挂银牌,称"长生鹿"。护陵军曾达5500多人。进孝陵大门——大金门,穿陵园路,便是碑亭。碑亭仅存四壁,人称四方城,城内一大石龟驮着"大明孝陵神功圣德碑",是明成祖朱棣于永乐十一年(1413)为其父朱元璋歌功颂德而建。出碑亭,过大石桥,就进入"神道"。道两边依次排列石兽6种12对24只,有狮、獬、骆驼、象、麒麟、马等。神道北折,有石望柱二,后面便是四对石人(又称翁仲),前两对是披甲执金吾的武将,后两对是朝冠捧玉笏的文臣。石人形象生动,神态肃穆,前人有"石马嘶风翁仲立,犹疑子夜点朝班"之咏。

孝陵的正寝大门入口处,有碑镌清康熙皇帝御笔"治隆唐宋"四字,赞颂明开国皇帝政绩超过唐太宗、宋太祖。相传康熙六次南巡,五谒孝陵。康熙二十三年(1684)第一次南巡时,在陵前下马,不走正门、中道,从旁步行。路上不按清祭陵的方式行三跪八拜,而和祭禹陵一样行三跪九拜礼。至宝城前,则行三献大礼。祭毕,还严令地方官员严加保护,并赏赐了守陵的太监和陵户。这一切,使尾随观望的几万汉民感动流泪。

在明孝陵的附近,还有葬早夭的懿文太子朱标的东陵。另外,朱元璋为了让自己死后继续有人保卫他,生前就把许多功臣赐葬于钟山之阴,故钟山之阴有功臣徐达、常遇春、李文忠、吴良、吴祯等人的墓。孝陵西面,有国民党左派领袖廖仲恺、何香凝夫妇合墓。

三、秦淮河

秦淮河,发源于苏南低山丘陵,全长110公里。它最早的名字叫"龙藏浦",后来称"淮水"。相传,当年秦始皇东巡会稽路过秣陵,发现此地矗立一座平顶方形山(即方山,又称天印山),形如宫印,似有帝王之气,便下令"开凿方山,断垄为渎",引淮水北流,以泄王气,于是始有此河。唐时,据此传说改称"秦淮河"。其实,秦时所凿之山乃是方山附近的石坝山,秦淮河乃是三国孙吴所开。秦淮河分为内河与外河,从东水关入城,经夫子庙、镇淮桥出西水关的内秦淮河即是被称为"六朝金粉"的"十里秦淮"。东晋以来,这里几度成为粉黛荟萃之地、南曲靡丽之乡。歌楼舞榭,骈列两岸,游船画舫,纷集河上,使才子骚客迷醉流连,文采风流传于后世。

六朝时期,秦淮河两岸乌衣巷、朱雀桥(遗址在今镇淮桥)、桃叶渡(遗址在今利涉桥)等地都住着高门大族,如东晋的王导、谢安,珠光宝气,车马辚辚。唐时,诗人刘禹锡来此吊古,曾作诗感叹:"朱雀桥边野草花,乌衣巷口夕阳斜。旧时王谢堂前燕,飞入寻常百姓家。"桃叶渡因东晋大书法家王献之在此迎接爱妾桃叶归渡并赋《桃叶歌》而得名。以后,文人骚客每临此,常赋诗唱和,桃叶渡成为才子聚会的胜地。

隋唐时期,都城虽已不在建康,秦淮河仍为豪门享乐游宴场所。晚唐诗人杜牧夜泊秦淮,触景生情,作《泊秦淮》:"烟笼寒水月笼沙,夜泊秦淮近酒家。商女不知亡国恨,隔江犹唱后庭花。"

"六朝金粉,艳说当年;南都烟花,盛传明代。"秦淮风月之盛,首推明代。当时的秦淮河,"纵茵浪子,潇洒词人,往来游戏,马如游龙,车相役也。其间风月楼台,尊垒丝管,以及娈童狎客,杂妓名优,献媚争妍,络绎奔赴。垂杨影外,片玉壶中,秋笛频吹,春莺乍啭"。而尤以"灯船之盛,甲于天下"。吴敬梓《儒林外史》对此有细致描写。吴敬梓故居离桃叶渡不远,原为南朝诗人江总宅地原址,又名秦淮水亭。故居门匾采用黄庭坚字体,大门两侧有联曰:"儒冠不保千金产,稗说长传一部书。"

民国时,仍有灯船泛于秦淮碧波之上,并引来众多文坛大师为之赋诗作文。1923年 8 月的一晚,朱自清与俞平伯乘船同游秦淮河,事后各以《桨声灯影里的秦淮河》为题作文描述了当时情景。朱自清的散文一发表,便被誉为"模范的美术文",以清新、自然之美倾倒了无数读者。

20 世纪 80 年代以后,秦淮河进行了全面整修,先后建成了夫子庙、学宫、贡院三大古建筑群及乌衣巷、李香君故居、瞻园等景点,并恢复了明末清初江南街市商肆风貌。1990 年秦淮河入选为中国旅游胜地 40 佳作之一。

四、江南贡院

夫子庙、学宫、贡院是修整一新的秦淮河风光带中心地带的标志性建筑,历史文化内涵十分丰富。

夫子庙,又称孔庙、文庙、文室王庙,是宋仁宗景祐元年(1034)在东晋学宫的基础上扩建而成,后历经劫难仍规模宏大。夫子庙现存部分建筑为同治年间所建。

南京夫子庙和其他地区文庙不同的是,泮池非人工所凿,而是秦淮河自然河流。泮池南有俗称"万仞宫墙"的大照壁,全长 110 米,据说为全国文庙照壁之最。庙前左右两侧有聚星亭和魁星阁。"聚星"取"群星毕集,人才荟萃"之意,魁星则是文运兴旺之兆。广场正南在明万历二十四年(1596)复建了"天下文枢坊"。坊北为棂星门,六柱三门,柱出头皆用云柏,气宇轩昂。

过棂星门即至大成门。大成门又称戟门。此门在封建时代只有官员可以出入,一般士子只能从两旁的持敬门出入。门内有古碑四块:南朝《孔子问礼图碑》和《封四氏碑》《集庆孔子庙碑》《封至圣夫人碑》三块元碑。

大成门后即为主殿大成殿。殿前露台正中立有孔子铜像,高 3.50 米,重 2.5 吨。大成殿额"大成殿"三字为姬鹏飞手书。殿内供奉"大成至圣先师孔子"之牌位。正中墙壁上悬纸本仿唐吴道子孔子像。像高 6.50 米,宽 3.15 米,据称是我国目前最大的孔子全身画像。殿内陈列有卧琴、箜篌、编磬、古筝、鼓等古代乐器。墙壁周边悬挂有 38 幅《孔子圣迹图》。

学宫在大成殿之后,其主体建筑是明德堂。过去学宫一般都称为"明伦堂",南京学宫"明德堂"据说为文天祥题名,其深意自不难意会。明德堂后还有尊经阁、崇圣祠、青云楼、敬一亭等建筑。贡院位于夫子庙附近秦淮河北岸,又称江南贡院。始建于宋乾道四年(1168),乡试、会试均于此进行。明成祖永乐年间重新兴建,始具规模。后又时有扩展,于晚清已成为一座占地约 30 万平方米的考场,仅考生号舍即有 20644 间。其规模之大,可与当时北京顺天府贡院并列为全国之最。

1919 年贡院除明远楼、衡鉴堂和部分号舍外全部拆除,辟为市场。现恢复部分考棚供参观,组织游人模拟应考,并在明远楼后新建江南贡院历史陈列馆,内陈列江南贡院模型,为我国第一座以反映古代科举考试制度为内容的专业性博物馆。

五、灵谷寺

灵谷寺位于紫金山中山陵东面,前身为南朝梁时所建"开善精舍"。唐代,改称宝公院。北宋大中祥符年间,又改称太平兴国禅寺。明初,改为蒋山寺。洪武十四年(1381),明太祖朱元璋为在独龙阜建孝陵,将寺和塔迁此,赐名"灵谷禅寺"。并亲书"第一禅林"于山门。

当年灵谷寺掩于松林之中。进山门等于松间,风起则松声琅琅,五里之遥,才见梵刹。顾起元有诗赞曰:"出门才人便悠然,十里深松上绿天。佛刹起扉皆垒障,僧寮汲水尽飞泉。"殿宇宽敞,可容千人。惜乎清咸丰年间,大部分毁于战火,同治年间重修,仅恢复小部分。现存龙王殿(为明初龙王殿一部分)、无梁殿、宝公塔、三绝碑等。

无梁殿本是供奉无量寿佛的大殿,简称无量殿。从殿基到屋顶,全用大砖拱砌而成,无一根木料、半寸竹钉,故俗称"无梁殿"。殿东西长 53.8 米,南北宽 37.8 米,正、背二面俱有三拱门,左右各置拱形窗,全部仿木结构形式,雄伟、稳固,是明代早期最大的无梁殿。

灵谷寺大雄宝殿东跨院正厅,陈放六面七级檀香木宝塔一座,塔内安放唐代高僧玄奘法师部分顶骨。据考定,玄奘于唐高宗麟德元年(664)在长安圆寂,初葬于白鹿原,后迁终南山紫阁寺。唐末,紫阁寺毁于战乱。宋仁宗天圣五年(1027),金陵僧人可政收拾到玄奘顶骨,从长安带到金陵天禧寺(明代改称报恩寺)东冈建塔埋葬。明初,又从东冈迁到南冈。清末,塔遭兵火而毁。日伪统治南京时的 1943 年初春,日军高森部队准备在南冈建一"稻荷神社",破土后忽然发掘到一个石函,石函外两面刻有叙述玄奘遗骨迁宁安葬经过的文字,内有一铜质小盒,镌"唐三藏"三个字,盒内存玄奘头顶骨。此外还发掘到一批承葬品。日方想攫为己有,全部运送日本。经汪伪政府再三恳商,才同意留一部分于中国,安置于九华寺供奉。抗战胜利后,存于中央博物院(今生物研究所),后又转到毗卢寺、南京博物院,最后移至灵谷寺。

灵谷寺后松林之中,有一玲珑宝塔,称灵谷塔。塔高 66 米,9 层,以绿色琉璃瓦为檐。它和它前面的松风阁,同为 1929 年纪念国民革命军阵亡将士而建。灵谷寺也改为阵亡将士公墓。曾任国民政府主席、行政院长的谭延闿,发起组织"中国国民党临时行动委员会"(中国农工民主党的前身)的邓演达等人的墓都在灵谷寺内。

六、中山陵

中山陵是伟大的革命先行者孙中山先生之墓,坐落在明孝陵东侧、紫金山中部的茅山南侧,形似一只巨大的自由钟镶嵌在绿海之中,显得格外庄严肃穆,宏伟壮丽。

孙中山逝世后,南京国民政府在紫金山选址建造中山陵。建筑师吕彦直设计的"自由钟"式方案融汇中国古代与西方建筑的精华,庄严简朴别创新格,因此吕彦直被聘请为陵墓总建筑师。整个墓区平面如铎形,取"木铎警世"之意。钟顶为山下半月形广场,广场南端的鼎台(现改为中山先生的立像)为钟纽,钟锤就是半球形的墓室。"鼎"在古代是权力的象征,因此整个大钟乃含"唤起民众,以建民国"之意。陵坐北朝南,傍山而筑,由南往北沿中轴线逐渐升高,依次为广场、石坊、墓道、陵门、碑亭、祭堂、墓室。整个陵墓用的都是青色的琉璃瓦,青色象征青天,也符合中华民国国旗的颜色——青天白日满地红。青天象征中华民族光明磊落、崇高伟大的人格和志气。青色琉璃瓦乃含天下为公之意,以此来显示孙中山先生为国为民的博大胸怀。

中山陵主要建筑有:牌坊、墓道、陵门、碑亭、祭堂和墓室等。环绕中山陵的主体建筑,还有一系列纪念性建筑,如为便于孙中山先生家属守灵而在陵墓后上方建造的永慕庐、存储奉安大典纪念物品的奉安纪念馆以及宝鼎、音乐台、流徽榭、仰止亭、光华亭、行健亭、藏经楼等。

中山陵两侧,长眠着近代民主革命时期的一些风云人物,如孙中山先生的亲密战友和国民党政要等。1928年,国民政府决定在中山陵东侧的灵谷寺址改建国民革命军阵亡将士公墓,增建牌坊、纪念堂及纪念塔。在由灵谷寺无梁殿改建的纪念堂内,镌刻着北伐、抗日诸役阵亡将士的姓名军衔,据计当时共刻碑10块,有人名33000多个。钟山北麓是航空烈士公墓,墓碑上刻着3306位为抗日而捐躯的中、美、苏等国烈士姓名。

【学习情景 4】　　　　　上海文化之旅

上海有源远流长的文化,不少著名思想家、文艺家曾在这里活动。继"云间二陆"后,宋代大书画家米芾曾治事青龙镇,元代书画家赵孟頫往来于此,明末盛行一时的"松江画派""华亭画派",清末出现的"上海画派"都曾在此大放光华,而至近代,上海则更成为中西文化交流、激荡的场所。

上海文化艺术丰富多样。有从上海滩簧发展而来的地方戏——沪剧,它源于浦东一带的山歌(曾称申剧),曲调优美,颇富江南水乡情调。越剧、淮剧在上海也有长足的发展。上海更是中国话剧的摇篮,1908年就有专门戏剧学校——上海通鉴学校首倡新剧。辛亥革命后,上海话剧界更是人才辈出,剧社林立。上海也是评弹的第二故乡,名家和流派荟萃纷纭。上海现有众多音乐、舞蹈团体,门类较全,民族音乐、西洋音乐、舞蹈都有很高水平。

一、上海古文化遗址

在上海已发现的14处古文化遗址中,崧泽和福泉山可作代表。崧泽古文化遗址位于青沪公路旁的崧泽村,原为土丘,相传为晋朝将军袁崧墓地。1958 年在此附近发掘出古墓群和一批文物,距今约 5000 年,约处于母系氏族公社的晚期。崧泽古文化遗址有三层文化遗存,上层出土的几何彩纹硬陶和彩陶为春秋战国时的遗物;中层出土了大量距今约 5000 年的石器;下层为马家浜文化,有 6000 多年前人工栽培的稻谷和兽骨制工具,对研究我国古代水稻种植和上海地区人类史有重要意义。

福泉山古文化遗址位于青浦县重固镇,原为一座大土山,状如覆舟,又名覆船山。据说元代有道士薛冷云在此修炼,故有薛道山之称。从 1977 年起,经多次发掘,该遗址已揭开 2000 余平方米面积,清理了崧泽文化、良渚文化、战国、西汉、唐、宋墓葬 150 余座,出土陶、玉、骨和象牙雕刻器等 2000 余件。其文化层次齐全,出土文物最能完整地体现上海史前历史。此遗址的发掘使人们了解到,上海的先人早在 7000 年前就开始在这里劳作生息,建设自己的家园。

二、文化街

昔日福州路段包括河南路以西、福建路以东、汉口路以南、广东路以北,这一带曾有 300 余家新旧书肆,是文具纸张和书店的荟萃之地。而今仍有上海书店、古籍书店、外文书店、科技书店等许多大型书店,供应古今中外各种书籍,为上海"文化一条街"。

一个世纪以来,文化街历经变迁。由东朝西,首先是福州路河南路口的四层大楼,即赫赫有名的书业巨擘——"商务书局""中华书局"。前者于 1897 年由青浦人夏瑞芳和鲍氏兄弟合资创办;后者由陆费逵(伯鸿)开设于 1912 年,原址在汉口路上,为和商务竞争迁于此。两书局在编辑出版上,贡献颇著。世界书局于 1921 年开设,发展很快,与商务、中华形成鼎足之势。

在福州路鳞次栉比的书店中,有著名的编印文艺书刊和儿童青年读物的开明书店。开明书店为新文学的重要出版阵地,叶圣陶、夏丏尊、丰子恺、郑振铎都曾是它的编辑或作者。有从北京迁来的北新书局,大量印行鲁迅、刘半农、林语堂等人的作品。还有开设于 20 世纪 30 年代的生活书店、新知书店和读书书店,它们传播马列主义,宣传抗日救亡,出版启蒙读物。直到 20 世纪 50 年代这三家书店才合并为三联书店。也有专售期刊的上海杂志公司和中国图片杂志公司。总之,五花八门、良莠不齐的书店杂陈于此。

老书店多云集于河南路口(旧名棋盘街)。这里有 300 余年历史的扫叶山房和文瑞楼、著易堂、广益书局,发售线装书;有以出版法学书和旧小说为主的会文堂书局;有经营文房四宝、碑帖字画和印章印泥的胡开文、曹素功等笔墨庄和荣宝斋,西泠印社,等等。

福州路以北的山东中路,旧名望平街。这条长度不足 200 米的小街,是上海报业的发源地。上海历史最久、影响最大的《申报》《新闻报》《时报》《商报》等数十家报馆都曾在此起家或驻足。当时每天黎明和下午二时左右,大小报贩云集于此。望平街成为旧上海报业的代名词。

上海虹口区有一条不起眼的小街,在中国文化史上也有着非同寻常的意义,那就是多伦路。20世纪二三十年代,这条街及附近地区,曾集中了鲁迅、茅盾、郭沫若、叶圣陶等文学巨匠的旧居。这条街曾是丁玲、柔石等左联作家进行文学活动的中心。瞿秋白、陈望道、沈尹默、王造时等文化名人也曾在这里居住。日本友人内山完造的书店也坐落在这条街上。

三、老凤祥银楼

百年老店老凤祥银楼位于南京东路。它始创于清咸丰二年(1852),光绪三十四年(1908)迁此。

旧上海银楼分为大同行、新同行、小同行。大同行包括凤祥、庆云、景福等几个字号,一个字号可为三家银楼所共用。凤祥字号就分为老凤祥、新凤祥及凤祥和记。这九家大同行,主宰着上海首饰业。

老凤祥能在竞争中站住脚的诀窍之一,就是能不断迎合顾客的需要。20世纪50年代以前,顾客建房子,它就生产"金玉满堂"的大银盾;顾客生儿子,它就打麒麟,刻上"麒麟送子"的字样;顾客做寿,它就制作"寿比南山"取好口彩;顾客结婚,它又造一架"百年好合"的银屏风。老凤祥为招徕顾客,不断花样翻新。夏天来临,人们喜欢把金手镯戴在手臂上,它就生产外粗中空的臂镯;秋风将至,太太们穿长袖衣衫,它又生产花式细梗金手镯,以便戴在手腕上。此外,信誉可靠,杜绝出售假货,也是老凤祥的经营诀窍。

老凤祥也曾历经沧桑,几度易名。1985年恢复了老店,并重新生产小巧玲珑的"凤采牡丹""鸳鸯戏荷"等富有传统特色的首饰及其他许多产品。

四、百年香火双玉佛

玉佛寺坐落于上海安远路,为上海最著名的寺院之一。以供奉玉石雕刻的大佛而驰名,是国内名刹之一。

玉佛寺原是清代官僚盛宣怀的家庵。清光绪初年,普陀山名僧慧根赴印度礼佛,经缅甸迎回大小玉佛五尊,回国后途径上海,留下坐佛、卧佛各一,并在江湾募款建寺。1882年竣工,后废。1928年重新修葺后,改称玉佛禅寺。

玉佛寺殿宇仿宋代建筑,中轴线上有天王殿、大雄宝殿、玉佛楼构成三进院落,东西两侧配以卧佛堂、弥陀堂、观音堂、禅堂等附属建筑,结构精巧、风格典雅。

玉佛楼供奉玉佛坐像,玉佛高1.9米,雕刻精细,色泽晶莹,神态端庄,造型逼真,全佛用整块玉石雕成,是佛教艺术中的珍品。西部卧佛堂内供奉玉佛卧像即释迦牟尼涅槃像,身长近1米,半躺在红木榻上,神态自若。

寺内陈列着佛经、石造像、佛面像以及雕刻细腻、金碧辉煌的幡亭(佛寺的一种装饰性法器,似插屏),还藏有《道藏》《正藏》《续藏》《藏文藏经》《频伽藏》五部佛典。

五、中共"一大"会址纪念馆

中国共产党"一大"会址纪念馆位于上海市区黄陂南路374号(原法租界望志路树

德里 106 号）。纪念馆分两部分：一是革命历史文物展；二是"一大"原址。

纪念馆内非常现代化，文物也非常丰富，包括"一大"代表的生平照片和根据原景复制的栩栩如生的蜡像，以及建党时的珍贵文物、文献等数百件展品，介绍了中国共产党诞生的历史过程以及成立后的革命活动。

"一大"原址是两栋砖木结构的两层石库门楼房（上海 20 世纪 20 年代的典型民居），一栋是"一大"代表李汉俊的家宅，另一栋是"一大"代表在上海的住所——文博女校。它们的建筑风格是中西合璧式的。

"一大"的会议室是李家楼下的客厅，面积约 18 平方米。室内陈设均按原景仿制，雪白的墙壁，朱红的地板，窗明几净。中间放置着一张铺白色台布的长方形会议桌，桌上放着茶杯与火柴盒架，桌周围有 12 只圆木凳，东、西两侧靠墙各摆着一只茶几和两把椅子。整个会场显得十分庄严。

中国共产党第一次全国人民代表大会于 1921 年 7 月 23 日至 30 日在这里秘密召开，各地的 7 个共产主义小组派出了 12 名代表出席，他们代表了全国的 53 名共产党员，这些代表是：上海代表李达、李汉俊；北京代表张国焘、刘仁静；武汉代表董必武、陈潭秋；广州代表陈公博；长沙代表毛泽东、何叔衡；济南代表王尽美、邓恩铭；旅日代表周佛海。此外包惠僧受陈独秀派遣也参加了会议。共产国际代表马林和尼柯尔斯基列席了会议。

第三单元　相关链接

【学习情景 1】　　　　　　　杭　　州

郁达夫

杭州的出名，一大半是为了西湖。而人工的建设，都会的形成，初则是由于唐末五代，武肃王钱镠（西历十世纪初期）的割据东南，——"隋朝特创立此郡城，仅三十六里九十步；后武肃王钱镠，发民丁与十三寨军卒，增筑罗城，周围七十里许。……"（吴自牧《梦粱录》卷七）——再则是由于南宋建炎三年（一一二九），高宗的临安驻跸，奠定国都。至若唐白乐天与宋苏东坡的筑堤导水，原也有功于杭郡人民，可是仅仅一位醉酒吟诗携妓的郡守的力量，无论如何，也是不能和帝王匹敌的。

据说，杭州的"杭"字，是因"禹末年，巡会稽至此，舍航登陆，乃名杭，始见于文字"（柴虎臣《杭州沿革大事考》）。因之，我们可以猜想，禹以前，杭州总还是一个泽国。而这一个四千余年前的泽国，后来为越为吴，也为吴越的战场，为东汉的浙江，为三国吴的富春，为晋的吴郡，为隋唐的杭州，两为偏安的国都，迭为省治，现在并且成了东南五省

交通的孔道，歌舞喧天，别庄满地，简直又要恢复南宋当时的首都旧观了。

我的来往杭州，本不是想上西湖来寻梦，更不是想弯强弩来射潮；不过妻杭人也，雅擅杭音，父祖富春产也，歌哭于斯，叶落归根，人穷返里，故乡鱼米较廉，借债亦易，——今年可不敢说，——屋租尤其便宜，铩羽归来，正好在此地偷安苟活，坐以待亡。搬来住后，岁月匆匆，一眨眼间，也已经住了一年有半了。朋友中间晓得我的杭州住址者，于春秋佳日，旅游西湖之余，往往肯命高轩来枉顾，我也因独处穷乡，孤寂得可怜，我朋自远方来，自然喜欢和他们谈谈旧事，说说杭州。这么一来，不几何时，大家似乎已经把我看成了杭州的管钥，山水的东家。《中学生》杂志的编者特地写信来要我写点关于杭州的文章，大约原因总也在此。

关于杭州的一般的兴废沿革，有《浙江通志》《杭州府志》《仁钱县志》诸大部的书在；关于杭州的掌故、湖山的史迹，等等，也早有了光绪年间钱塘丁申、丁丙两氏编刻的《武林掌故丛编》《西湖集览》与新旧《西湖志》《湖山便览》以及诸大书局大文豪的西湖游记或西湖游览指南诸书，可作参考。所以在这里，对这些，我不想再来饶舌，以虚费纸面和读者的光阴。第一，我觉得还值得一写，而对于读者，或者也不至于全然没趣的，是杭州人的性格。所以，我打算先从"杭州人"讲起。

第一个杭州人，究竟是哪里来的？ 这杭州人种的起源问题，怕同先有鸡蛋呢还是先有鸡一样，就是叫达尔文从阴司里复活转来，也很不容易解决。好在这些并非是我们的主题，故而假定当杭州这一块陆土出水不久，就有些野蛮的，好渔猎的人来住了，这些蛮人，我们就姑且当他们是杭州人的祖宗。吴越国人，一向是好战、坚忍、刻苦、猜忌，而富于巧智的。自从用了美人计，征服了姑苏以来，兵事上虽则占了胜利，但民俗上却吃了大亏；喜斗，坚忍，刻苦之风，渐渐地消灭了。倒是猜忌、使计诸官能，逐步发达了起来。其后经楚威王、秦始皇、汉高帝等的挞伐，杭州人就永远处入了被征服者的地位，隶属在北方人的胯下。三国纷纷，孙家父子崛起，国号曰吴，杭州人总算又吐了一口气，这一口气，隐忍过隋唐两世，至钱武肃王而吐尽。不久南宋迁都，固有的杭州人的骨里，混入了汴京都的人士的文弱血球，于是现在的杭州人的性格，就此决定了。

意志的薄弱，议论的纷纭；外强中干，喜撑场面；小事机警，大事糊涂；以文雅自夸，以清高自命；只解欢娱，不知振作，等等，就是现在杭州人的特性。这些，虽然是中国一般人的通病，但是看来看去，我总觉得以杭州人为尤甚。所以由外乡人说来，每以为杭州人是最狡猾的，狡猾得比上海滩上的滑头还要厉害。但其实呢，杭州人只晓得占一点眼前的小利小名，暗中在吃大亏，可是不顾到的。等到大亏吃了，杭州人还要自以为是，自命为直，无以名之，名之曰"杭铁头"以自慰自欺。生性本是勤而且俭的杭州人，反以为勤俭是倒霉的事情，是贫困的暴露，是与面子有关的，所以父母教子弟的第一个原则，就是教他们游惰过日，摆大少爷的架子。等空壳大少爷的架子学成，父母年老，财产荡尽的时候，这些大少爷们在白天，还要上西湖去逛逛，弄件把长衫来穿穿，饿着肚皮而高使着牙签；到了晚上上黑暗的地方跪着讨饭，或者扒点东西，倒满不在乎，因为在黑暗里人家看不见，与面子还是无关，而大少爷的架子却不可不摆。至于做匪做强盗呢，却不会，决不会，杭州人并不是没有这个胆量，但杀头的时候要反绑着手去游街示众，与面子有关；最勇敢的杭州人，亦不过做做小窃而已。

惟其是如此，所以现在的杭州人，就永远是保有着被征服的资格的人；风雅倒也风雅，浅薄的知识也未始没有，小名小利，一着也不肯放松，最厉害的尤其是一张嘴巴。外来的征服者，征服了杭州人后，过不上三代，就也成了杭州人了，于是剃头者人亦是剃头，几十年后，仍复要被新的征服者来征服。照例类推，一年一年的下去。现在残存在杭州的固有杭州老百姓，计算起来，怕已经不上十个指头了。

人家说这是因为杭州的山水太秀丽了的缘故。西湖就像是一位"二八佳人体似酥"的狐狸精，所以杭州决出不出好弟子来。这话里，当然也含有着几分真理。可是日本的山水，秀丽处远在杭州之上；瑞士我不晓得，意大利的风景画片我们总也时常看见的吧，何以外国人都可以不受着地理的限制，独有杭州人会陷入这一个绝境去的呢？想来想去，我想总还是教育的不好。杭州的家庭教育，社会教育，学校教育，总非要彻底的改革一下不可。

其次是该讲杭州的风俗了。岁时习俗，显露在外表的年中行事，大致是与江南各省相同的；不过在杭州像婚丧喜庆等事，更加要铺张一点而已。关于这一方面，同治年间有一位钱塘的范月桥氏，曾做过一册《杭俗遗风》，写得比较详细，不过现在的杭州风俗，细看起来，还是同南宋吴自牧在《梦粱录》里所说的差仿不多，因为杭州人根本还是由那个时候传下来，在那个时候改组过的人。都会文化的影响，实在真大不过。

一年四季，杭州人所忙的，除了生死两件大事之外，差不多全是为了空的仪式；就是婚丧生死，一大半也重在仪式。丧事人家可以出钱去雇人来哭。喜事人家也有专门说好话的人雇在那里借讨彩头。祭天地，祀祖宗，拜鬼神，等等，无非是为了一个架子，甚至于四时的游逛，都列在仪式之内，到了时候，若不去一定的地方走一遭，仿佛是犯了什么大罪，生怕被人家看不起似的。所以明朝的高濂，做了一部《四时幽赏录》，把杭州人在四季中所应做的闲事，详细列叙了出来。现在我只教把这四时幽赏的简目，略抄一下，大家就可以晓得吴自牧所说的"临安风俗，四时奢侈，赏观殆无虚日"的话不错了。

一、春时幽赏：孤山月下看梅花，八卦田看菜花，虎跑泉试新茶，西溪楼啖煨笋，保俶塔看晓山，苏堤看桃花，等等。

二、夏时幽赏：苏堤看新绿，三生石谈月，飞来洞避暑，湖心亭采莼，等等。

三、秋时幽赏：满家弄赏桂花，胜果寺望月，水乐洞雨后听泉，六和塔夜玩风潮，等等。

四、冬时幽赏：三茅山顶望江天雪霁，西溪道中玩雪，雪后镇海楼观晚炊，除夕登吴山看松盆，等等。

将杭州人的坏处，约略在上面说了之后，我却终觉不得不对杭州的山水，再来一两句简单的评语。西湖的山水，若当盆景来看，好处也未始没有，就是在它的比盆景稍大一点的地方。若要在西湖近处看山的话，那你非要上留下向西向南再走二三十里路不行。从余杭的小和山走到了午潮山顶，你向四面一看，就有点可以看出浙西山脉的大势来了。天晴的时候，西北你能看得见天目，南面脚下的横流一线，东下海门，就是钱塘江的出口，鼋赭二山，小得来像天文镜里的游星。若嫌时间太费，脚力不继的话，那至少你也该坐车下江干,过范村,上五云山头去看看隔岸的越山,与钱塘江上游的不断的峰峦。况且五云山足,西下是云栖,竹木清幽,地方实在还可以。从五云山向北若沿郎当岭而下天竺,在岭脊你就可以看到西岭下梅家坞的别有天地,与东岭下西湖全面的镜样的湖光。

若要再近一点,来玩西湖,我觉得南山终胜于北山,凤凰山胜果寺的荒凉远大,比起灵隐、葛岭来,终觉回味要浓厚一点。

还有北面琴亭山法华山下的西溪一带呢,如花坞秋雪庵、荻芦庵等处,散疏雅意之致,原是有的,可是不懂得南画,不懂得王维、韦应物的诗意的人,即使去看了,也是毫无所得的。

离西湖十余里,在拱宸桥的东首,地当杭州的东北,也有一簇山脉汇聚在那里。俗称"半山"的皋亭山,不过因近城市而最出名,讲到景致,则断不及稍东的黄鹤峰,与偏北的超山。况且超山下的居民,以植果木为业,旧历二月初,正月底边的大明堂外(吴昌硕的坟旁)的梅花,真是一个奇观,俗称"香雪海"的这个名字,觉得一点儿也不错。

此外还有关于杭州的饮食起居的话,我不是做西湖旅行指南的人,在此地只好不说了。

【学习情景 2】 苏 州 赋

王 蒙

左边是园,右边是园。

是塔是桥,是寺是河,是诗是画,是石径是帆船是假山。

左边的园修复了,右边的园开放了。有客自海上来,有客自异乡来。塔更挺拔,桥更洗练,寺更幽凝,河更闹热,石径更好吟诗,帆船应入画。而重重叠叠的假山,传至今天还要继续传下去的是你的匠心真情,是你的参差坎坷的魅力。

这是苏州。人间天上无双不二的苏州。中国的苏州。

苏州已经建城二千五百年。它已经老态龙钟。无怪乎七年前初次造访的时候它是那样疲劳,那样忧伤,那样强颜欢笑。失修的名胜与失修的城市,以及市民的失修的心灵似乎都在怀疑苏州自身的存在。苏州,还是苏州吗?

苏州终于起步,苏州终于腾飞。为外乡小儿也熟知的江苏四大名旦香雪海冰箱,春花吸尘器,孔雀电视机,长城电风扇全都来自苏州。人们曾经担心工业的浪潮会把苏州的历史文化与生活情趣淹没。看来,这个问题已经受到了苏州人的关注。还不知道有哪个城市近几年修复了这么多古建筑古园林。在庆祝苏州建城二千五百年的生日的时候,一九八六年,苏州迎来了再生的青春。一千五百年前的盘门修复了,是全国唯一的精美完整的水陆城门。环秀山庄后面盖起的"革文化之命"的楼房拆除了,秀美的山庄复原,应令她的建造者的在天之灵欣慰,更令今天的游客流连忘返,赞叹不已。戏曲博物馆,民俗博物馆,刺绣博物馆……纷纷建成。寒山寺的钟声悠扬,虎丘塔的雄姿牢固,唐伯虎的新坟落成,苏州又回来了! 苏州更加苏州!

当我看到观前街、太监巷前熙熙攘攘的人群,辉煌的彩灯装饰的得月楼、松鹤楼的姿影,看到那些办喜事的新人和他们的亲友,听到他们的欢声笑语,闻到闻名海内外的苏州佳肴的清香的时候,不禁为她的太平盛景而万分感动。当然还有许许多多的麻烦、冲撞、紧迫、危机与危机的意识,然而今天的苏州,得来是容易的吗? 会有人甘心再失去吗?

不,我不能再在苏州停留。她的小巷使我神往,这样的小巷不应该出现在我的脚下而只能出现在陆文夫的小说里,梦里,弹词开篇的歌声里。弹词、苏昆、苏剧、吴语吴歌的珠圆玉润使我迷失,我真怕听这些听久了便不能再听懂别的方言与别的旋律。也许会因此不再喜欢不再会讲已经法定了推广了许多年的普通话——国语。那迷人的庭园,每一棵树与它身后的墙都使我倾倒,使我怀疑苏州人究竟是生活在亚洲、中国、硬邦邦的地球上还是生活在自己营造编织的神话里。她太小巧、太娇嫩、太幽雅,她会使见过严酷的世界,手掌和心上都长着老茧的人不忍得去摸她碰她亲近她。

一双饱经忧患的眼睛见到苏州的园林还能保持自己的威严与老练吗? 他会不会觉得应该给自己的眼睛换上纯洁的水晶? 他会不会因秀美与巨大这两个审美范畴的撕扯而折裂自己的灵魂? 他会不会觉得自己和这个世界已经或者正在或者将要可能成为苏州的留园、愚园、拙政园的对立面呢? 他会不会产生消灭自己或者消灭苏州这样一种疯狂的奇想呢?

更不要说苏绣乃至苏州的佳肴美点了。看到那一个个刺绣女工的惊人的技艺和耐心,优雅和美丽,我还能写作和滔滔不绝地发言吗? 能不感到不好意思吗? 还有勇气或者涵养去倾听那些一知半解的牛皮清谈、草率无涯的胡说八道吗? 在苏州待久了,还能承受那些乏味、枯燥与粗野的事情吗?

苏州的刺绣,沉静的创造。苏州的菜肴,明亮的喜悦。苏州的歌曲,不设防的温柔。苏州的园林,恬美的诗情。苏州的街道,宁静的幻梦。而苏州的企业和企业家,温雅的外表下包含着洋溢的聪明生气。这一切都是怎么发生怎么留存的? 她怎么样经历了那大起大落大轰大嗡多灾多难的时代!

苏州是一种诱惑,是一种挑战,是一种补充。在我们的生活里,苏州式的古老、沉静、温柔已经变得越来越陌生。而大言欺世、大闹盗名、大轰趋时的"反苏州"却又太多了。苏州更是一种文化历史现实未来的混合体。苏州是一种珍惜,是一种保护,对于一切美善,对于一切建设创造和生活本身的珍惜与保护。也是一种反抗,是对一切恶的破坏的无声的反抗。虽然,恶也是一种时髦,而破坏又常常披上革命的或忽而又披上现代意识的虎皮。我真高兴,七年以后,我有缘再访苏州。我们终于能够平静下来,保护苏州,复原苏州,欣赏苏州,爱恋苏州了。我们终于能珍重苏州的美,开始懂得不应该去做那些亵渎美毁灭美的事情。在历史的惊涛骇浪和汹涌大潮当中,在一个又一个神圣的豪情与偏狂的争闹之中,在不断时髦转眼更替的巨轮与浪头之中,苏州保留下来了,苏州复原了,苏州在发展。苏州是永远的。比许多雷霆万钧的炮声更永远。

【学习情景3】　　　　　　南　京

朱自清

　　南京是值得流连的地方，虽然我只是来来去去，而且又都在夏天。也想夸说夸说，可惜知道的太少；现在所写的，只是一个旅行人的印象罢了。

　　逛南京像逛古董铺子，到处都有些时代侵蚀的遗痕。你可以摩挲，可以凭吊，可以悠然遐想；想到六朝的兴废，王谢的风流，秦淮的艳迹。这些也许只是老调子，不过经过自家一番体贴，便不同了。所以我劝你上鸡鸣寺去，最好选一个微雨天或月夜。在朦胧里，才酝酿着那一缕幽幽的古味。你坐在一排明窗的豁蒙楼上，吃一碗茶，看面前苍然蜿蜒着的台城。台城外明净荒寒的玄武湖就像大涤子的画。豁蒙楼一排窗子安排得最有心思，让你看的一点不多，一点不少。寺后有一口灌园的井，可不是那陈后主和张丽华躲在一堆儿的"胭脂井"。那口胭脂井不在路边，得破费点功夫寻觅。井栏也不在井上；要看，得老远地上明故宫遗址的古物保存所去。

　　从寺后的园地，拣着路上台城；没有垛子，真像平台一样。踏在茸茸的草上，说不出的静。夏天白昼有成群的黑蝴蝶，在微风里飞；这些黑蝴蝶上下旋转地飞，远看像一根粗的圆柱子。城上可以望南京的每一角。这时候若有个熟悉历代形势的人，给你指点，隋兵是从这角进来的，湘军是从那角进来的，你可以想象异样装束的队伍，打着异样的旗帜，拿着异样的武器，汹汹涌涌地进来，远远仿佛还有哭喊之声。假如你记得一些金陵怀古的诗词，趁这时候暗诵几回，也可印证印证，许更能领略作者当日的情思。

　　从前可以从台城爬出去，在玄武湖边；若是月夜，两三个人，两三个零落的影子，歪歪斜斜地挪移下去，够多好。现在可不成了，得出寺，下山，绕着大弯儿出城。七八年前，湖里几乎长满了苇子，一味地荒寒，虽有好月光，也不大能照到水上；船又窄，又小，又漏，教人逛着愁着。这几年大不同了，一出城，看见湖，就有烟水苍茫之意；船也大多了，有藤椅子可以躺着。水中岸上都光光的；亏得湖里有五个洲子点缀着，不然便一览无余了。这里的水是白的，又有波澜，俨然长江大河的气势。与西湖的静绿不同，最宜于看月，一片空蒙，无边无界。若在微醺之后，迎着小风，似睡非睡地躺在藤椅上，听着船底汩汩的波响与不知何方来的箫声，真会教你忘却身在哪里。五个洲子似乎都局促无可看，但长堤婉转相通，却值得走走。湖上的樱桃最出名，据说樱桃熟时，游人在树下现买，现摘，现吃，谈着笑着，多热闹的。

　　清凉山在一个角落里，似乎人迹不多。扫叶楼的安排与豁蒙楼相仿佛，但窗外的景象不同。这里是滴绿的山环抱着，山下一片滴绿的树；那绿色真是扑到人眉宇上来。若许我再用画来比，这怕像王石谷的手笔了。在豁蒙楼不容易坐得久，你至少要上台城去看看。在扫叶楼上却不想走；窗外的光景好像满为这座楼而设，一上楼便什么都没有了。夏天去却有一股"清凉"味。这里与豁蒙楼全有素面吃，又可口，又贱。

　　莫愁湖在华严庵里。湖不大，又不能泛舟，夏天却有荷花荷叶。临湖一带屋子，凭栏眺望，也颇有远情。莫愁小像，在胜棋楼下，不知谁画的，大约不很古罢；但脸子画得秀逸之至，衣褶也柔活之至，大有"挥袖凌虚翔"的意思；若让我题，我将毫不踌躇的写上"仙乎仙乎"四字。另有石刻的画像，也在这里，想来许是那一幅画所从出；但生气反而差得多。这里虽也临湖，因为屋子深，显得阴暗些；可是古色古香，阴暗得好。诗文联语当然多，只记得王湘琦的半联云："莫轻他北地胭脂，看艇子初来，江南儿女无颜色。"气概很不错。所谓胜棋楼，相传是明太祖与徐达下棋，徐达胜了，太祖便赐给他这一所屋子。太祖那样人，居然也会做出这种雅事来了。

秦淮河我已另有记。但文里所说的情形，现在已大变了。从前读《桃花扇》《板桥杂记》一类书，颇有沧桑之感；现在想到自己十多年前身历的情形，怕也会有沧桑之感了。前年看见夫子庙前旧日的画舫，那样狼狈的样子，又在老万全酒栈看秦淮河水，差不多全黑了，加上巴掌大透不出气的所谓秦淮小公园，简直有些厌恶，再别提做什么梦了。贡院原也在秦淮河上，现在早拆得只剩下一点了。民国五年父亲带我去看过，已是荒凉不堪，号舍里草都长满了。父亲曾经办过江南闱差，熟悉考场的情形，说来头头是道。他说考生入场时，都有送场的，人很多，门口闹嚷嚷的。天不亮就点名，搜夹带。大家都归号。似乎直到晚上，头场题才出来，写在灯牌上，由号军扛着在各号里走。所谓"号"，就是一条狭长的胡同，两旁排列着号舍，口儿上写着什么天字号，地字号等等的。每一号舍之大，恰好容一个人坐着；从前人说是像轿子，真不错。几天里吃饭，睡觉，做文章，都在这轿子里；坐的伏的各有一块硬板，如是而已。官号稍好一些，是给达官贵人的子弟预备的，但得补褂朝珠地入场，那时是夏秋之交，天还热，也够受的。父亲又说，乡试时场外有兵巡逻，防备通关节。场内也竖起黑幡，叫鬼魂们有冤抱冤，有仇报仇；我听到这里，有点毛骨悚然。现在贡院已变成碎石路；在路上走的人，怕很少想起这些事情了罢？

明故宫只是一片瓦砾场，在斜阳里看，只感到李太白《忆秦娥》的"西风残照，汉家陵阙"二语的妙。午门还残存着，遥遥直对洪武门的城楼，有万千气象。古物保存所便在这里，可惜规模太小，陈列得也无甚次序。明孝陵道上的石人石马，虽然残缺零乱，还可见泱泱大风；享殿并不巍峨，只陵下的隧道，阴森袭人，夏天在里面待着，凉风太沁人肌骨。这陵大概是开国时草创的规模，所以简朴得很；比起长陵，差得真太远了。然而简朴得好。

雨花台的石子，人人皆知；但现在怕也捡不着什么了。那地方毫无可看。记得刘后村的诗云："昔年讲师何处在，高台犹以'雨花'名。有时宝向泥寻得，一片山无草敢生。"我所感的至多只如此。还有，前些年南京枪决囚人都在雨花台下，所以洋车夫遇见别的车夫和他争先时，常说，"忙什么！赶雨花台去！"这和从前北京车夫说"赶菜市口儿"一样。现在时移势异，这种话渐渐听不见了。

燕子矶在长江里看，一片绝壁，危亭翼然，的确惊心动魄。但到了上边，逼窄污秽，毫无可以盘桓之处。燕山十二洞，去过三个。只三台洞层层折折，由幽入明，别有匠心，可是也年久失修了。

南京的新名胜，不用说，首推中山陵。中山陵全用青白两色，以象征青山白日，与帝王陵寝用红墙黄瓦的不同。假如红墙黄瓦有富贵气,那青琉璃瓦的享堂,青琉璃瓦的碑亭却有名贵气。从陵门上享堂,白石台阶不知多少级,但爬得够累的;然而你远看,决想不到会有这么多的台阶儿。这是设计的妙处。德国波慈达姆无愁宫前的石阶,也同此妙。享堂进去也不小;可是远处看,简直小得可以,和那白石的飞阶不相称,一点儿压不住,仿佛高个儿戴着小尖帽。近处山角里一座阵亡将士纪念塔,粗粗的,矮矮的,正当着一个青青的小山峰,让两边儿的山紧紧抱着,静极,稳极。——谭墓没去过,听说颇有点丘壑。中央运动场也在中山陵近处,全仿外洋的样子。全国运动会时,也不知有多少照相与描写登在报上;现在是时髦的游泳的地方。

若要看旧书,可以上江苏省立图书馆去。这在汉西门龙蟠里,也是一个角落里。这原是江南图书馆,以丁丙的善本书室藏书为底子;词曲的书特别多。此外中央大学图书馆近年来也颇有不少书。中央大学是个散步的好地方。宽大,干净,有树木;黄昏时去兜一个或大或小的圈儿,最有意思。后面有个梅庵,是那会写字的清道人的遗迹。这里只是随意地用树枝搭成的小小的屋子。庵前有一株六朝松,但据说是六朝桧;桧荫遮住了小院子,真是不染一尘。

南京茶馆里干丝很为人所称道。但这些人必没有到过镇江、扬州,那儿的干丝比南京细得多,又从来不那么甜。我倒是觉得芝麻烧饼好,一种长圆的,刚出炉,既香,且酥,又白,大概各茶馆都有。咸板鸭才是南京的名产,要热吃,也是香得好;肉要肥要厚,才有咬嚼。但南京人都说盐水鸭更好,大约取其嫩,其鲜;那是冷吃的,我可不知怎样,老觉得不大得劲儿。

学生讲坛

任选江南一个城市(不限于本章介绍的城市),以"某城(如苏州)江南文化寻根之旅"为主题设计一条旅游线路。

参 考 文 献

［1］陈从周.园林清议［M］.南京:江苏文艺出版社,2005.

［2］董楚平,金永平,等.吴越文化志［M］.上海:上海人民出版社,1998.

［3］段宝林.山水中国(苏沪卷上下)［M］.北京:北京大学出版社,2006.

［4］段宝林.山水中国(浙江卷)［M］.北京:北京大学出版社,2006.

［5］樊树志.江南市镇:传统的变革［M］.上海:复旦大学出版社,2005.

［6］傅璇琮,谢灼华.中国藏书通史［M］.宁波:宁波出版社,2001.

［7］胡晓明.江南文化札记［M］.杭州:浙江摄影出版社,1998.

［8］姜彬.稻作文化与江南民俗［M］.上海:上海文艺出版社,1996.

［9］焦树安.中国藏书史话［M］.北京:商务印书馆,2004.

［10］金学智.苏州园林［M］.苏州:苏州大学出版社,2007.

［11］景遐东.江南文化与唐代文学研究［M］.北京:人民文学出版社,2005.

［12］居阅时.江南文学与艺术［M］.上海:上海人民出版社,2010.

［13］李伯重.多视角看江南经济史［M］.北京:生活·读书·新知三联书店,2006.

［14］林申清.明清著名藏书家藏书印［M］.北京:北京图书馆出版社,2000.

［15］刘士林.江南文化的诗性阐释［M］.上海:上海音乐学院出版社,2003.

［16］刘士林,等.江南文化理论［M］.上海:上海人民出版社,2010.

［17］刘士林,查清华,等.江南文化名人［M］.上海:上海人民出版社,2010.

［18］任继愈.中国藏书楼［M］.沈阳:辽宁人民出版社,2001.

［19］阮仪三.中国江南水乡古镇［M］.杭州:浙江摄影出版社,2004.

［20］阮仪三.江南古典私家园林［M］.南京:译林出版社,2009.

［21］童寯.园论［M］.天津:百花文艺出版社,2006.

［22］吴晗.江浙藏书家史略［M］.北京:中华书局,1981.

［23］吴仁安.明清江南望族与社会经济文化［M］.上海:上海人民出版社,2001.

［24］张荷.吴越文化［M］.沈阳:辽宁教育出版社,1995.

［25］仲富兰,等.江南民俗［M］.上海:上海人民出版社,2010.

后　记

文化是旅游的灵魂,旅游是文化的载体,江南水乡文化更是江南旅游业发展的灵魂。旅游从业人员肩负着传播中华民族传统文化和地方特色文化的重任。本教材以学生能力培养为主线,根据学生职业能力发展的学习要求,以旅游实用知识的应用为核心,按照项目导向、任务驱动的编写体系,将每个模块分为三个小单元。在教材的第一单元项目教学部分,根据导游实际工作岗位分析,设置模块任务,提出具体的学习任务,制订教学目标,激发学生的学习动力;在单元二的背景知识部分,综合教材设计的模块任务,给予背景知识支持,提供学生完成任务所需要的相关理论知识;在单元三的相关链接部分,选取名家的名著,增加课外实践知识应用,培养学生学习过程中获得自我认知和拓展学习的能力。

本教材在编写过程中,本着前瞻性、创新性、实用性和可操作性的原则,围绕社会需求和职业岗位的要求,在内容、体系等方面强调对学生实践性和创新性的培养,加强实践环节的设置,使教学工作从以教师传授知识为主体转化为以学生运用相关知识解决实际问题为主体,充分体现职业教育"教、学、做"一体的特点,充分体现学生可持续发展的能力与职业迁移能力的培养。

本教材是浙江省高校重点建设教材(高职高专),浙江省省级特色专业(旅游管理)建设教材。本教材由嘉兴职业技术学院相关教师合作完成,全书由顾金孚等编著,负责编写提纲并统稿。具体编写分工为:顾金孚(模块一、模块二、模块六、模块七中的第二单元学习情景 1);王显成(模块四、模块八);乔海燕(模块三、模块七中的第二单元学习情景 2、3、4);娄在凤(模块五)。每个模块中单元三相关链接中的文章由顾金孚选定。

感谢嘉兴职业技术学院领导及教务处、外语与外贸分院等部门在本教材编写及出版过程中的大力支持。

感谢浙江工商大学出版社及责任编辑蒋红群为本书出版所做的辛勤工作。

由于江南水乡文化的内容十分丰富,涉及面广,加上编者水平有限,疏漏与失误之处请读者批评指正,以便再版时修订改进。

顾金孚

2012 年 6 月